Formation Administration **Concours**

La note de synthèse

Catégories A et B

Méthodologie de l'épreuve par
Pierre Gévart
Maître de conférences à l'ENA
Agrégé de l'Université
Sous-Préfet

Exemples commentés par
Gérard Castex
Magistrat

Nouvelle édition

La note de synthèse

Méthodologie de l'épreuve

La gestion du temps

La prise de contact

L'exploitation du dossier

L'élaboration du plan

La rédaction

La note de synthèse
Méthodologie de l'épreuve

Pratiquement absente de la formation initiale délivrée par les lycées, la note de synthèse s'est aujourd'hui affirmée comme une épreuve phare des concours administratifs. C'est un exercice nouveau pour l'étudiant, qui hésite parfois sur la façon de l'aborder. La partie méthodologique de cet ouvrage a pour ambition de permettre au lecteur de se familiariser avec la technique de cette épreuve, puis de la maîtriser de sorte que, le jour du concours, il possède l'assurance nécessaire. Elle s'appuie sur un sujet de note de synthèse qui est peu à peu « décortiqué », au fur et à mesure de la progression de la méthode, et dont on trouvera le corrigé complet pages 29 à 47.

Quatre notes de synthèse complètement traitées - documents et corrigés fournis - vous sont ensuite proposées, dans la partie *Exemples commentés*.

Avant tout, il importe de bien définir le cadre de l'exercice : ce qu'on attend du candidat, ce qu'est la note de synthèse, ce qu'elle n'est pas, et quel est l'esprit dans lequel vous est proposée cette méthodologie.

Ce qu'on attend du candidat

Le candidat à un concours administratif doit avant tout prouver au jury qu'il possède un certain nombre de qualités qui permettent de l'identifier comme un futur bon fonctionnaire. Les différentes épreuves proposées aux concours sont là pour révéler plus précisément tel ou tel ensemble de capacités recherchées. Ainsi, la composition de culture générale permet de repérer le niveau de culture du candidat, l'intérêt qu'il porte à l'actualité et aux problèmes du monde. Cette épreuve permet également de déceler les qualités de rédaction, de structuration de la pensée et les capacités d'analyse[1].

La note de synthèse, quant à elle, comme son nom l'indique, est d'abord vouée à la révélation de l'esprit de synthèse du candidat. Elle demande aussi, comme la dissertation, des qualités d'écriture, d'organisation et d'analyse mais en outre, elle exige du candidat ces qualités que l'on attend du fonctionnaire et qui sont l'objectivité, la réserve, la prise de recul.

Encore faut-il exactement savoir ce qu'est une note de synthèse, mais aussi ce qu'elle n'est pas.

1. Pour la préparation à l'épreuve de culture générale, voir, dans la collection Formation Administration Concours coéditée par La Documentation française et le CNED, *L'épreuve écrite de culture générale* (1995), *Culture générale : se préparer* (1995), *Concours catégorie B - Culture générale* (1997) et *Éléments de culture générale* (1994).

Ce qu'est, et ce que n'est pas, une note de synthèse

Une note de synthèse est un texte relativement court (de 4 à 6 pages, nous y reviendrons) qui, comme son nom l'indique, donne une synthèse d'un certain nombre de documents (le dossier), réunis autour d'un thème particulier souvent précisé dans le sujet. Ce n'est pas une épreuve de connaissances ou de culture, donc le **devoir doit s'appuyer exclusivement sur les pièces du dossier**, sans aucun apport qui ne soit expressément sollicité.

La note de synthèse se présente sous la forme d'un devoir structuré en plusieurs parties, avec une introduction et une conclusion. Elle doit pouvoir être lue de manière indépendante, en dehors de tout renvoi au dossier. Elle n'est pas censée refléter l'avis du rédacteur et doit donc observer une relative neutralité de ton.

Important

L'épreuve de note de synthèse impose le respect d'une « règle du jeu » dont il faut bien intégrer les points les plus fondamentaux.

- **Il faut s'en tenir aux informations contenues dans les documents, sans aucun apport extérieur.**
- **Le regard du candidat doit rester neutre.**

Une note de synthèse n'est pas un résumé de texte. Elle n'est pas non plus une note administrative.

En effet, le **résumé de texte** est un exercice tout différent, qui consiste à redire ce qu'exprime un texte plus long, ou parfois un ensemble de textes, avec un nombre limité de mots. En aucun cas, une note de synthèse ne doit être abordée ainsi : il ne s'agit surtout pas de résumer les uns à la suite des autres les documents proposés, mais d'en extraire ce qui en constitue les idées fortes – la « substantifique moëlle » – et de les réorganiser.

Plus délicate est la différence à opérer avec la **note administrative**. Celle-ci en effet, se présente formellement d'une manière proche de la note de synthèse, avec un sujet, une liste de documents et un dossier. Mais elle est orientée vers une application précise : elle doit déboucher sur une aide à la décision, un plan d'action, une proposition. Elle demande un engagement et des orientations là où la note de synthèse demande de l'objectivité et un état des lieux.

Cependant, la limite est parfois mouvante entre les deux exercices. Il peut arriver qu'on vous demande d' « instrumentaliser » une note de synthèse, de l'assortir de propositions. Si cette exigence est expressément précisée, il faudra bien entendu s'exécuter, mais uniquement dans ce cas.

L'esprit de la méthodologie

Bien maîtriser la technique de la note de synthèse peut se décliner en quatre points :

– l'approche du dossier,

– l'investigation des documents,

– l'élaboration du plan,

– la rédaction du devoir.

L'*approche du dossier* passe en premier lieu par la connaissance des différents éléments d'information qu'il contient, et qu'il importe de replacer en hiérarchie. Ces éléments sont d'abord le sujet, puis la liste des documents qui complète le sujet et ordonne la série des textes, ceux-ci constituant l'essentiel du volume du dossier.

La *phase d'investigation* succède directement à cette première approche. Il s'agit, après s'être dans un premier temps assuré de bien comprendre le sujet, d'exploiter la liste des documents avant de passer au dépouillement du dossier lui-même.

L'*élaboration du plan* passe par un classement des informations extraites des documents, rassemblées en autant de rubriques qu'il est possible de faire ressortir d'idées fortes, ou d'axes. C'est à partir de là, et de là seulement, que peut être dégagée la problématique sur laquelle charpenter le plan.

Alors seulement intervient la *rédaction* proprement dite.

Dans la pratique, ces quatre phases ne sont pas toujours aussi distinctes et la lecture du sujet donne souvent lieu simultanément à une première investigation, quand elle n'offre pas déjà les prémices des axes de construction du plan.

Mais auparavant, et parce que l'ensemble de ces opérations doit forcément tenir en un temps limité (le plus souvent trois ou quatre heures), toute la place nécessaire sera faite à la gestion du temps.

La gestion du temps

Il en va du candidat à un concours comme de l'athlète dans une épreuve de fond ou du cycliste dans une course à étapes : il doit d'abord être capable de gérer son effort dans le temps. Apprendre à gérer son temps est donc un souci premier dans la préparation au concours.

Bien entendu, il est parfois possible de « bricoler », de « piloter à vue » et de s'arranger pour finir dans le délai donné. Conclusions bâclées, devoirs déséquilibrés et mal bâtis en résultent souvent. À l'inverse, on trouve aussi des devoirs trop courts, de peur de ne pas arriver à finir... Tout cela n'est pas bon. Quant à l'expédient consistant à rendre avec le devoir inachevé une feuille de brouillon, **surtout ne le pratiquez jamais!** Cette feuille sera la plupart du temps éliminée avant remise au correcteur et, si elle échappe à ce premier tri, elle ne fera qu'attirer son attention sur l'incapacité du candidat à maîtriser son temps.

L'apprentissage de la gestion du temps, au-delà de quelques principes qui vous sont ici exposés, ne peut être que pratique. Comme les sportifs auxquels il était fait allusion plus haut, le candidat doit s'entraîner. Il doit le faire dans les conditions les plus proches de celles du concours, dans la mesure du possible en continu, dans le calme, et toujours en temps limité.

Se construire un canevas

Il faut partir dans la rédaction d'une note de synthèse, comme d'ailleurs dans toute épreuve, non dans l'esprit d'une course contre la montre mais dans celui de remplir un programme. Ainsi, dégagé de l'inquiétude de ne pas réussir à terminer à temps, il devient possible de mobiliser toute son énergie pour le traitement du dossier lui-même. Mais pour respecter un programme, encore faut-il l'avoir construit, et l'avoir fait d'une manière réaliste.

La construction du canevas

L'essentiel, pour définir dans le temps un canevas de travail, est d'abord de définir les éléments de ce canevas. Les trois premières étapes (lecture du sujet, de la liste des documents et survol du dossier) seront ici rassemblées en une *prise de contact*, suivie d'une *exploitation du dossier*, puis d'un classement des idées et d'une *élaboration du plan*, avant de passer à la *rédaction*. Il importe donc de définir quelle durée prendra chacune de ces étapes.

Le tableau suivant vous donne une norme de départ.

Durée de l'épreuve	3 heures	4 heures	5 heures
Prise de contact	15 mn	15 mn	20 mn
Exploitation du dossier	50 mn	1h 10	1h 35
Traitement et plan	20 mn	20 mn	30 mn
Rédaction	1h 15	1h 55	2h 15
Relecture	10 mn	10 mn	10 mn
Joker	10 mn	10 mn	10 mn

Bien entendu, il ne s'agit là que de propositions qu'il vous revient d'adapter à votre pratique personnelle comme à la réalité du dossier.

Les adapter à votre pratique personnelle implique que vous en ayez une, c'est-à-dire que vous vous entraîniez régulièrement, en ajustant progressivement les durées indicatives proposées dans le tableau. Par exemple, vous vous rendrez peut-être compte qu'il vous faut généralement un peu plus de temps pour exploiter les documents et un peu moins pour rédiger, ou l'inverse. Modifiez alors la grille jusqu'à ce que vous arriviez au programme « idéal ».

Ce programme, cependant, pourra encore connaître un dernier ajustement quand vous aurez le dossier en main, en fonction de la taille de ce dernier : s'il est très volumineux, peut-être faudra-t-il accorder un peu plus de temps à son exploitation en utilisant pour cela le « joker » de 10 mn. Mais c'est la seule entorse que vous pourrez vous permettre, faute de vous voir contraint à rédiger dans l'urgence... et bientôt dans la panique.

Muni d'un canevas bien construit, ajusté autant qu'il le faut, il est maintenant nécessaire de s'y tenir.

S'en tenir au canevas

Rien ne servirait de construire un canevas si, en effet, c'était pour aussitôt ne pas le respecter. Le respecter, cela veut dire ne pas perdre de temps, mais aussi ne pas en gagner exagérément.

Perdre du temps, c'est s'exposer à ne plus disposer du délai nécessaire pour terminer la rédaction et à rendre un devoir bâclé, incomplet peut-être : vous voilà mal parti pour la note ! Chaque minute que vous perdrez par rapport à votre planning risque de vous être fatale à la fin de l'épreuve, ne l'oubliez pas.

Mais paradoxalement, toute minute gagnée peut également vous être fatale, si pour cela vous avez « bâclé » une des étapes préliminaires indispensables à la construction du devoir.

Nous reviendrons plus loin sur l'importance des différentes étapes. Donnez à chacune le temps qui lui revient. Si la prise de contact vous paraît achevée au bout de 10 mn quand vous en aviez prévu 15, interdisez-vous de passer tout de suite à l'étape suivante : vous n'avez certainement pas encore tiré tout ce qu'il y avait à tirer du sujet et de la liste. Posez votre stylo, relisez-les, imprégnez-vous en. Si vous avez fini plus vite que prévu le dépouillement, revenez aux documents, assurez-vous que vous n'avez rien laissé passer d'important. Si le plan s'impose en 2 mn au lieu de 20, remettez-le en cause, testez-le, obligez-vous à respecter votre propre règle.

Le dépouillement du dossier

La lecture rapide

Il est bien évident que la lecture linéaire, totale, systématique, de l'ensemble des documents constituant le dossier doit être exclue. Elle doit l'être d'abord parce que le temps imparti *ne permet pas* au candidat de se livrer à cet exercice. Elle doit l'être encore parce qu'une telle lecture n'est ni utile ni rentable ; elle peut même devenir nuisible. Les informations contenues dans le texte ne sont en effet pas toutes pertinentes pour le sujet à traiter. Certaines, en venant encombrer, parasiter vos notes de lecture et votre mémoire, n'auraient d'autre effet, en sus du temps, que de faire perdre clarté et cohérence à votre travail.

Mais comment parvenir à identifier ce qui est important, utile, et ce qui ne l'est pas, sans avoir justement tout lu auparavant ? La réponse est double : d'une part, il faut savoir ce qu'on cherche (et si vous avez correctement effectué la phase de prise de contact avec le dossier, cela doit être acquis), d'autre part, il est nécessaire de maîtriser au moins quelques éléments de méthode de lecture rapide. Nous y reviendrons plus loin.

Calibrer le temps du dépouillement

La nécessité d'un « calibrage » du temps de dépouillement des documents est liée, elle aussi, à la plus ou moins grande maîtrise des techniques de la lecture rapide. Ici encore, l'entraînement, et surtout l'analyse pratique des problèmes techniques que vous aurez rencontrés, sera votre guide.

Si vous maîtrisez bien la lecture rapide, et que jamais, à l'entraînement, vous n'avez dépassé le temps imparti, très bien. Vous aurez peut-être même la possibilité de revenir sur tel ou tel document pour confirmer une première analyse. Mais si vous la maîtrisez moins bien, et qu'il vous est arrivé déjà, en exercice, de vous trouver « à court de temps », de déborder, alors, il faut « calibrer ». Calibrer, c'est-à-dire limiter la durée d'étude de chaque document, soit en divisant le temps d'étude par le nombre de documents, soit en pondérant selon la longueur de chacun de ceux-ci.

Et surtout, tenez-vous à ce calibrage.

Le temps de la rédaction

La rédaction elle-même constitue, en matière de gestion du temps, la pierre d'achoppement ultime. Ce n'est pas la moindre. Il ne suffit pas en effet de commencer à écrire au moment voulu : il faut encore être capable d'achever dans les délais et de s'affranchir de toute inquiétude à ce sujet. Il est donc recommandé à chacun de bien connaître sa vitesse d'écriture, ce qui est, là encore, affaire d'entraînement.

Chacun d'entre nous a une vitesse d'écriture différente (écriture lisible et soignée, j'entends), qui doit être déterminée avec exactitude par page de copie de concours. Entraînez-vous donc sur des feuilles du même format (A4, par exemple) et calculez. S'il vous a fallu deux heures pour écrire six pages, vous savez que vous disposez d'une rapidité de vingt minutes par page, dix minutes par demi-page. Une heure trente pour dix pages : neuf minutes par page, etc.

Sachant donc de combien de temps vous disposez pour rédiger, vous connaissez ainsi, en transposant, la longueur du devoir à fournir.

La longueur de la copie

Il n'y a pas en effet de norme précise pour ce qui est de la longueur : quatre pages, six pages, huit pages... Tout dépend de votre propre écriture. La longueur fixée par vous-même, il vous faudra affecter à chaque partie du plan telle longueur, et bien entendu strictement vous y tenir. Nous reviendrons, ici encore, sur les techniques précises à mobiliser pour ce faire.

Après cet aperçu sur l'importance primordiale de la gestion du temps, il est maintenant possible d'aborder la prise de contact avec le dossier.

La prise de contact

Ainsi que nous l'avons vu, la prise de contact avec le dossier comporte trois étapes essentielles :

– la **lecture du sujet** proprement dit, qui est le texte ou la phrase, à la longueur et au contenu très variables, qui sert à introduire ou à présenter le dossier, et souvent à préciser le sens de ce qui est attendu ;

– l'**exploitation de la liste des documents**, qui implique la mise en œuvre d'un certain nombre de techniques destinées à « faire parler » cette énumération pour la transformer en véritable clef d'accès au dossier ;

– le **survol** rapide des pièces du dossier, différent d'une lecture rapide et dont la fonction est de préciser certains points du sujet, d'en fournir une première approche et de lever les ambiguïtés.

Exemples de sujet

Sujet 0 : *« Rédiger une note de synthèse à partir du dossier suivant »* (tous concours).

Sujet 1 : *« La formation »* (Inspecteur principal du Trésor).

Sujet 2 : *« Placé auprès du chef du bureau des affaires européennes à la préfecture du département de N, entièrement situé en zone d'objectif 5b des fonds européens, il vous est demandé une note rappelant l'esprit du dispositif, et précisant si celui-ci peut intervenir pour faciliter le développement touristique de la ville de V, et comment »* (Secrétaire administratif de préfecture).

Sujet 3 : *« Vous bâtirez une note sur le thème du logement des plus démunis, en précisant quelles réponses peuvent y être aujourd'hui apportées par les communes »* (Rédacteur territorial).

Sujet 4 : *« Le nouveau maire de N, dont vous êtes le secrétaire général, vous demande, en octobre 1995, de lui faire le point sur le projet de communauté de communes, en dégageant les enjeux et les conséquences, à ce stade, de la transformation ainsi envisagée du SIVOM*[2] » (Attaché territorial).

Sujet 5 : *« Le chargé de mission économique, dont vous êtes le collaborateur, vous demande de réaliser une synthèse sur la mondialisation de l'économie, en vue d'une intervention qu'il doit effectuer devant un groupe de cadres supérieurs de l'industrie »* (Institut régional d'administration).

La lecture du sujet

Le sujet de la note de synthèse est en quelque sorte la première pièce du dossier, si on met à part un type de sujet minimaliste, à vrai dire de moins en moins fréquent : *« Rédiger une note de synthèse à partir du dossier suivant »* (sujet 0).

Généralement, le sujet dispose d'un contenu informatif et, de plus, chacune des informations qu'il comporte est utile. Il est donc tout particulièrement important d'attacher à la lecture du sujet toute l'attention voulue et de s'assurer que toutes les informations qu'il contient ont bien été identifiées, et répertoriées.

Le temps nécessaire à cette analyse doit se mesurer à l'aune du sujet lui-même. En effet, la longueur et la richesse peuvent en être très variables.

Prenons, dans la liste des sujets ci-dessus, les sujets 1 et 2. Information minimale pour le sujet 1, commande précise pour le sujet 2. Vous pouvez également constater, en l'occurrence, que la quantité d'informations n'est pas seule en cause, mais également leur qualité et leur variété.

La variété des informations apportées

Il est toujours aventureux de proposer une typologie, car celle-ci peut rapidement se révéler réductrice, simpliste, voire, à l'extrême, mutilante. Nous allons pourtant nous y essayer. Les informations apportées par le sujet relèvent en effet toujours d'une réponse à l'une des questions suivantes.

- **De quoi s'agit-il?** (le thème)
- **Quel est le contexte?** (mise en situation et environnement)
- **Qu'attend-on du rédacteur?** (la commande)
- **Quel plan veut-on voir appliquer?**

Le thème

Il y a lieu ici de préciser un point de vocabulaire. Le thème du devoir, c'est-à-dire l'idée directrice autour de laquelle a été construit le dossier, n'est pas ici synonyme de « sujet » qui, lui, désigne le texte introductif dans son ensemble. Ce thème peut être donné de façon évidente par le sujet. Ainsi, dans le sujet 1 de la liste ci-contre, ce thème constitue à lui tout seul l'ensemble du texte. C'est, dans une certaine mesure, encore le cas dans le sujet 3.

Mais il arrive que le thème n'apparaisse pas avec suffisamment de netteté. C'est le cas dans le sujet 2. Le thème ici n'est ni « les fonds européens », ni « le développement touristique ». C'est en fait « l'apport des fonds européens au développement touristique d'une ville ».

Il appartient au candidat de reformuler le thème, mais cette reformulation doit être la plus neutre possible. C'est la réponse à la question toute simple : « De quoi s'agit-il? ». La reformulation doit également être la plus courte possible. Elle ne doit pas se présenter comme une problématique.

Efforcez-vous, quand vous vous exercez à la technique de la note de synthèse, de toujours parvenir à répondre à la question du thème. Inscrivez-le, le jour du concours, sur la feuille où est imprimé le sujet. C'est votre information phare, celle qui peut vous éviter de vous fourvoyer.

Le contexte

Le contexte dans lequel est placé le traitement de la note de synthèse n'est pas anodin. Il peut, dans certains cas, orienter le choix d'un plan, d'une problématique, d'un éclairage à faire porter plus particulièrement sur tel ou tel point.

Bien entendu, certains sujets (sujet 1) n'incluent aucun élément de contexte, et il faut dans ce cas se fonder sur ce que pourront dire la liste ou les documents eux-mêmes. Mais le sujet comprend assez souvent une mise en situation, il importe donc de savoir bien le « questionner ».

Cette mise en situation concerne tout d'abord celui qui rédige, en l'occurrence vous-même. Ainsi, le sujet 2 vous renseigne très précisément sur le rôle que vous êtes censé tenir : vous vous trouvez placé sur un poste (sans doute de secrétaire administratif, puisque c'est là l'intitulé du concours), dans l'administration préfectorale. Le regard que vous portez est donc celui de l'État. Ceci n'entache en rien la neutralité de votre point de vue (au contraire!) mais précise l'angle d'observation, et donc d'exploitation privilégiée du dossier et des documents. Vous savez que votre note va servir à répondre à une interrogation des élus de la ville de V, relativement à des projets sur lesquels vous n'avez aucun jugement à formuler. Si le sujet avait été libellé différemment : *« Placé auprès du maire de V, chargé... »*, votre point de vue aurait été différent.

Vous avez donc répondu à la question *« Qui? »*. Mais ce n'est pas le seul élément de contexte : il faut maintenant, si le sujet le permet, savoir *« Pour qui? »*. Dans le sujet 4, on vous dit que c'est au maire que vous vous adressez et que votre note est destinée à l'informer d'un processus dont il n'a pas maîtrisé le début, puisque c'est un

2. Syndicat intercommunal à vocation multiple.

nouveau maire. Vous devrez lui fournir des éléments d'appréciation et préparer ainsi non la décision (ce qui relèverait d'une note administrative) mais la prise de décision. Dans ce cas, un autre élément de contexte est intervenu : la date. C'est la réponse à la question *«Quand?»*. Ici, elle est importante, puisque vous savez que les dernières élections municipales se sont tenues en juin 1995 et que le nouveau maire est arrivé aux affaires depuis peu (le sujet de la note se situe en octobre 1995).

L'élément contextuel de lieu *(Où?)* est également important. Dans le sujet 2, le fait d'être dans un département bénéficiant de l'objectif 5b vous permettra d'éliminer, lors de l'exploitation du dossier, tout ce qui ne relève pas de ce cas précis. Nous y reviendrons.

Dans le sujet 3, on ne trouve a priori aucune réponse aux quatre questions : *«Qui, pour qui, quand, où?»*. Pourtant, il est possible d'inférer des réponses à partir de deux éléments : la mention du mot *«communes»* d'une part, l'intitulé du concours (rédacteur territorial) d'autre part. Il est probable que vous soyez en fonction :

- dans une commune où se pose un problème de logement des plus démunis *(où?)* ;

- que vous y soyez placé auprès de l'adjoint aux affaires sociales *(qui?)* pour qui vous rédigez cette note *(pour qui?)* ;

- par défaut, vous vous placez à la date du jour, ou à celle du document le plus récent, lorsque ceux-ci sont tous datés *(quand?)*.

Il est important de bien comprendre que lorsque vous serez en situation réelle de concours, que vous réfléchirez au plan et à la rédaction, vous aurez à effectuer des choix et ceux-ci pourront dépendre du contexte. Mieux vaut alors savoir d'où vous parlez...

La commande

Tout sujet contient une commande, même le sujet 0 : *«Vous rédigerez une note de synthèse...»*. Il vous dit ce qu'on attend. Même le sujet 1 *(«La formation»)* contient une commande implicite : *«Rédigez une note de synthèse sur le thème de la formation»*. Cette commande est plus ou moins précise et elle peut orienter la rédaction de la note dans telle ou telle voie. On peut définir en gros quatre modèles de commande :

- l'information (faire le point sur);

- la comparaison (dégager les évolutions);

- la problématique (mettre en évidence l'ensemble des questions qui);

- la proposition (dire quelles solutions peuvent être avancées pour).

• L'information

Le cas le plus simple est celui de la note d'information. C'est le type de commande auquel correspond le sujet 1. Un thème est donné sur lequel on demande de faire le point, à partir du dossier, de la manière la plus claire et la plus complète possible et en se limitant strictement au contenu des documents.

Un sujet plus long, avec mise en situation, peut d'ailleurs parfaitement correspondre au même type de commande. C'est le cas du sujet 5 : *«Le chargé de mission économique, dont vous êtes le collaborateur, vous demande de réaliser une synthèse sur la mondialisation de l'économie, en vue d'une intervention qu'il doit effectuer devant un groupe de cadres supérieurs de l'industrie»*.

• La comparaison

La commande peut également impliquer un élément comparatif. La question qui vous est alors posée est : *«Qu'est-ce qui change?»* ou *«Qu'est-ce qui est différent?»*. Il faudra dès lors en tenir compte et, sans pour autant négliger de poser le cadre général, rechercher systématiquement dans le dossier ce qui constitue nouveauté ou différence. Parfois, le titre des documents constituera une aide directe : *«Ce qui change dans...»* ; *«Le nouveau dispositif d'aides...»* ; sinon, vous chercherez les mots clés annonçant le changement (voir plus bas). Quant au plan, il annoncera dans sa structure même l'accent mis sur le caractère comparatif de la commande.

• La problématique

Pour élaborer votre plan, vous devrez construire une problématique. Il arrive que le sujet laisse transparaître cette problématique, ou au moins des éléments de celle-ci, avec des formulations comme *«Faites le bilan des différents problèmes qui...»*, ou *«Rédigez une note de synthèse dans laquelle vous montrerez les interrogations qui...»*. Si ce n'est pas le cas, cela ne veut pas dire qu'il faut exclure la recherche d'une problématique, bien au contraire. Mais si la problématique est apparente, vous devez la prendre en compte et vous servir de ces informations qui ont été volontairement mises à votre disposition.

• La proposition

Dans ce dernier cas de commande, on se trouve à la lisière de la note administrative. C'est le cas très net du sujet 3 : *«En précisant quelles réponses...»*. Mais cette proposition de solutions n'implique pas ici un choix, comme aurait pu être *«la meilleure réponse»* ou *«des solutions adaptées»*. Vous devez donc répondre en gardant la neutralité de règle, en rassemblant toutes les réponses ou toutes les solutions présentes dans les documents, dont vous pourrez cependant montrer avantages et inconvénients.

Les suggestions de plan

Enfin, il arrive que le sujet en lui-même vous donne des indications de plan. Celles-ci peuvent être imposées ou suggérées, voire absentes.

Exemple

Le sujet 2 de la liste (page 10) est ainsi porteur d'une très nette indication de plan en trois parties :

1. Le dispositif
2. Les mesures pertinentes au cas de la ville de V.
3. La méthode d'action.

Si les sujets 1 et 5 n'imposent rien, le sujet 3 comporte une suggestion : celle que l'une des parties du devoir porte plus particulièrement sur les solutions à trouver. Mais cette suggestion reste très vague. En particulier, le sujet n'impose ni ne suggère rien quant au thème lui-même, et seul l'examen du dossier pourra en dire plus.

Bien souvent, cependant, il n'y a pas d'indication précise : il faudra alors, au terme du traitement des documents, travailler à partir des idées et des arguments récoltés pour inventer un plan.

Quel bilan tirer de la lecture du sujet?

Nous venons de voir la richesse des indications qu'il y a à tirer de la lecture du sujet. La précision, et parfois l'énonciation du thème, la mise en situation, les suggestions de plan sont autant d'éléments utiles pour la construction du devoir.

Exemple

Reprenons le sujet 5 : *« Le chargé de mission économique, dont vous êtes le collaborateur, vous demande de réaliser une synthèse sur la mondialisation de l'économie, en vue d'une intervention qu'il doit effectuer devant un groupe de cadres supérieurs de l'industrie. »*

Vous connaissez le thème - la mondialisation de l'économie -, vous savez que vous rédigez au nom du chargé de mission économique et pour un auditoire précis. Voilà pour la mise en situation. En revanche, vous ne savez pas où, quand, et ne disposez pas de suggestions de plan.

Il est maintenant temps de passer à la deuxième pièce du dossier, la liste de documents, et de la soumettre à son tour à votre interrogation.

Exploiter la liste des documents

En règle très générale, après le sujet, le deuxième élément du dossier est constitué par une liste de documents. Celle-ci reprend un certain nombre de renseignements sur les différentes pièces du dossier en attribuant à chacune un numéro d'ordre correspondant à son classement.

Il ne faut surtout pas s'empresser de tourner la page pour entrer directement dans le vif du sujet : ce serait une erreur. Cette liste est davantage qu'une simple énumération : nous verrons qu'elle constitue en même temps, en effet, une clef d'entrée au dossier et un complément du sujet. Encore faut-il pour cela savoir l'utiliser, l'améliorer, et connaître avec exactitude ce qu'on peut en attendre.

Le contenu de la liste

La liste des textes peut apporter un certain nombre d'informations.

Exemple

• Document 5 : Décret du 29 octobre 1936 relatif aux cumuls de retraite, de rémunérations et de fonctions. 3 pages.

• Document 6 : « Cumuls d'emplois publics : quelles limites ? », *La Gazette*, 8 juillet 1996. 2 pages.

La liste comporte d'abord un numéro d'ordre du document, qui permet son repérage dans le dossier. Seconde information (doc. 5), le type de texte, toujours indiqué quand il s'agit d'un texte de nature juridique mais souvent omis quand il s'agit d'un article, d'autant qu'alors la mention de la source (doc. 6 : *La Gazette*) rendrait cette précision superflue.

Le titre du texte est ensuite mentionné. Dans le premier cas (doc. 5), il précise l'objet du décret, ce qui permet de savoir immédiatement ce qu'on peut espérer trouver dans le texte. Les titres d'article, en revanche, ne sont pas toujours aussi parlants qu'ici (doc. 6) et demandent parfois à être éclaircis, quand ils n'induisent pas purement et simplement en erreur.

Aucune des deux références ne comporte ici de nom d'auteur; en revanche, l'une et l'autre comportent l'indication précise de la date, renseignement dont nous verrons plus loin quelle peut être l'utilité. Enfin, chacune se termine par la mention du nombre de pages, donc de la longueur du document.

Numéro, nature, source, titre, (auteur), date et taille sont donc les renseignements pertinents qui devraient figurer sur toute liste. Ce n'est pas toujours le cas.

Compléter une liste

Les listes mises à votre disposition sont souvent incomplètes et parfois inexactes.

Exemple

Voici la liste des documents du sujet 5 (dont vous trouverez un corrigé complet pages 29 à 47).

1. Décret n° 95-1242 du 24 novembre 1995.

2. Avant-propos de *La mondialisation heureuse* (Alain Minc, Plon, 1997).

3. Article tiré du *Figaro* (28 septembre 1997).

4. « Que fait l'arbitre ? » *(Le Monde).*

5. Extrait du « Rapport annuel mondial sur le système économique et les stratégies, 1997 ».

6. Article.

7. « La mondialisation au détriment de la population ».

8. « La mondialisation, un défi pour l'Europe ».

9. « Hutchinson face à la mondialisation », par J.-P. Seeuws, PDG d'Hutchinson *(Énergies).*

Reprenons cette liste ligne par ligne.

1. Décret n° 95-1242 du 24 novembre 1995.

Il manque ici l'essentiel : l'objet du texte. Pour le connaître, il faut aller vers le document lui-même, en anticipant sur la phase du survol. Vous pourrez alors compléter vous-même cette référence.

1. Décret n° 95-1242 du 24 novembre 1995. Publication de l'accord de Marrakech instituant l'OMC. 1 page.

On en profite pour indiquer également la taille du document.

2. Avant-propos de *La mondialisation heureuse* (Alain Minc, Plon, 1997).

Ne manque ici que la taille du document (1 page), qui sera d'ailleurs ajoutée systématiquement à chaque référence.

3. Article tiré du *Figaro* (28 septembre 1997).

Cette fois, il faut ajouter le titre : « Commerce extérieur, excédent record ». De plus, le survol du document permet de constater qu'il ne s'agit pas vraiment d'un article, mais plutôt d'une accumulation de chiffres, d'où la mention « Statistiques », et bien sûr : 1 page.

4. « Que fait l'arbitre ? » *(Le Monde)*.

Ici, le titre existe, mais il n'est pas assez explicite pour donner une indication réelle sur le contenu de l'article. Il faut à nouveau aller au document. Cette fois, c'est le chapeau qui donne la clef : l'arbitre dont il est ici question, c'est l'OMC (Organisation mondiale du commerce). Le document donne aussi le nom de l'auteur de l'article, mais celui-ci n'est pas indispensable. Il donne encore sa date. Voilà donc ce que vous allez ajouter : « Rôle de l'OMC », 30 septembre 1997, 3 pages.

5. Extrait du « Rapport annuel mondial sur le système économique et les stratégies, 1997 ».

Si vous connaissez la série des « Ramsès », publiés par l'IFRI (Institut français des relations internationales), vous savez qu'il s'agit sans conteste d'un document intéressant. Mais ce n'est qu'en le feuilletant que vous saurez qu'il se compose en fait de deux documents, ou plutôt de deux chapitres d'un même document. Vous pourrez donc compléter ainsi :

« L'organisation internationale des entreprises », 5 pages.

« Régionalisation et recomposition géo-économique », 1 page 1/2.

À titre d'exercice, vous pouvez maintenant considérer les références suivantes de la liste du sujet 5 et vous entraîner à compléter ce qui manque à chacune.

Créer une liste

La liste des documents, plus ou moins utilisable, est très généralement présente, mais il arrive qu'elle manque. Dans ce cas, c'est bien entendu à vous d'établir cette liste, selon les mêmes principes que ceux qui viennent d'être présentés pour compléter une liste incomplète.

En principe, l'absence de liste n'est pas une erreur, ni un oubli. Ce peut être un choix délibéré du concepteur du sujet, un choix qui, souvenez-vous en, n'avantage ni ne handicape personne, puisque tous les candidats disposent du même matériel. Cependant, il peut être prudent de poser la question, comme de vérifier que tous les documents sont bien présents, avec la bonne pagination. Faites-le dès le début de l'épreuve, si vous avez un doute.

Importance de la liste comme complément du sujet

La liste des documents joue véritablement le rôle de complément du sujet, en venant apporter les réponses qui ne se trouvaient pas dans celui-ci, et même d'autres renseignements. Elle permet aussi de confirmer ou d'infirmer certains points de la première analyse.

Avec le sujet minimaliste *(« Rédigez une note de synthèse à partir du dossier suivant »)*, c'est elle qui va apporter les premières réponses. Prenons la liste jointe au sujet 5, et supposons qu'elle ait été introduite par le sujet minimaliste : un simple coup d'œil permet d'en faire ressortir **le thème**, qui est ici celui de la mondialisation. C'est bien là le premier renseignement apporté par la liste : le thème, ou la confirmation du thème.

Mais **les éléments de contexte** peuvent également y être trouvés : la date qui, par nature, est celle du document le plus récent, le lieu, parfois, qui peut ressortir de l'orientation géographique précise et convergente de plusieurs documents. Il faut bien entendu user de ce mode d'investigation avec prudence. Ici, le fait qu'un des documents (document 7 : « La mondialisation au détriment de la population », voir p. 15) se situe précisément au Mali ne veut pas dire qu'il faille situer la note dans ce pays, ni même l'orienter spécialement vers le tiers monde. Au contraire, et même en l'absence d'indications précises du sujet, l'existence d'un nombre significatif de documents traitant des interactions de la mondialisation et de l'entreprise aurait incité à donner un éclairage appuyé sur ce point.

Un autre renseignement que donne la liste des documents, d'importance quant à la suite (c'est-à-dire la rédaction du devoir), c'est **la tonalité des documents**.

Ceux-ci sont-ils plutôt juridiques (lois, textes réglementaires, actes administratifs...), c'est alors à une note de synthèse à tonalité juridique qu'il faut s'atteler, sans oublier pour autant de s'intéresser aux documents de nature différente.

Sont-ils surtout des rapports, des articles événementiels, des échanges de courrier ? La note porte alors sur un problème précis sur lequel il faut faire le point, etc.

Tout ce que vous aurez ainsi pu faire ressortir de la lecture de la liste, vous l'ajouterez au sujet sous forme d'annotations marginales et complémentaires auxquelles vous vous reporterez fréquemment tout au long du devoir, afin de vous assurer que vous restez bien dans le droit fil de la commande.

La clef d'entrée du dossier

Complément du sujet, et achevant en quelque sorte l'exploitation de celui-ci, la liste vous fournit en même temps la clef d'entrée aux différents documents. Grâce à elle, ce dossier, que vous aviez peut-être pu considérer, avec quelque inquiétude, comme une jungle impénétrable et truffée de pièges, comme un ennemi à vaincre, peut redevenir pleinement ce qu'il n'aurait jamais dû cesser d'être : une **banque de données** qui va vous aider à venir au bout de votre rédaction.

Une bonne liste, c'est d'abord une liste qui va vous permettre de maîtriser le dossier en en constituant un véritable « sommaire ».

Exemple

Voici la liste complétée du sujet 5.

1. Décret n° 95-1242 du 24 novembre 1995. Publication de l'accord de Marrakech instituant l'OMC. *1 page*.

2. Avant-propos de *La mondialisation heureuse* (Alain Minc, Plon, 1997). *1 page*.

3. Article tiré du *Figaro* (28 septembre 1997), «Commerce extérieur : excédent record ». Statistiques. *1 page*.

4. « Que fait l'arbitre ? » *(Le Monde)*. Rôle de l'OMC. 30 septembre 1997. *3 pages*.

5. Extraits du « Rapport annuel mondial sur le système économique et les stratégies, 1997 » (collection Ramsès) :

– l'organisation internationale des entreprises *(5 pages)*

• le rôle de la région dans les organisations globales

• l'intégration en Europe et la mondialisation

– régionalisation et recomposition géoéconomique *(1 page 1/2).*

6. Article «La mutation du monde» par Ignacio Ramonet (*Le Monde diplomatique*, n° 523, octobre 1997). *1 page.*

7. «La mondialisation au détriment de la population» (*Nations solidaires*, n° 205, 2e trimestre 1997) a/s du Mali. *1 page.*

8. «La mondialisation, un défi pour l'Europe», par Jean-Paul Fitoussi (*Énergies*, printemps 1997). *3 pages.*

9. «Hutchinson face à la mondialisation», par J.-P. Seeuws, PDG d'Hutchinson (*Énergies*, printemps 1997). *1 page.*

La liste ainsi complétée vous donne une première approche des documents. Il va falloir maintenant prendre des repères. Bien entendu, le travail qui a été fait jusqu'ici ne suffit pas pour connaître tout des documents, mais l'essentiel est là : vous allez bientôt pouvoir aborder la phase suivante, le dépouillement. Cependant, il vous reste auparavant à pratiquer le survol rapide des documents.

Le survol rapide

Le survol rapide est une technique à part entière. Il ne s'agit pas d'une lecture rapide des documents, c'est-à-dire qu'il n'y a pas de lecture systématique, de recherche de sens dans le texte. On se trouve ici dans un domaine infra-lectoral. C'est la raison pour laquelle cette phase est intégrée à la prise de contact avec le dossier, et non au dépouillement du dossier lui-même. D'une certaine manière, quand le candidat reçoit la liasse de documents et qu'il la feuillette en un éclair avant toute autre opération, il effectue déjà un premier survol qui va inscrire dans sa mémoire les premiers éléments de forme (volume du dossier, aspect des documents, polices de caractères). Ce geste, chacun le fait spontanément, naturellement. Il ne s'agit que de le poursuivre, en l'élaborant davantage.

Nous avons vu que le survol rapide ne se place pas, chronologiquement, forcément après le travail sur la liste, mais commence avec ce travail, dont il est en quelque sorte le moyen et la condition. En fait, si la liste demande un travail important de création ou de complément, le survol rapide aura été terminé avec la fin de cette phase.

Ce qu'on en attend, ce n'est pas encore la connaissance précise du contenu du dossier, mais celle du contenant, ce terme incluant ici les articles, la forme, l'aspect, la tonalité de ces articles. C'est **le préalable à la lecture des documents, non pas une première lecture**.

Technique et méthode du survol rapide

Le plus important, dans la technique du survol, est bien de s'interdire, réellement s'interdire la lecture du document, tentation toujours présente et en même temps solution de facilité. En effet, se mettre à lire dès cette phase l'un après l'autre, sans ordre, sans fil conducteur, tous les documents du dossier est absolument contraire à toute méthologie.

Ne pas lire, donc, mais laisser glisser le regard sur la feuille, en ne s'arrêtant qu'aux «aspérités» du texte.

Ces aspérités, ce sont le titre, le chapeau, les sous-titres, les intertitres journalistiques (dont vous aurez bien remarqué qu'ils ne sont pas là pour couper logiquement le texte, comme les sous-titres, mais pour relancer l'intérêt du lecteur et aérer les paragraphes). Ce sont encore la signature, les espaces, les illustrations et leurs légendes. Chacun de ces éléments vient compléter votre première approche du document donnée par son intitulé dans la liste.

Exemple

Prenons le document 7 du dossier : «La mondialisation au détriment de la population» (*Nations solidaires*, n° 205, 2e trimestre 1997, voir ci-contre). On y trouve de nombreuses aspérités; avant même d'avoir lu le moindre mot du texte de Fatoumata Cité, on sait de quoi elle va parler : des problèmes posés par la mondialisation dans les pays du tiers monde, et singulièrement le Mali. On connaît sa position critique, même si on ne dispose pas du détail de son argumentation.

D'autres documents, à l'inverse, ne présentent pratiquement pas d'aspérités, pas de signes pour arrêter le regard. C'est le cas du document 2 (Avant-propos de *La mondialisation heureuse,* voir p. 30). C'est le type même du document lisse. On peut d'ailleurs se contenter de ce constat et réserver à la phase suivante l'exploration du document en question. Mais il est possible aussi de créer dans ce texte des aspérités en cherchant à y repérer des mots clefs.

«Mondialisation», «avantages sociaux», «développement», autant d'ensembles de caractères, autant d'aspérités pour permettre non pas de lire, mais de caractériser un texte.

À titre d'exercice, cherchez dans le document **2** (p. 30), puis dans le document **6** (p. 40), combien de fois vous trouvez le mot «mondialisation». Le résultat est parlant : il vous permet immédiatement, sans beaucoup de risques de vous tromper, de rattacher le premier à l'adhésion, et le second au rejet de cette notion.

Ainsi conduit, le survol rapide va vous permettre de caractériser rapidement chaque document. Est-il clair, bien découpé, bien lisible? Ou, au contraire, confus? Est-il, d'après l'étude des mots clefs ou des indices, pour ou contre le thème, ou neutre à cet égard?

Utilité du survol rapide

Il complète votre connaissance de l'enveloppe du dossier, vous fournit des éléments d'orientation supplémentaires. Mais il ne fait pas que cela : il opère aussi en complément et en confirmation.

Le choix du premier texte ou document d'entrée

Le document d'entrée n'est pas celui qui porte le numéro 1 sur la liste, du moins pas forcément : c'est **celui par lequel vous allez commencer la découverte du dossier**. Cette définition permet d'en dégager quelques caractéristiques : le document d'entrée ne doit pas être trop long. Il doit recouvrir si possible l'ensemble de la problématique même si celle-ci, à ce stade, reste à définir. Il ne doit pas être trop technique. Parmi des textes juridiques, ce pourra être la loi, si elle

Document 7

LES ASPÉRITÉS DU TEXTE

où ?

Afrique

Mali

Thèse "contre"

La mondialisation au détriment de la population

qui ?

En 1988, on a parlé de programmes à « visage humain » mais leur évaluation ne tient compte que de l'impact macro-économique. Elles sont donc « socialement » faussées parce qu'elles ignorent l'essentiel : les conséquences sur la vie quotidienne de la majorité des Maliens.
Photo : J.-M. Rodrigo

opinion développée

Syndicaliste et porteuse d'un combat sans relâche pour les droits des femmes, Fatoumata Ciré Diakité est née rebelle, comme elle se plaît à le dire. Dans un entretien qu'elle a accordé à nos confrères de FO Hebdo, elle livre ses réflexions sur les problèmes économiques engendrés par la mondialisation de l'économie.

FO Hebdo : *Quelles ont été dans ton pays les conséquences des programmes économiques dictés par le Fonds monétaire international et la Banque mondiale ?*

Fatoumata Cité Diakité : Ces programmes dits « programmes d'ajustement structurel », ont entraîné des coupes dans les budgets des Etats africains, particulièrement au Mali, qui ont visé des secteurs socialement clés, comme la santé, l'éducation. Des dizaines de milliers d'emplois ont été supprimés dans la fonction publique et les entreprises publiques.

L'objectif était que les Etats puissent rembourser leur dette et le « service » de la dette, c'est-à-dire les intérêts qui vont avec, et que les créanciers puissent ainsi réaliser un profit. Ces programmes se sont soldés par un échec. Doublement, puisqu'ils ont provoqué des crises sociales sans précédent. En 1988, on a parlé de programmes « à visage humain ». Mais leurs évaluations « sociales » restent fausses car elles ne tiennent compte que de l'impact macro-économique, et ignorent les conséquences sur la vie quotidienne des peuples.

Au Mali, une famille frappée par le plan d'ajustement structurel, c'est par exemple un mari licencié et une femme partie en retraite anticipée avec une somme qui lui a semblé énorme mais dont, très vite, il n'est plus rien resté, surtout du fait de la dévaluation du franc CFA. Il s'agit d'hommes et de femmes jeunes. Il n'y a aucune limite d'âge pour les préretraites, cela peut concerner des gens de quarante ans. Pour eux, le quotidien, c'est survivre, c'est la recherche du pain quotidien. Beaucoup se retrouvent dans le secteur informel, c'est-à-dire non déclaré et qui représente aujourd'hui les trois quarts de l'économie du Mali.

FOH : *Tu parlais de la dévaluation du franc CFA. Les conséquences se font-elles encore sentir aujourd'hui, trois ans après ?*

FCD : C'est dramatique. Les prix ont doublé, voire triplé et les salaires n'ont pas bougé. Cela concerne les denrées de première nécessité, les médicaments, la scolarité, tout. La dévaluation a été une décision politique de la France mais aussi une décision antisociale. La boite de lait est passée de 700 francs à 1 200 francs puis un beau jour à 1 400 francs (CFA-NDLR).

Aujourd'hui, les augmentations ne suivent aucune règle, c'est la liberté totale du marché. Et tout cela nous ramène à la « mondialisation » de l'économie.

FOH : *En quoi cela nous ramène-t-il à la « mondialisation » de l'économie ?*

FCD : Les importations se payent en francs français ou en dollars US. Ceux qui les revendent au Mali, en francs CFA, sont obligés de le faire à un prix inabordable pour la population. Et ces produits entrent en concurrence avec d'autres beaucoup moins chers qui arrivent des pays d'Asie.

Quant aux matières premières que nous exportons, les prix sont fixés ailleurs, pas par les pays africains. Ce sont des prix très bas car l'on crée une concurrence artificielle entre les pays, par exemple pour le coton entre le Mali et le Burkina faso, pour l'arachide entre le Sénégal et le Mali, pour le cacao entre le Gabon et la Côte d'Ivoire. Et ces matières premières reviennent transformées en des produits vendus à des prix, là encore, inabordables pour la population locale. La mondialisation se fait contre les pays en voie de développement.

La mondialisation, ce sont de nouveaux marchés que les pays occidentaux cherchent à se créer aux meilleures conditions pour eux, dans les pays en voie de développement, l'Afrique, la Chine, l'Asie, l'Amérique latine. Mais à quel prix ? C'est la population qui souffre, parce que, dans tous les cas, eux, ils ont des devises.

exemple local = dévaluation du franc CFA

est bien lisible, ou la circulaire, si elle n'est pas trop longue. L'idéal est cependant un bon article faisant le point sur le sujet.

Exemple

Reprenons la liste des documents du sujet 5.

Ici, on peut éliminer d'emblée les documents 1 et 3, trop techniques, de même que les 7 et 9, qui visent un créneau trop étroit. Le 4, trop tourné vers l'OMC, sera également écarté, de même que le 5, séduisant mais trop long (7 pages). Restent donc le 2, le 6 et le 8. Un survol approfondi montrera rapidement que le 2 et le 6 présentent des thèses extrêmes (et d'ailleurs opposées). C'est donc le document 8, dont vous connaissez peut-être l'auteur, qui sera le document d'entrée.

Ce choix est important, car ce document d'entrée va devenir en même temps le **document pivot** de votre synthèse, celui qui va donner une charpente à votre travail de recherche (recherche d'idées, d'arguments, etc.). Vous allez pouvoir, sur le document pivot, greffer les arguments tirés des autres documents, voire les enchaîner, de manière à construire un ensemble cohérent. Nous y reviendrons.

Les dernières questions

Après la lecture du sujet et de la liste, un certain nombre de questions ont pu rester encore sans réponse. Le survol rapide constitue la dernière chance de compléter les réponses à vos interrogations. Ainsi pour le thème, en confirmation, ou peut-être en rectification. En effet, on peut imaginer (avec le fameux sujet minimaliste !) que le thème tiré de la lecture de la liste ne soit pas exactement le bon... De même, le lieu. Vous vous apercevrez peut-être que de nombreux documents se rattachent à un même site, à une même région, etc.

Ainsi, l'interrogation est poussée à son terme. Les dernières ambiguïtés sont levées, la prise de contact est achevée.

Bilan de la prise de contact

Cette phase complexe, à laquelle nous venons de consacrer une longue étude, est en réalité brève : tout tient en 15 à 20 minutes, ce qui doit être suffisant pour maîtriser le dossier.

D'entrée, votre démarche s'est posée en démarche active, de recherche. Les documents sont devenus une bibliothèque dont vous possédez les clefs : vous avez pris la main.

Matériellement, vous avez devant vous un sujet plus ou moins annoté, d'où ressortent clairement un thème, des éléments de contexte, et peut-être une commande. Ces éléments, vous les avez complétés avec ce que vous aurez pu glaner dans la liste des documents ou à la faveur du survol rapide.

La liste, complétée, annotée elle aussi, est devenue une table des matières. Elle est votre outil de travail sur le dossier, la clef d'entrée aux différents documents.

Enfin, vous disposez d'un dossier avec lequel vous avez déjà acquis une certaine familiarité. C'est lui maintenant qu'il va falloir interroger, mais vous n'êtes plus à ce stade en terre inconnue. L'étape suivante, celle à laquelle vous vous êtes préparé, peut commencer : vous allez enfin pouvoir lire et exploiter les documents du dossier en commençant, bien entendu, par le « premier document » ou document pivot (comme nous l'avons vu plus haut).

L'exploitation du dossier

Le premier document

La lecture du premier document est d'autant plus importante que vous êtes moins bien renseigné sur le sujet. C'est elle en effet qui va, après la prise de contact, vous permettre d'en savoir un peu plus. Mais cette lecture doit être à la fois complète et rapide. Elle n'exclut pas un certain approfondissement de ce qui semble utile à retenir. Le moment est donc venu de faire le point sur la lecture rapide.

La lecture rapide

Ce n'est bien sûr pas ici, en quelques lignes, que peuvent être livrées, prêtes à l'emploi, les méthodes les plus élaborées de la lecture rapide. Mais quelques principes doivent être posés : d'abord, la lecture rapide n'est pas une lecture en diagonale, une lecture glissante où l'œil ne retient rien. C'est au contraire une lecture sélective, organisée. Une lecture surtout qui n'est ni linéaire, ni exhaustive. Il n'est jamais besoin de tout lire, de s'imprégner de chaque mot pour comprendre le sens du texte. Car c'est le sens qui importe.

Pratiquer la lecture rapide, s'y entraîner, c'est bien évidemment se donner un atout supplémentaire pour réussir l'épreuve de note de synthèse, mais ce n'est ni nécessaire, ni suffisant. La technique de la note de synthèse qui vous est ici exposée est suffisamment élaborée pour vous permettre d'aboutir même si vous n'êtes pas détenteur d'un record de vitesse de lecture !

L'apport du document d'entrée ou document pivot

D'une manière un peu imagée, il a été dit plus haut que le premier document était la porte d'entrée du dossier. Bien choisi, il vous livrera l'information de base. En ce sens, un premier document aura avantage à être parmi les plus récents, ce qui lui donne de plus des chances de remettre le thème en perspective, voire même de procéder à un bilan. Il n'est pas exclu, surtout s'il s'agit d'un article de la presse quotidienne, qu'il vienne au surplus vous délivrer des éléments de problématique en posant les questions qui vous seront utiles au moment d'élaborer votre plan.

Mais, comme son nom l'indique, le document pivot est destiné à devenir le centre de votre recherche ordonnée à travers le dossier. C'est la raison pour laquelle il faut lui accorder une attention soutenue, le but étant de débusquer toutes les idées importantes qu'il peut contenir.

Pour cela, il faut le lire le crayon ou le stylo à la main et, à toute nouvelle rencontre d'une idée, la noter. Tout le problème étant bien sûr de sortir de cet exercice avec un matériau utilisable, c'est-à-dire qui ne soit pas trop touffu.

Là aussi, il existe une méthode. En effet, dans un texte bien rédigé, chaque paragraphe doit correspondre à une idée centrale. Il suffit donc d'inverser le mécanisme.

Exemple

Prenons le premier paragraphe du document 8, que nous avons choisi plus haut comme document pivot. L'idée générale en est celle-ci : « Le déclin relatif des pays riches est une bonne nouvelle, car il témoigne de l'accès des pays pauvres au développement et ne signifie pas que nous nous appauvrissons ». Formulée ainsi, cette idée est encombrante et peu facile à noter en marge.

On écrira donc, par exemple : « Déclin des pays riches ≠ appauvrissement mais signe développement pays pauvres ».

La deuxième page de ce document comporte sept paragraphes (y compris le premier, qui commence à la page précédente, et le dernier, qui s'achève à la page suivante). L'idée directrice de chacun de ces paragraphes peut se noter de la façon suivante (voir exemple page 18).

§ 1 : Déclin relatif ≠ appauvrissement, mais signe développement pays pauvres.

§ 2 : Globalisation financière ↑ concurrence pays à bas salaires, mais capitaux appartiennent à pays riches.

§ 3 : Grande croissance des inégalités.

§ 4 : Spécialisation des pays / facteurs de production.

§ 5 : Mondialisation n'est qu'au début : pas seule cause des déséquilibres.

§ 6 : Autres explications (ex : progrès technique).

§ 7 : Niveau élevé des taux intérêt explique aussi ↑ chômage et inégalités.

Au total, quand le dépouillement du document d'entrée est achevé, vous disposez d'un certain nombre d'idées, une ou deux par paragraphe (parfois, il faut adapter et ne noter qu'une seule idée pour plusieurs paragraphes trop courts, ou au contraire quatre ou cinq pour des paragraphes trop longs; ce n'est pas le cas ici). Avec celles récoltées dans les cinq derniers paragraphes, cela en fait douze.

§ 8 : Souffrances sociales non dues à mondialisation, mais à idéologie libérale.

§ 9 : Souffrance sociale + démocratie → révolte individus.

§ 10 : Vrai problème : absence d'institution de régulation de la mondialisation.

§ 11 : Problème : passage d'une logique de croissance à une logique de parts de marché.

§ 12 : Nécessité que démocratie fixe règles du jeu des marchés.

Douze idées, c'est certes beaucoup. Mais on peut les travailler pour en faire ressortir plusieurs axes.

Axe 1 : Mondialisation et développement pour tous (§ 1 et 2).

Axe 2 : Mondialisation et inégalités (§ 3, 4, 5, 6, 7, 8, 9).

Axe 3 : Nécessité d'une régulation (§10, 11, 12).

C'est cette liste, qui ne correspond en rien à un plan, qui va constituer le pivot de votre recherche. Vous allez pouvoir en effet la noter au milieu d'une feuille de brouillon, par exemple, et y raccrocher (comme des rayons sur le pivot d'une roue) les idées pêchées dans tel ou tel document du dossier.

Vous rencontrerez peut-être ensuite une idée qui ne se rattache à aucun des axes. La solution est simple : il faudra alors compléter le pivot en ajoutant éventuellement un axe.

Par exemple, ici, les documents 3, 6 et 9 amènent à créer un axe.

Axe 4 : Mondialisation et entreprises.

Et le document 6 un autre axe.

Axe 5 : Mondialisation et régionalisation.

Les autres documents

Différents types de documents

Le dossier à partir duquel se construit une note de synthèse peut se composer de documents de nature très diverse.

Exemple

Le dossier du sujet 5, sur lequel nous travaillons, comporte :

– un texte juridique (doc. 1);

– un document statistique (doc. 3);

– des articles tirés de la presse quotidienne ou de revues diverses (documents 4, 6, 7, 8, 9);

– des extraits d'ouvrages (doc. 2) ou de rapports (doc. 5).

L'approche de ces différents documents ne peut pas être totalement uniforme. Il va donc falloir apprendre à les lire, savoir ce qu'on peut en tirer et comment le faire.

La manière de lire les documents et l'ordre dans lequel doit s'effectuer cette lecture dépendent de la nature (et aussi, il est vrai, du nombre) des documents présentés.

Lire les documents juridiques

Le document 1 de notre dossier (voir page 29) est un document juridique. Comment faut-il le lire? Il s'agit ici d'un décret, d'un texte très court qui se décompose en un titre, en caractères gras, plusieurs lignes de visas, deux articles et les signatures. Vous pouvez tout de suite biffer le deuxième et dernier article qui est, comme toujours, un article d'application. Les signatures sont les signatures normales pour un tel texte. Reste finalement à utiliser un document de taille réduite : l'article 1 du décret.

Les principes ici illustrés sont à retenir pour n'importe quel texte juridique. Lisez le titre : s'il est plus large que le thème défini par le sujet, biffez sans aucun état d'âme tout ce qui « dépasse ». Les textes sont souvent munis de titres et chapitres qui facilitent ce travail. Lisez les visas, ils peuvent être intéressants (ici, l'évocation de la Constitution vous rappelle que l'accord de Marrakech est un traité international et s'impose, comme tel, au législateur). Et puis, bien sûr, lisez les articles, sachant que, quand il s'agit des paragraphes d'un texte, chacun d'eux correspond souvent à une idée ou une notion différente.

DOCUMENT 8

EXPLOITATION SYSTÉMATIQUE DU DOCUMENT PIVOT

FOCUS

§1 Déclin relatif ≠ appauvrissement

▸ de l'accroissement de la production mondiale et de l'accès des pays pauvres au développement. Il ne signifie en aucun cas que nous nous appauvrissons.

§2 Globalisation financière → les capitaux des pays à bas salaires appartiennent aux pays riches

Mais la globalisation financière fait croître les inégalités structurelles, c'est-à-dire celles qui séparent les groupes sociaux, parce qu'elle conduit logiquement à un autre partage entre profits et salaires dans les pays industrialisés. Elle contribue en effet à accroître de façon considérable la mobilité des capitaux. Si les mouvements de capitaux sont libres, il est normal, nécessaire, inévitable qu'ils affluent partout où la main-d'œuvre est le meilleur marché à niveau de qualification comparable. La globalisation des marchés financiers ne peut donc qu'augmenter, dans des proportions importantes, la concurrence des pays à bas niveau de salaire ou de protection sociale. Vouloir l'un, c'est appeler l'autre. Les capitaux libérés n'ont et ne doivent avoir qu'une seule rationalité : la rentabilité maximale des investissements dans tout pays. Néanmoins, les capitalistes et les entrepreneurs conservent la propriété du capital quelle que soit sa localisation. S'il est en Chine, par exemple, cela signifie que les entrepreneurs français possèdent une partie de la production chinoise et bénéficient de sa forte expansion. On voit bien que la mondialisation ne crée d'appauvrissement nulle part, et qu'au contraire, toutes les régions en bénéficient.

Malgré le contrôle de la natalité, l'Inde s'approche du milliard d'habitants. Un marché potentiel énorme. (Vue de Bombay.)

§3 Grande croissance des inégalités

Le vrai problème est que le surplus suscité par la mondialisation n'est acquis qu'au prix d'une croissance considérable, peut-être insoutenable, des inégalités. Les titulaires des revenus non salariaux (même si une très grande inégalité se produit entre entreprises), rentes et profits, voient leurs revenus progresser fortement alors que les salariés enregistrent une importante baisse de leur pouvoir d'achat.

§4 Spécialisation en fonction des facteurs de production

La globalisation des marchés de biens à l'ensemble de la planète, et non plus au sein des seuls pays riches, pourrait, en théorie, contribuer à expliquer l'approfondissement des inégalités dynamiques qui fractionnent les groupes sociaux homogènes. L'échange international incite les pays à se spécialiser dans les productions qui utilisent de façon intensive les facteurs de production dont ils sont relativement bien dotes. A l'inverse, les mêmes pays importeront des biens dont la production exige l'utilisation de facteurs dont ils disposent en moindre abondance. Mieux dotés relativement en travail qualifié, les pays du Nord vont avoir tendance à exporter des biens à forte valeur ajoutée du fait de la qualité du travail qu'ils incorporent (des machines-outils ou des robots, par exemple) alors que les pays du Sud vont se spécialiser dans l'exportation de biens intensifs en travail non qualifié (comme certains produits textiles, par exemple).

Des rapports de force déséquilibrés

§5 Mondialisation → pas unique cause des déséquilibres

Les échanges financiers et commerciaux entre pays du Nord et du Sud n'ont augmenté que marginalement dans les deux dernières décennies. Pour l'essentiel la mondialisation est un phénomène à venir - les développements de la Chine et de l'Inde, par exemple, modifieront peut-être les cartes de la puissance au XXIe siècle - elle ne peut donc expliquer les dysfonctionnements du passé. Certes, il peut y avoir contribué, mais non comme cause première ni même principale.

§6 Rôle progrès technique

D'autres explications peuvent aussi bien rendre compte de l'évolution des inégalités. D'abord, le progrès technique. Celui-ci exigerait une main-d'œuvre de plus en plus compétente en même temps qu'il aurait pour effet d'accroître la productivité des travailleurs les plus qualifiés. L'exemple évident de ce type de progrès technique est fourni par la révolution informatique. Cette non-neutralité pourrait, aussi bien que l'intensification de la concurrence internationale, expliquer la désindustrialisation relative que l'on constate dans les pays du Nord.

§7 Rôle des taux d'intérêt élevés

Depuis le début des années quatre-vingts, la mondialisation s'effectue sur toile de fond de taux d'intérêt réels anormalement élevés, c'est-à-dire en ayant pour décor un important déséquilibre social. C'est l'augmentation brutale des taux d'intérêt qui crée une profonde rupture entre les évolutions qui se sont produites avant la fin des années soixante-dix, et celle que nous connaissons depuis le début des années quatre-vingts. Il ne faut pas être grand clerc pour comprendre que, dans un système capitaliste, le taux d'intérêt est une variable cruciale, probablement la plus importante de l'économie. Car le taux d'intérêt est peut-être, plus qu'une variable économique, une variable sociale. Son niveau commande, en

Les articles et rapports

Avec la lecture du document pivot (voir page 17), vous avez eu une première approche de la manière de lire un article de presse. La méthode peut être la même pour un rapport. Mais il ne s'agit pas de refaire avec chacun des documents le même travail qu'avec le document pivot, sinon, la notion même de pivot n'aurait plus aucun sens. Vous allez cette fois travailler plus rapidement, d'abord en utilisant la technique du « nettoyage ». À cet égard, il y a une grande différence à faire entre les titres et sous-titres qu'on trouve souvent dans les rapports, et les intertitres des articles. Les premiers désignent très précisément le contenu des paragraphes qu'ils précèdent. Si ceux-ci sortent du thème, il n'y a donc aucune raison de ne pas les rayer sans hésiter. Il n'en va pas de même pour les intertitres des articles, qui ne sont souvent là que pour des raisons visuelles. Utilisez également le « chapeau », ce court texte introductif que l'on trouve parfois en tête des articles, et qui annonce souvent le plan : c'est aussi un bon guide de lecture rapide.

Ceci fait, toujours sans vous attarder et sans lire chaque mot du texte, attachez-vous à dégager l'idée maîtresse de chaque paragraphe. Mais ne les notez pas systématiquement. Trois cas se présentent en effet :

– ou bien l'idée a déjà été notée sur votre brouillon, et rattachée au pivot : inutile de la recopier ;

– ou bien c'est une idée neuve rattachable à un des axes, et alors bien entendu il faut la noter ;

– ou bien c'est une idée neuve non rattachable, et il faut ajouter un axe au pivot.

Les documents statistiques

Vous trouverez souvent dans les dossiers un ou plusieurs documents statistiques ou incluant des éléments chiffrés ou graphiquement représentés.

Ici, le document 3 (p. 30) vous donne un ensemble de chiffres et un diagramme « en bâtons ». Le document 5 comporte, à sa troisième page (p. 36), un tableau.

Négliger ces renseignements par répulsion pour les mathématiques, ou par crainte de ne pas les comprendre, serait une erreur importante. Tous les documents, en effet, doivent être exploités, tous sont utiles et aucun ne demande pour ce faire un niveau d'expertise supérieur au niveau requis pour passer le concours. Encore une fois, c'est affaire de technique.

• Comprendre le document statistique

Avant même de comprendre le document, il est essentiel de comprendre de quoi il s'agit. Lisez bien le titre. Ici (doc. 3), le diagramme montre l'évolution, mois par mois, du solde de la balance commerciale. Le tableau (doc. 5) montre l'évolution de « la distribution géographique des ventes des filiales américaines à l'étranger dans l'industrie ».

Avant d'aller plus loin, il est essentiel de bien comprendre chacun des termes utilisés : solde de la balance commerciale, par exemple (de quoi s'agit-il ? comment le calcule-t-on ?) ; taux de couverture, CVS/JO (corrigé des variations saisonnières, jours ouvrables, etc.).

Il faut ensuite bien comprendre le mode de calcul. Les chiffres ou les représentations graphiques ne signifient rien en eux-mêmes, mais par rapport à ce qu'ils représentent et à la manière de le représenter. Il s'agit en fait de bien comprendre ce que dit le document. Reprenons nos trois exemples :

– les chiffres donnés dans le texte du document 3 : ils disent que l'excédent du commerce extérieur (c'est-à-dire le solde positif de la balance commerciale) a augmenté entre juin et juillet 1997, grâce à la fois à une augmentation des exportations et à une augmentation moindre des importations. Par ailleurs, le solde cumulé (somme des excédents pour chaque mois) de janvier à juillet 1997 a augmenté par rapport à celui de janvier à juillet 1996 ;

– le graphique (document 3) montre, quant à lui, que le solde mensuel augmente en tendance depuis un an, mais avec des soubresauts, qu'il n'est pas pertinent, pour traiter ce sujet, de chercher ici à expliquer ;

– le tableau du document 5 nous renseigne, lui, sur le pourcentage des exportations des filiales américaines à l'étranger, ventilées par destination. C'est en fait un double tableau, et les deux dernières lignes sont des sous-catégories de la deuxième ligne. Les colonnes ne sont pas séparées par des nombres égaux d'années (9 - 11 - 5 - 7 ans). Ce que montre ce tableau, c'est que les filiales américaines à l'étranger travaillent, proportionnellement (en %), de moins en moins pour le marché local.

• Analyser en relation avec le sujet

L'ayant bien compris, il faut maintenant exploiter le document, en gardant sans cesse présent à l'esprit le sujet de la note, donc ne l'interroger que dans ce cadre. Il faut faire « parler » le document, en sélectionnant les données les plus utiles et en les transformant en informations exploitables, et rattachables au pivot.

Faites-le en allant du général au particulier (observez la tendance de la courbe avant ses accidents, les totaux du tableau avant les chiffres détaillés) et en ne sollicitant pas les chiffres au-delà de ce qu'ils peuvent donner.

Ainsi, le document 3 vous dit très exactement ce qui a été rapporté plus haut, et rien d'autre. Il ne vous dit pas que depuis un an les exportations augmentent, et les importations aussi. Vous n'en savez rien. Un solde positif peut être en augmentation aussi bien si les deux diminuent, et les importations plus que les exportations, et ainsi de suite.

Soyez toujours critique dans votre lecture des documents statistiques. Cette critique, faites-la d'abord porter sur la source (un document INSEE ou provenant des Douanes est a priori plus fiable qu'un document d'agence de presse), sur la date (le document est-il encore d'actualité ?), etc.

Enfin seulement, vous pourrez en tirer un argument rattachable. *« Les flux du commerce extérieur augmentent globalement, et plutôt au bénéfice de la France »* (doc. 3). *« La conquête des marchés locaux est de moins en moins la raison d'être des implantations américaines à l'étranger »* (doc. 5).

L'ordre de lecture des documents

Il n'y a dans le choix d'un ordre de lecture rien que de très traditionnel. D'abord, la lecture des **textes juridiques** s'impose : ce sont eux qui disent le droit. En principe, concernant une même matière, ce sera la loi, puis le décret, puis la circulaire. Remarque : certaines lois, qui procèdent par modification de textes antérieurs non joints, sont parfois peu lisibles ; on peut alors commencer par le décret ou la circulaire, sans pour autant laisser totalement la loi de côté.

Vient ensuite l'**ordre chronologique** : on pourrait trouver judicieux de commencer par le texte le plus ancien, pour avoir une vision de ses successives modifications. Cela serait en fait une perte de temps et de clarté. Il vaut mieux d'emblée, à degré hiérarchique égal, prendre le texte le plus récent, puis le compléter en « remontant le temps ».

L'organisation matérielle

Cette organisation est importante ; c'est elle en effet qui va vous permettre d'avancer sûrement sans risquer de vous perdre dans les détails, ou même dans vos papiers. Cela commence par l'organisation matérielle de votre table de travail.

Organiser la table

Quel que soit l'espace dont vous disposerez le jour de l'épreuve - et il peut être réduit -, la règle numéro 1 est de ne pas l'encombrer. Disposez devant vous, bien en évidence, le sujet, de manière à ne pas le perdre de vue, les quelques crayons que vous utiliserez et votre montre, plus votre planning de l'épreuve.

Pour consulter le dossier qui vous sera remis, deux solutions : soit le conserver entier, agrafé (et dans ce cas, il faut veiller à ce que la pagination soit bonne, pour ne pas avoir à perdre du temps en le feuilletant cent fois...), soit le séparer en autant de liasses qu'il y a de documents, à condition que le nombre de documents ne soit pas trop important et que vous puissiez vous munir d'une agrafeuse de poche pour attacher ensemble les feuillets d'un même document.

Surligner ou non ?

Grâce aux stylos feutre surligneurs, on peut mettre en évidence très facilement les mots ou passages importants d'un texte. La relecture en est facilitée, puisqu'elle se limite justement à ces passages surlignés. De plus, l'existence de plusieurs couleurs rend possible, en arrêtant un code précis de ces couleurs, d'effectuer en quelque sorte un pré-classement et de transformer les textes en cartes colorées visuellement plus faciles à mémoriser.

Mais surligner a également des inconvénients : il faut bien choisir ce qu'on souligne, car le reste va disparaître, qu'on le veuille ou non. Il faut aussi se garder de tout surligner. C'est d'ailleurs le risque qu'on court après quelques minutes : l'attention se relâche et, pour la maintenir en éveil, le lecteur a tendance à surligner le passage auquel justement il n'arrive pas à attacher cette attention. Utilisez donc le surlignage avec discernement.

D'autres techniques sont tout aussi valables : vous pouvez souligner les passages intéressants, les repérer en marge, utiliser pour cela aussi des couleurs différentes, noter dans les marges du texte les idées fortes, les points de repère, etc.

Mais dans tous les cas, après que vous ayiez vous-même, à l'usage (et l'usage ne vient que d'un entraînement sérieux !), déterminé votre technique idéale, **prenez des notes**. Vous ne pouvez en effet vous satisfaire du dossier annoté, surligné, repéré, etc. Les idées, les phrases, les passages, les questions ou les articulations qui vous paraissent dignes d'intérêt, notez-les sur votre feuille de brouillon.

Après les textes juridiques, viendront les **rapports**, dont ne sera souvent (mais pas toujours) donné qu'un extrait. Parmi les rapports, l'ordre ira du plus général (ceux qui englobent tout le sujet) au particulier (ceux qui ne couvrent qu'une partie du sujet).

Subsidiairement à ce premier classement, un second, fondé sur la chronologie, peut être adopté, en commençant par le document le plus récent. Le cas échéant, pourtant, cet ordre peut être bouleversé en tenant compte de l'autorité de la source. Un rapport relativement ancien et étroitement ciblé du gouverneur de la Banque de France passera ainsi devant un rapport plus général et actuel d'un cabinet d'expertise peu connu.

Viennent ensuite les **articles de presse ou de revue**, classés exactement selon les mêmes principes que les rapports. Ici aussi, la source ou le signataire peut conduire à changer l'ordre des priorités. Le titre du périodique joue aussi son rôle. À vous de juger du sérieux supposé attaché à tel ou tel titre par rapport à tel autre, sachant que la presse nationale passe avant une feuille locale.

Les **documents statistiques** viennent en dernier. On peut aussi les classer, s'ils sont nombreux. Mais ce n'est pas obligatoire. En effet, ils ne couvrent souvent qu'un créneau étroit du sujet et ne sont utilisés que pour préciser, voire orienter, tel ou tel point du développement.

Prendre des points de repère

Il est parfois utile de prendre des points de repère, soit qu'on ait remarqué un passage qui semble intéressant, mais qui se rattache à une autre idée générale que celle qui conduit ce moment de la recherche, soit que vous souhaitiez reprendre un passage en le citant au cours de la rédaction. De même, si vous avez découvert une mise au point ou une explication qui vous a semblé particulièrement claire et à laquelle vous souhaitez pouvoir revenir à l'un ou l'autre moment de l'exploitation du dossier, de la mise en ordre des idées, etc.

Autant de bonnes raisons de prendre des points de repère, de poser des signaux dans les documents. Ceux-ci doivent être aussi peu nombreux que possible (trop de marques distinctives ne distingueraient plus rien du tout), et surtout ne pas prêter à confusion. Il n'est rien en effet de plus agaçant pour le candidat, avec le risque de déconcentration qui y est inhérent, que de ne plus « remettre la main » sur ce passage intéressant qu'on croyait retrouver immédiatement.

Faites donc des repères simples et surtout, au brouillon, gardez la référence précise, dans un coin réservé à l'avance pour ce cas. La référence précise, c'est-à-dire le numéro du document, la page et, en quelques mots, ce qui en constitue l'intérêt.

Le recueil des idées

Nous avons déjà évoqué la technique du « grappage » des idées autour des axes déterminés à la lecture du document pivot (et complétés éventuellement pendant le dépouillement du dossier). Pour mettre en œuvre cette technique, plusieurs solutions sont possibles.

- **La feuille unique**

Il faut que cette feuille, au milieu de laquelle vous aurez noté le pivot et ses différents axes, soit assez grande pour recevoir toutes les informations que vous aurez à y inscrire (voir ci-contre). Ce sera le cas si vous disposez d'une écriture fine et de petite taille, ou si vous possédez à fond l'art de l'abréviation. Mais si ce n'était pas le cas, vous pouvez scotcher ensemble plusieurs feuilles de brouillon pour disposer de l'espace nécessaire (sans oublier que votre table d'examen sera sans doute exiguë).

- **Un axe, une feuille**

Une autre solution consiste à affecter à chacun des axes une feuille différente et à classer ainsi, en quelque sorte par fiches, les informations recueillies.

AXES

1. Mondialisation et développement
2. Mondialisation et inégalités
3. Nécessité d'une régulation
4. Mondialisation et entreprises
5. Mondialisation et régionalisation

1

- ↑ de la production mondiale et accès des pays pauvres au développement (8)
- PVD impliqués dans affaire traitées par OMC : plaignants dans 34 % des cas et peuvent gagner (4)
- Renforcer la cohérence des zones productives (5)
  - Asie
  - Amérique latine (5)
- Mondialisation = dynamique principale de cette fin de siècle (6)

2

Mondialisation pas seule cause déséquilibres (8)

- Déclin pays riches ≠ appauvrissement (8)
- → progrès techniques aussi (8)
- → taux d'intérêt (8)
- Problème pas mondialisation, mais idéologie libérale (8)
- Passage logique de croissance (tous gagnants) à logique parts de marché (8)
- Grande ↑ des inégalités (8)
- OMC → rapport des forces joue pour États-Unis (4)
- Mondialisation profite plus aux pays développés (4)
- Pays du tiers monde divisés (4)
  → NPI (nouveaux pays industrialisés) contre PMA (pays les moins avancés) (4)
- Marché = adversaire majeur de la cohésion sociale (6)
- Société divisée en solvables / non solvables (6)
- Marché intrinsèquement producteur d'inégalités (6)
- Concurrence entre PVD pour baisser le prix des matières premières (7)
- Mondialisation se fait contre développement (7)

3

- Mondialisation met à mal le rôle traditionnel de l'État (6)
- Vrai problème = absence d'instance mondiale de régulation (8)
- Nécessité que démocratie fixe des règles aux marchés (8)
- Accord de Marrakech institue OMC (1)
- Mondialisation n'impose aucun modèle (2)
- Sur l'OMC, voir (4) 1er parag. → ORD
- Conflit UE - États-Unis fait douter capacité de l'OMC à réguler (4)
- Lenteur des procédures OMC (2 ans) (4)
  De plus, décisions non contraignantes → recommandations (4)
- Les trois principaux acteurs :
  - associations d'États comme UE
  - multinationales
  - ONG de taille mondiale (6)

4

- Augmentation en juillet 97 des exportations (moindre des importations) (3)
- Intégration régionale et développement des échanges dépendent des décisions des entreprises, notamment localisation et organisation unités de production (5)
- Moindre autonomie filiales étrangères car baisse de part relative de la production locale (5)
- Adaptation à l'intégration régionale accrue (5)
- Reprise ou achats de filiales à l'étranger (9)
  → Exemple Hutchinson (9)
- Mondialisation peut être bienfaisante (2)
- Entreprises multinationales = dizaines de milliers de salariés dans divers pays (5)
- Communication et marché remplacent progrès et cohésion sociale (6)
- Échanges intrafirmes = part importante du commerce international (5)

5

- Entreprises privilégient niveau régional comme compromis entre contraintes marché local et rationalisation échelle mondiale (5)
- Régionalisation s'inscrit pleinement ds mondialisation (5)
- Ouverture mondiale = tendance longue, renforcé par UE (5)
- Stratégie en rech. & développement des entrepr. ⇒ Renforcement UE (progr. EUREKA)
  ⇒ Accords internationaux (5)
- Rôle économique des espaces régionaux → non protection mais préparation des pays membres (5)
- Tirer parti des effets de dimension par zones (5) et contrebalancer grde puissance des E.U (5)
- Associations d'États (UE, ASEAN, etc.) = un des trois protagonistes au niveau mondial (6)
- Risque = perte de sens démocratique (6)

Dans l'un et l'autre cas, le but est de classer les informations à mesure de leur récolte. Avec cette récolte triée dès l'origine, vous gagnerez du temps, un temps précieux, pour la phase suivante. L'essentiel est, là encore, de viser la clarté et d'être à l'aise avec la méthode choisie.

Bilan

Voilà terminée l'exploitation du dossier. L'idéal serait maintenant de ne plus avoir à y revenir, de le ranger à l'écart et de vous lancer librement dans la conception du plan, puis dans la rédaction. Bien sûr, vous aurez pu prendre des points de repère, qui vous serviront peut-être. Mais n'en faites pas des pièges. Le risque serait grand, en effet, de revenir sans cesse au dossier, pris d'on ne sait quel remords, hésitation, scrupule. La crainte de n'avoir pas tout lu, en fait. Bien sûr, vous n'avez pas tout lu ! Mais vous avez lu l'essentiel. Ce que ce dossier avait à dire, il vous l'a dit : c'est ce que vous devez vous répéter si la tentation vous prend du perfectionnisme.

L'heure est maintenant venue de penser à construire le devoir, en commençant par le plan.

L'élaboration du plan

Parmi toutes les étapes qui conduisent à la rédaction d'une note de synthèse, l'élaboration du plan est sans doute la plus cruciale. En effet, c'est à ce moment que s'opère l'alchimie mentale qui va vous permettre de passer du travail d'analyse du dossier, auquel vous venez de vous livrer en y recherchant idées et informations, à celui de synthèse proprement dite. Il faut donc y accorder toute votre attention. Et il faut le faire au bon moment.

Penser au plan plus tôt, alors que le dépouillement n'est pas terminé, c'est courir le risque de perdre l'objectivité nécessaire à sa bonne conduite. En effet, il est toujours possible que le dernier document lu modifie significativement votre compréhension du dossier, ajoute un axe ou touche à l'équilibre des rubriques. Si vous avez déjà pensé au plan, vous serez tenté malgré vous de respecter votre projet initial et de ne pas accorder aux dernières informations recueillies toute l'importance nécessaire.

Inversement, n'allez pas remettre en chantier le plan au beau milieu de la rédaction. Le plan arrêté, vous vous y tenez. Bien sûr, il y en a d'autres possibles. Rarement un sujet s'accommode d'un seul découpage. Il n'y a pas *le* bon plan. En revanche, il y en a de mauvais. Le vôtre, si vous avez bien suivi les règles, est *un* bon plan. Ce qui compte, finalement, c'est ce que vous allez y mettre.

Les plans imposés

Voyons d'abord les plans que, parfois, le sujet impose.

Exemple

Prenons le sujet 2 : *« Placé auprès du chef du bureau des affaires européennes à la préfecture de N (...), il vous est demandé une note rappelant l'esprit du dispositif et précisant si celui-ci peut intervenir pour faciliter le développement touristique de la ville de V (...), et comment ».*

Ici, le plan s'impose :

Partie 1 : L'esprit du dispositif

Partie 2 : Le cas particulier

sous-partie 2-1 : Le dispositif peut-il intervenir ?

sous-partie 2-2 : Comment ?

Le problème aura donc été de créer les trois rubriques 1, 2-1 et 2-2 avant même de dépouiller. La première partie *(L'esprit du dispositif)* vous laisse, elle, toute latitude de conception.

Les indications de la commande sont parfois moins contraignantes, comme dans le sujet 4 : *«(...) faire le point sur le projet (...) en dégageant les enjeux et conséquences...».* Vous devez bien sûr tenir compte de ces indications, mais ici les espaces de liberté sont beaucoup plus ouverts.

Enfin, dans le cas le plus général, le sujet vous laisse une entière liberté. À vous, donc, de structurer un plan.

Les principes

Un plan correct doit présenter un certain nombre de qualités. Il doit posséder une structure solide et, bien sûr, éviter quelques erreurs communes.

Les qualités d'un plan

Un bon plan est avant tout un plan « pertinent », c'est-à-dire qui réponde bien au sujet et s'adapte bien au dossier proposé. Le risque serait ici de disposer d'une « bibliothèque » de plans types et d'essayer à toute force de plaquer l'un d'eux sur le sujet proposé. Ou encore, ayant à l'entraînement traité un sujet voisin, ou ayant eu connaissance d'un corrigé type pour un sujet voisin, de vouloir refaire la même chose.

Il faut donc aborder le devoir avec la « tête vide » et construire réellement, sans peur et sans essayer de se raccrocher à quelque mythique plan-miracle.

Pour que votre plan soit bon, il faudra d'abord qu'il soit **équilibré**. C'est sans doute celle des conditions qui paraît la plus facile à réaliser, puisqu'elle présente aussi un aspect matériel : l'équilibre commence par la dimension des parties et des sous-parties, qui doit être équivalente.

Cependant, tout ne se résume pas à ce simple critère de forme. Il ne suffit pas que les paragraphes aient la même taille, il faut aussi qu'ils aient le même intérêt. Vous devez donc, en concevant le plan, peser ce que vous allez pouvoir écrire dans les différentes parties, en vous aidant des idées et des informations que vous aurez pu recueillir sur le sujet en dépouillant le dossier. Une fois le plan construit, si vous vous apercevez que vous allez être « court » sur une partie, retravaillez-le.

Votre plan devra ensuite être bien **articulé**, d'où l'importance de n'avoir pas négligé la problématique. Sans articulations, votre devoir ne serait qu'une juxtaposition de paragraphes traitant de thèmes certes proches, mais dont l'unité ne serait pas évidente. Votre plan, dans un tel cas, ne serait plus qu'un plan de classement, un plan de répartition des idées et des matières. Or, ce n'est pas ce qu'on attend d'une note de synthèse : qui dit synthèse, en effet, sous-entend assemblage de tous les éléments en un tout cohérent et crédible.

Cette crédibilité, enfin, sera certes assurée par le **dynamisme** que vous aurez su placer dans votre devoir. Nous reviendrons plus loin sur les moyens de faire ressortir ce dynamisme lors de la rédaction. Mais ces moyens seraient vains si ce dynamisme n'était perceptible dès la conception, en particulier dès l'annonce du plan (voir plus bas). Un plan dynamique, c'est un plan intéressant, un plan qui dégage bien ce en quoi le sujet donné, ou le thème du dossier, présente un intérêt. C'est un plan qui va vous permettre de captiver l'attention du lecteur (c'est-à-dire du correcteur) dès le début du devoir, pour ne la relâcher qu'avec la conclusion. C'est encore un plan qui placera votre copie en lumière, surtout par comparaison avec d'autres un peu ternes, un peu grises.

C'est donc entendu : un plan doit être pertinent, équilibré, articulé et dynamique... Voyons-en maintenant la traduction concrète.

La structure du plan

En France, les discours sont imprégnés dans leur structure par le cartésianisme ambiant, qui les conduit à ne comporter que deux ou trois parties. Quatre parties ou plus nous semblent témoigner d'une incapacité profonde à réussir une synthèse. Le choix est donc restreint.

En théorie, rien ne contraint à choisir deux plutôt que trois parties. Ce choix peut d'ailleurs être tout à fait imposé par la commande contenue dans le sujet de la note.

Le **plan en trois parties** correspond à la structure thèse-antithèse-synthèse. Il se prête bien à des travaux de réflexion, notamment littéraires et philosophiques, ou à une dissertation de culture générale, mais en général peu à la note de synthèse.

Deux parties, c'est le cadre souvent préféré pour les devoirs juridiques ou administratifs. C'est un choix qui présente l'avantage d'offrir une unique articulation majeure, facilitant ainsi l'équilibre. Un plan en deux parties est en fait souvent un plan dichotome : il comporte également quatre sous-parties, l'idéal étant d'ailleurs qu'il compte aussi huit paragraphes, chacun construit autour d'une idée.

Exemple de plan « idéal »

Partie 1	1ère sous-partie	1er paragraphe
		2e paragraphe
	2e sous-partie	3e paragraphe
		4e paragraphe
Partie 2	3e sous-partie	5e paragraphe
		6e paragraphe
	4e sous-partie	7e paragraphe
		8e paragraphe

Ce plan n'est qu'un schéma. Tous les sujets et tous les dossiers ne s'y prêtent pas. Essayez de construire deux parties, mais si vraiment vous pensez qu'il serait préférable d'en construire trois, alors faites-le (mais pensez aux articulations). De même pour les sous-parties et pour les paragraphes.

Vous pouvez préparer un schéma de ce type, sur la base duquel vous travaillerez et qui vous aidera à ne pas dériver.

Exemple de schéma

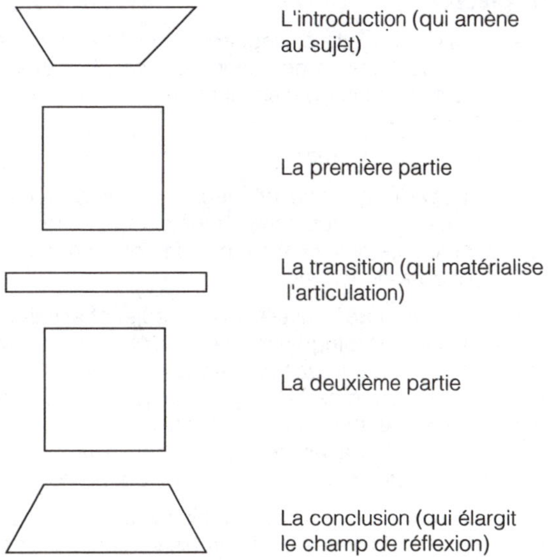

Les « mauvais » plans

Avant d'aller plus loin, il faut aussi dire un mot des « mauvais » plans. Ce sont bien sûr par nature tous ceux qui ne sont ni pertinents, ni équilibrés, ni articulés, ni dynamiques, ou auxquels simplement manque une de ces qualités. Mais il en est quelques archétypes souvent rencontrés.

• Les plans descriptifs

Plans didactiques ou historiques, ils sont par nature peu dynamiques. D'ailleurs, s'ils peuvent parfaitement être équilibrés, c'est en présentant des parties sans articulations entre elles. Si les descriptions peuvent être utiles dans une note, elles ne sauraient en aucun cas constituer tout le devoir. La synthèse doit dégager l'intérêt du sujet, et donc sa problématique, pas son inventaire. De même, quand les informations fournies par le dossier le permettent, on peut s'appuyer sur l'histoire ou l'évolution du thème et de sa problématique dans le temps; mais on ne doit pas s'y limiter.

• Les plans du type avantages/inconvénients

Un autre défaut fréquent réside dans la tentation de regrouper dans les deux parties le bon et le mauvais côté des choses, le côté clair et le côté obscur, le pour et le contre. Certes, la réalité a souvent deux faces, mais cela ne suffit pas à constituer une problématique. L'objectivité et la neutralité que vous devez garder ne vous empêchent pas de suivre un certain parti pris, surtout si celui-ci est implicite dans la constitution du dossier. Il faut simplement le faire avec tout le recul nécessaire.

• Les plans partiaux

Pour autant, il ne faut pas tomber dans le défaut inverse et ne défendre qu'un seul point de vue en escamotant systématiquement les informations, voire les documents qui vont à l'encontre. Dans le sujet sur la mondialisation, il est ainsi bien évident qu'il faut tenir compte à la fois des points de vue d'Alain Minc et d'Ignacio Ramonet, des chiffres satisfaisants du commerce extérieur comme des inquiétudes légitimes de la syndicaliste malienne. Suivre un certain parti pris ne veut pas dire en effet prendre parti, mais choisir un angle d'approche pour assurer le dynamisme du texte, tout en conservant une vision globale et donc objective du dossier.

La méthode de construction du plan

Trois étapes doivent être distinguées : une relecture des matériaux disponibles, l'élaboration de la problématique et enfin la construction du plan lui-même.

Le retour au sujet

Vous disposez à ce stade de deux ensembles d'éléments : le sujet, avec ses compléments, et les informations recueillies. Le dossier a été mis de côté, il a donné tout ce qu'il pouvait donner.

Revenez d'abord, une nouvelle fois, au sujet et assurez-vous d'en avoir bien intégré les différents éléments : que demande-t-on? Votre travail sur le dossier ne vous a-t-il pas fait dériver du thème? D'où parlez-vous (s'il y a une mise en situation) et pour qui? Etc. Ce sont les questions du début de votre travail qu'il faut à cet instant vous reposer pour vous remettre les réponses en mémoire.

Ensuite, reprenez les feuilles sur lesquelles, classées par rubriques, organisées, hiérarchisées entre elles, s'alignent maintenant les informations. À cet instant, vous pouvez encore améliorer ce classement, préciser cette hiérarchisation, améliorer cette organisation. Surtout, en les relisant, vous allez vous remettre à l'esprit toutes ces informations et vous assurer ainsi plus de sûreté et de liberté pour la suite, en commençant par la recherche de la problématique.

Élaborer une problématique

• Définition

Le dictionnaire définit la problématique comme l'ensemble des questions et des problèmes qui, en philosophie ou en sciences, se rapportent à un domaine ou à un sujet précis. Concernant la note de synthèse, cette définition est insuffisante : il faut envisager non seulement l'ensemble des questions et problèmes, mais leur organisation en une formule structurée.

Nous dirons donc que la problématique d'un sujet est exprimée par la formule reprenant, en les articulant entre eux, l'ensemble des questions et problèmes se rapportant à un sujet, sous une approche donnée.

• Conception

Il existe une méthode concrète pour définir une problématique. Elle consiste à reprendre chacune des idées force dégagées par l'exploitation des documents et à exprimer la ou les questions fondamentales relatives à chacune de ces idées force. En d'autres termes, il s'agit d'interpréter systématiquement celles-ci sous la forme interrogative.

On se trouve donc, de cette façon, devant un nombre variable mais réduit de questions qu'il va falloir chercher à articuler, par paires d'abord puis, pour finir, en un seul ensemble.

Il y a toujours plusieurs manières d'assembler entre elles les grandes questions, ce qui rend cette étape très délicate. C'est ici que vous définissez, avec vos urgences et vos priorités, le sens profond de votre devoir.

Exemple

Revenons au dossier sur la mondialisation, étudié plus haut (page 17).

Axe 1 : Mondialisation et développement

Question 1 : La mondialisation est-elle un facteur de développement ?

Axe 2 : Mondialisation et inégalités

Question 2 : La mondialisation accroît-elle fatalement les inégalités ?

Axe 3 : Nécessité d'une régulation

Question 3 : La mondialisation doit-elle s'accompagner d'un renforcement de la réglementation ?

Axe 4 : Mondialisation et entreprises

Question 4 : Les entreprises bénéficient-elles de la mondialisation ?

Axe 5 : Mondialisation et régionalisation

Question 5 : La régionalisation accompagne-t-elle, ou joue-t-elle contre la mondialisation ?

Regroupement

Questions 1 et 4 : La mondialisation est-elle un facteur de développement des pays et des entreprises ?

Rapprochements

Questions 1, 4 et question 2 : La mondialisation est-elle un facteur de développement ou d'accroissement des inégalités ?

Questions 5 et 3 : Les effets de la mondialisation peuvent-ils être corrigés par la régionalisation ou par un renforcement des règles ?

Problématique

La mondialisation, facteur de développement mais aussi d'accroissement des inégalités, trouvera-t-elle un remède à ses défauts dans la régionalisation ou dans un renforcement des règles ?

Construire le plan

La problématique posée, il reste à trouver la charpente du devoir : le plan.

Le plus évident semble bien sûr de reformuler en affirmation l'expression de la problématique.

Exemple

La mondialisation, facteur de développement mais aussi d'accroissement des inégalités, cherche dans la régionalisation un antidote à ses défauts, mais ne pourra faire l'économie d'une réflexion sur le renforcement des règles.

Le découpage apparaît lui aussi clairement.

Partie 1, sous-partie 1 : La mondialisation, facteur de développement...
(paragraphe 1 : des entreprises, paragraphe 2 : des pays)

Partie 1, sous-partie 2 : ...mais aussi d'accroissement des inégalités
(§ 1 : entre les pays, § 2 : à l'intérieur des pays, § 3 : les autres causes)

Partie 2, sous-partie 3 : La mondialisation cherche dans la régionalisation un antidote à ses défauts...
(§1 : La régionalisation, § 2 : ses effets)

Partie 2, sous-partie 4 : ...mais ne pourra faire l'économie d'une réflexion sur le renforcement des règles
(§ 1 : Le rôle de l'OMC, § 2 : Le renforcement des règles)

Le plan ainsi construit, vous n'avez « plus qu'à » rédiger le devoir. Cependant, vérifiez bien une dernière fois que vous avez, pour chacun des paragraphes envisagés, les informations et la matière nécessaire, et qu'ils sont équilibrés. Sinon, il faudra revoir le découpage de votre problématique, et peut-être la pertinence de vos regroupements intermédiaires.

Il est maintenant temps de passer à la rédaction.

La rédaction

Avec la rédaction, vous entamez la dernière phase de votre travail, la concrétisation de tout ce que vous avez fait jusqu'ici. Il faut donc y apporter toute votre attention.

Commencez par faire le point sur le temps consommé jusqu'ici. Vous devez vous trouver dans les limites que vous vous êtes données. Attention ! si vous avez débordé, abandonnez tout de suite l'illusion de rattraper le temps perdu en écrivant plus vite. Vous n'écrirez pas plus vite ou, si vous le faites, ce sera forcément au détriment de la clarté - clarté de l'écriture, mais aussi de la pensée.

Si jamais, malgré toutes les recommandations, vous avez pris du retard, vous devez agir sur le « calibrage-temps » : moins de minutes, c'est moins de pages.

N'oubliez pas que le temps alloué à la rédaction doit aussi comprendre celui de la préparation, au brouillon, de trois éléments clef de votre devoir : l'introduction, la conclusion et la principale transition.

L'introduction

C'est par l'introduction que vous vous présentez, en quelque sorte, à votre correcteur. Elle doit donc être particulièrement soignée. Nous distinguerons deux types d'introductions, celles des sujets dits « encadrés » et celles des autres sujets.

Les sujets « encadrés »

Avec les sujets à commande et mise en situation précise, l'introduction doit être proche de ce sujet, voire même revêtir une forme administrative.

Exemple

Reprenons le sujet 4 : « Le nouveau maire de N, dont vous êtes le secrétaire général, vous demande, en octobre 1995, de lui faire le point sur le projet de communauté de communes, en dégageant les enjeux et les conséquences, à ce stade, de la transformation ainsi envisagée du SIVOM » (Attaché territorial).

Note au maire

Objet : transformation du SIVOM en communauté de communes

« Vous m'avez demandé de vous faire le point sur... (reprise du sujet) ... la présente note s'attachera à répondre à chacune de ces questions. »

Mais, bien souvent, le sujet vous laisse plus de liberté.

Les autres sujets

Le schéma classique de l'introduction se présente ainsi :

- une première phrase ;

- un paragraphe introduisant le thème ;

- l'annonce du plan.

• La première phrase

C'est la porte d'entrée de votre devoir, celle qui accroche le lecteur. Elle doit donc répondre à certains critères bien précis : être courte, simple, percutante, bien ancrée dans le sujet, et doit donner envie de connaître la suite. Une citation courte ou un fait sorti du dossier feront parfaitement l'affaire.

Évitez donc les définitions ou les phrases de dix lignes, répétitives ou dénuées de sens. Cette première phrase, écrivez-la au brouillon et ensuite, raccourcissez.

Votre correcteur doit pouvoir se dire, en commençant sa lecture : « Tiens, voilà qui a l'air intéressant... » C'est déjà un bon point pour vous.

Exemple

Pour le sujet 5 (sur la mondialisation, voir plus haut), la première phrase pourrait être, selon l'éclairage recherché :

- « Les programmes d'ajustement culturel du FMI ont entraîné dans certains pays en voie de développement la suppression de plusieurs milliers d'emplois publics. » ;

- « Le 15 avril 1994, était signé à Marrakech l'accord instituant l'Organisation mondiale du commerce (OMC). »

• Le paragraphe introductif

Il s'agit maintenant d'amener le lecteur de cette première phrase jusqu'au thème du sujet, d'une manière qui soit la plus naturelle possible. Des éléments de problématique peuvent être introduits, mais l'ensemble ne doit pas être trop long. Ce paragraphe, qui commence donc par la phrase d'accroche, doit être si possible d'une taille équivalente à celle d'un des huit paragraphes de notre plan idéal, soit 1/10e du devoir, environ.

Mais l'introduction, ne l'oubliez pas, n'est ni un pré-devoir, ni une maquette de devoir.

Exemple

Reprenons le sujet précédent ; ce paragraphe pourrait être rédigé de la manière suivante :

« Cet événement marquait une étape essentielle dans l'extension rapide du phénomène de la mondialisation de l'économie. Certes, l'arbitrage de l'OMC semble parfois dépendre de la dimension des économies protagonistes, et les États-Unis ne manquent pas d'agiter la menace d'une sortie de l'institution si celle-ci devait rendre des décisions « injustes ou contraires aux intérêts américains », mais l'OMC apparaît bien aujourd'hui comme le grand régulateur du commerce global. Aucun pays ne peut s'estimer en dehors de cette internationalisation, et aucune entreprise ne peut s'abstenir de l'intégrer à sa stratégie de développement. Ainsi, les chiffres du commerce extérieur de la France pour l'été 1997 montrent bien que ce commerce extérieur ne cesse de croître, importations et plus encore exportations confondues. En la matière, il n'est pourtant pas toujours facile de faire la part des choses entre globalisation et intégration européenne. De plus, la responsabilité de la mondialisation dans l'accroissement des inégalités est souvent dénoncée. »

● Il ne reste plus, après avoir bien marqué une séparation, par exemple en passant une ligne, qu'à reprendre **l'annonce du plan**.

« La mondialisation, facteur de développement mais aussi d'accroissement des inégalités, cherche dans la régionalisation un antidote à ses défauts, mais ne pourra faire l'économie d'une réflexion sur le renforcement des règles. »

La conclusion

Si l'introduction ouvre la porte du devoir, c'est la conclusion qui la referme. C'est elle en effet qui donne au correcteur le dernier aperçu de votre travail et surtout la dernière impression, celle qu'il aura en tête au moment de formuler son évaluation. C'est dire, là aussi, l'importance qu'il faut lui accorder.

Toutefois, ce n'est pour autant qu'une conclusion, et il n'est pas question d'en faire le fourre-tout de ce que vous n'aurez pas réussi (ou pensé) à placer ailleurs. Symétrique de l'introduction, la conclusion se compose également de trois segments :

- un bilan ;
- une résolution ;
- une ouverture.

● Le bilan

C'est le pendant de l'annonce du plan : le bilan des deux parties y est brièvement rappelé, selon une construction binaire.

Exemple

« La mondialisation joue à la fois dans le sens d'un meilleur développement et dans celui d'une montée des inégalités, alors que les régulations attendues de la constitution de blocs régionaux ou de la mise en place de l'OMC s'avèrent insuffisantes. »

● La résolution

La problématique ayant été posée d'entrée, il faut maintenant la résoudre. On peut dire encore qu'il faut donner la réponse à la question posée par le sujet, que celle-ci soit implicite ou explicite. C'est donc ici que se situe le but de votre démonstration, la clef de voûte de votre devoir et c'est pourquoi, dans la plupart des cas, on ne peut pas réellement se passer d'une conclusion bien construite.

Il est vivement conseillé, là aussi, sinon de rédiger mot pour mot votre conclusion au brouillon immédiatement après l'introduction, au moins d'en jeter le schéma, les grandes lignes. L'expérience montre en effet qu'en fin de devoir, acculé par le temps qui fuit, stressé, fatigué par la durée de l'épreuve, il devient bien difficile d'improviser dans l'urgence une bonne conclusion.

Exemple

« Pourtant, cette absence de règles n'est pas l'effet d'une fatalité, mais plutôt d'une abstention. Les sociétés, aujourd'hui, comme les entreprises, ont besoin de retrouver des équilibres, et une suffisante sécurité procurée par des règles claires et respectées. Sans doute la démocratie planétaire reste-t-elle à inventer, qui saura produire et appliquer cet ordre. Mais l'existence et la constitution d'espaces régionaux, doublées d'un progrès réel du fait démocratique à l'échelle des nations, rend aujourd'hui cet idéal accessible. Cela, bien entendu, ne pourra se faire qu'en acceptant d'envisager, après la mondialisation financière et la mondialisation économique, de parler de la mondialisation sociale. »

● L'ouverture finale

De même qu'en commençant le devoir, on avait « accroché » l'attention du lecteur-correcteur, cette fois, il faut le renvoyer plus loin que cette résolution qui vient d'être posée. Une question est résolue, certes, mais déjà une autre s'annonce.

Exemple

« Alors se posera peut-être le problème plus fondamental encore de la mondialisation démocratique et politique. »

La transition principale

Disposant du début et de la fin du texte, vous pourriez penser que le moment est enfin venu de vous lancer dans la grande traversée. Pourtant, il est prudent de préparer encore un élément fondamental : la transition principale.

Cette transition est centrale, c'est le **pivot du devoir**. Elle constitue en effet l'articulation première de la problématique, c'est-à-dire finalement celle où se résume tout l'intérêt du sujet.

Concrètement, cette transition a une structure qui la situe à mi-chemin de l'annonce du plan et du bilan de conclusion. Elle commence en effet par un bilan de la première partie et se poursuit par l'annonce de la seconde, le tout en une seule phrase et avec une unique fonction de lien entre ces deux parties.

Exemple

« La mondialisation offre le paradoxe de favoriser à la fois le développement des économies et des pays, et celui des inégalités. On peut se demander s'il faut alors rechercher la correction de ses défauts dans un renforcement de la régionalisation, ou dans celui de la régulation. »

Cette fois, tous les autres éléments ayant été vus, il ne reste « plus qu'à » rédiger. C'est donc ici que s'impose le respect d'un certain nombre de règles essentielles.

Les techniques de rédaction

Le style

« Ce qui se conçoit bien s'énonce clairement.
Et les mots, pour le dire, arrivent aisément. »

Ces deux vers de Boileau (extraits de *L'Art Poétique*) résument l'essentiel : la clarté qui doit être celle de votre exposé - clarté des idées, des formules et des mots, clarté du style.

Le style administratif n'a certes pas précisément cette réputation de clarté, et votre note de synthèse ne doit pas s'en inspirer. Elle ne doit pas non plus s'inspirer du style journalistique, même si plusieurs des documents du dossier sont des articles de presse.

Le style que vous adopterez ne sera pas non plus celui du pamphlet. Évitez l'ironie facile, la dénonciation, l'humeur. Évitez encore avec la même vigilance le style familier, prenant le lecteur à témoin ou cédant à la facilité de tournures triviales. Mais ne cédez pas non plus au style technocratique, pétri d'un jargon illisible pour le profane et même parfois pour le correcteur.

Votre style doit être clair, « couler de source », rendre votre texte agréable à lire et facile à comprendre. Dans ce domaine, les recettes sont bien connues et faciles à appliquer : des mots simples, des phrases courtes, un texte bien lié.

- **Des mots simples**, cela ne veut pas dire simplistes. Il faut en tout rechercher la précision, le mot juste. Et le français est une langue assez riche pour offrir le plus souvent ce terme adéquat. Inutile donc de puiser dans l'anglais ou de créer des néologismes.

« Ce qui se conçoit bien... ». En général, l'emploi d'un jargon ne vous fera pas passer pour plus savant que vous ne l'êtes et ne convaincra pas le correcteur de vous accorder quelques points de plus. Au contraire, vous l'indisposerez et il pourra penser, souvent avec raison, que votre vocabulaire alambiqué n'est destiné à rien d'autre qu'à cacher votre ignorance.

- **Des phrases courtes**

Ce vocabulaire net, précis, chirurgical, il vous faut maintenant l'ordonner dans des phrases elles aussi claires ; et le meilleur gage de clarté, pour une phrase, réside dans une longueur raisonnable : faites des phrases courtes.

Une phrase courte, c'est un sujet, un verbe, des compléments avec parfois une seconde proposition subordonnée à la première, rarement plus. Quand vous vous relisez, ajoutez des points et des majuscules.

- **Un texte lié**

Ces phrases courtes ne doivent pas faire de votre texte un hachis de phrases juxtaposées les unes aux autres. Il faut lier le texte. Et pour commencer, ne pas multiplier les retours à la ligne. Certains devoirs finissent par ne plus être ainsi que des empilements de phrases-paragraphes où les idées s'alignent à un rythme évoquant irrésistiblement celui du pistolet mitrailleur...

N'infligez pas cela au correcteur ! Chaque phrase doit s'engrener dans celle qui la précède, comme dans celle qui lui succède, pour amener insensiblement le lecteur-correcteur de l'accroche du début à l'ouverture de la fin.

Utilisez donc les **mots de liaison** (*ainsi, donc, alors...*) ou les formules (*c'est pourquoi, par ailleurs, à cet égard, c'est la raison qui explique que, à l'inverse, au contraire, cependant, toutefois,* etc.). Le choix est large.

Exemple

Comparez les deux paragraphes suivants.

« La mondialisation a des aspects positifs. Elle ouvre des marchés nouveaux aux entreprises. Elle favorise le développement. Elle concourt à accentuer les inégalités. Les inégalités s'accroissent dans tous les pays et entre les pays. »

« La mondialisation a des aspects positifs. *En effet*, elle ouvre des marchés nouveaux aux entreprises. *De la même manière*, elle favorise le développement. *Cependant*, elle concourt *aussi* à accentuer les inégalités, *puisque* ces inégalités s'accroissent dans tous les pays et entre les pays. »

Enfin, améliorez encore ce caractère lié du texte en transformant la première ou la dernière phrase de chaque paragraphe en une mini-transition avec celui qui le précède ou avec celui qui le suit.

La présentation

Parallèlement au style, la présentation doit être soignée. Qu'il le veuille ou non, en effet, votre correcteur sera influencé par la forme de votre travail, pour de simples raisons objectives de clarté. Un devoir qui se lit avec difficulté se comprend moins bien, et surtout manifeste moins sa cohérence qu'un devoir bien écrit, où les différentes parties apparaissent clairement.

- **L'écriture**

L'écriture est, ne l'oubliez pas, un moyen de communication. Elle doit être lisible et bien formée. Si vous craignez, en écrivant bien, d'écrire moins vite, sachez que le devoir n'en sera que plus clair, puisque vous aurez davantage pris le temps de réfléchir. Écrire bien, c'est une politesse, une courtoisie pour le correcteur. Au moins inconsciemment, il vous en saura gré.

- **Un devoir aéré**

De la même manière que vous vous appliquerez à bien former vos lettres pour faciliter la compréhension du texte, mettez ses divisions en relief. Vous disposez pour cela de plusieurs moyens, qui peuvent d'ailleurs se cumuler : passer des lignes, tirer des traits, disposer des astérisques, etc. À vous de choisir.

Dans tous les cas, n'oubliez pas d'introduire une hiérarchie dans ces séparations. Trois niveaux existent : les majeures (introduction/première partie ; avant et après la transition ; seconde partie/conclusion), les secondaires (entre les deux sous-parties de chaque partie) et les tertiaires (entre le paragraphe introductif et l'annonce de plan ; entre les paragraphes).

Sachez aussi que les surveillants de l'épreuve sont là pour vous donner autant de copies intercalaires que vous en aurez besoin. Ne tassez donc pas votre texte, en particulier, comme cela arrive souvent, en dernière page, en tout petits caractères pour économiser une feuille (ou gagner du temps ?). Personne ne vous saura gré de cet effort, mais personne non plus ne vous en voudra d'avoir pris une autre copie, même s'il n'y a qu'une seule ligne sur celle-ci...

La clarté de la copie peut également passer par l'utilisation de titres et de sous-titres. Cependant, en la matière, un débat existe.

- **Les titres**

L'utilisation des titres présente un avantage - celui d'une mise en évidence naturelle du plan - mais aussi un inconvénient - celui de la rupture du rythme du texte ainsi segmenté. C'est pour cette dernière raison que certains prônent l'abstention totale, afin que le devoir « coule » de la source à l'embouchure sans aucun obstacle, comme on s'attend à ce que le fasse une dissertation.

Je suis pour ma part moins affirmatif. D'une part, en ce qui concerne les sujets bien « encadrés », avec des commandes claires, j'estime que ces titres s'imposent : des titres simples, visant bien le contenu de chaque partie.

Exemple

Pour le sujet 4 (voir page 25), on pourrait trouver les titres suivants, répondant très strictement à la commande :

1. L'état du projet
2. Les enjeux
3. Les conséquences

D'autre part, l'utilisation des titres ne me semble pas forcément à proscrire avec un sujet de type « non encadré », à condition que ces titres soient clairs et qu'ils soient rares : sont concernés les titres des parties et, très éventuellement, un niveau de sous-titres.

En résumé, rien ne vous interdit d'utiliser des titres, mais surtout n'en abusez pas.

● Les tirets

Un dernier point : n'allez pas rompre l'unité de votre texte par des tirets ou autres signes intempestifs au début de chaque paragraphe. Vous pouvez utiliser les tirets, mais à dose très homéopathique, lorsqu'il y a par exemple une énumération à donner.

Les citations

Faut-il citer ou non les documents du dossier? En principe non, puisque c'est une note de synthèse, et pas un résumé de texte. Cependant, il peut arriver qu'une expression, une phrase, voire un paragraphe exprime tellement bien une idée qu'il deviendrait dommage de ne pas s'en servir. On peut alors le faire, en utilisant bien entendu des guillemets et en citant la source entre parenthèses. Mais un tel cas ne se rencontre qu'exceptionnellement. Dans le dossier sur la mondialisation, l'expression *« mondialisation heureuse »* (A. Minc) en est un exemple.

N'en abusez pas, ne transformez pas votre devoir en un patchwork indigeste de citations qui ne masqueraient que fort mal votre répugnance à vous engager dans la réflexion.

Vous pouvez également faire référence aux sources, en particulier quand il s'agit d'exposer une opinion très tranchée pour la discuter ensuite, ou encore un point de vue très précis *(Une femme malienne estime que... ; Ignacio Ramonet, dans le* Monde diplomatique, *cite aussi...).*

Les pièges à éviter

En plus de suivre les conseils qui précèdent, il vous faut encore éviter quelques pièges dans lesquels se précipitent parfois les candidats.

● Les formules « bateau »

Ainsi appelées parce qu'on les utilise à tout va, et pour n'importe quoi. Telle est la fameuse formule par laquelle de nombreuses introductions se sabordent d'entrée : *« De tout temps, les hommes... »*. N'utilisez jamais cette tournure !

N'utilisez pas non plus *« On a coutume de dire... »* ou encore *« Le bon sens estime que... »*. Visez autant que possible l'originalité.

● Le catalogue

C'est un défaut qui ne devrait pas se présenter si vous avez bien suivi les conseils qui précèdent, mais il faut quand même en parler. Un catalogue, c'est un devoir dont le plan peut d'ailleurs être parfaitement correct, mais qui se borne ensuite à un recensement des informations tirées du dossier, dans un évident souci de ne rien oublier.

On peut en rapprocher la description ou la chronologie occupant des parties entières ou de longs paragraphes sans relief qui se bornent à raconter (en reprenant parfois un résumé de tel ou tel document, sans que perce à aucun moment l'interrogation ou la prise de recul). Il faut illustrer le devoir, mais que l'illustration ne constitue pas tout le devoir.

● Versets et incantations

Cela a déjà été dit, ne multipliez pas les paragraphes en allant systématiquement à la ligne après chaque phrase, ainsi transformée en « verset » peu lié aux autres.

Évitez aussi l'incantation, du type : *« Il faut... On doit... Il suffit que... »*. Bref, toutes les formules en « yaka ». Vous n'écrivez pas une harangue !

● Un devoir déséquilibré

Enfin, veillez bien à l'équilibre des parties de votre devoir. C'est un équilibre qui doit être à la fois qualitatif et quantitatif. Vous assurerez l'équilibre qualitatif au moment de la conception du plan, en vous efforçant de placer dans chaque partie ou sous-partie le même « poids » d'informations ou d'arguments. Ce poids, vous le déterminerez en observant à la fois le nombre d'idées dans chaque rubrique et la force relative de chaque idée.

Vous assurerez l'équilibre quantitatif au moment de la rédaction, en calibrant bien la dimension des parties et sous-parties et en gérant au mieux votre temps afin de bien respecter ce calibrage.

Derniers conseils

Nous voici arrivés au terme du devoir. Si votre temps a été maîtrisé, il vous reste quelques minutes pour le relire. Vous pourrez en profiter pour vérifier une dernière fois l'orthographe, dont rien n'a été dit ici mais dont il ne faut pas minimiser l'importance. Contrôlez aussi la grammaire, les accords, la concordance des temps. Vérifiez qu'il n'y ait pas eu ici ou là un mot oublié, ou une inversion de termes.

Mais ne vérifiez que cela. Ce n'est pas dans les dix dernières minutes que vous pouvez modifier le plan, ou son économie, à grand renfort de flèches, de renvois, de paragraphes rédigés serrés dans les marges.

Contentez-vous de peaufiner.

Conclusion

Vous pouvez maintenant vous présenter en confiance à l'épreuve de note de synthèse. Vous avez une méthode, vous avez fixé vous-même votre cadre temporel, vous n'avez aucune raison de céder à la panique. Ce dossier qui est devant vous n'est pas un ennemi mais un outil à votre service pour démontrer au correcteur, et donc au jury, de quoi vous êtes capable.

De l'ordre, de la méthode, le tout pimenté par un peu d'audace et d'originalité. Voilà une recette qui fonctionne bien.

Mais pour cela, il faut encore que vous vous y entraîniez. Faites-le aussi souvent que vous le pouvez, dans des conditions proches de celles de l'épreuve quand c'est possible, mais **toujours en temps limité**.

Enfin, dernier conseil, analysez à chaque entraînement vos difficultés et, si vous bénéficiez d'une correction, vos erreurs. Ce n'est que comme cela que vous progresserez, et que vous triompherez de cette épreuve.

Note de synthèse
La mondialisation de l'économie

Catégorie A ou B
Durée : trois ou quatre heures

Énoncé du sujet

Le chargé de mission économique, dont vous êtes le collaborateur, vous demande de réaliser une synthèse sur la mondialisation de l'économie, en vue d'une intervention qu'il doit effectuer devant un groupe de cadres supérieurs de l'industrie [1].

Documents

1. Décret n° 95-1242 du 24 novembre 1995.

2. Avant-propos de *La Mondialisation heureuse* (Alain Minc, Plon, 1997).

3. Article du *Figaro*, 28 septembre 1997.

4. « Que fait l'arbitre ? » *(Le Monde).*

5. Extrait du « Rapport annuel mondial sur le système économique et les stratégies, 1997 ».

6. Article.

7. « La mondialisation au détriment de la population ».

8. « La mondialisation, un défi pour l'Europe ».

9. « Hutchinson face à la mondialisation », par J.-P. Seeuws, PDG d'Hutchinson *(Énergies).*

Document 1

MINISTÈRE DES AFFAIRES ÉTRANGÈRES

Décret n° 95-1242 du 24 novembre 1995 portant publication de l'accord de Marrakech instituant l'Organisation mondiale du commerce (ensemble quatre annexes), signé à Marrakech le 15 avril 1994 (1)

Le Président de la République,
Sur le rapport du Premier ministre et du ministre des Affaires étrangères,
Vu les articles 52 à 55 de la Constitution ;
Vu la loi n° 94-1137 du 27 décembre 1994 autorisant la ratification de l'accord instituant l'Organisation mondiale du commerce (ensemble quatre annexes) ;
Vu le décret n° 53-192 du 14 mars 1953 modifié relatif à la ratification et à la publication des engagements internationaux souscrits par la France,

Décrète :

Art. 1er - L'accord de Marrakech instituant l'Organisation mondiale du commerce (ensemble quatre annexes), signé à Marrakech le 15 avril 1994, sera publié au *Journal officiel* de la République française (2).

Art. 2 - Le Premier ministre et le ministre des Affaires étrangères sont chargés, chacun en ce qui le concerne, de l'exécution du présent décret, qui sera publié au *Journal officiel* de la République française.

Fait à Paris, le 24 novembre 1995.

JACQUES CHIRAC

Par le Président de la République :

Le Premier ministre,
ALAIN JUPPÉ

Le ministre des Affaires étrangères,
HERVÉ DE CHARETTE

(1) Le présent accord est entré en vigueur le 1er janvier 1995.
(2) Ce texte fait l'objet d'une pagination spéciale (O.M.C.) annexée au *Journal officiel* de ce jour.

---

1. Ce sujet, qui peut être destiné à des candidats de catégorie B comme à des candidats de catégorie A, a plutôt été traité ici, notamment dans son corrigé, comme un sujet de concours A.

Document 2

Avant-propos de *La mondialisation heureuse*, Alain Minc, Plon, 1997.

Je peux comprendre la colère des ouvriers de Moulinex et de Vilvorde, leur refus de la *« mondialisation »*, leur désarroi face à l'injustice. Je ne supporte plus les approximations intellectuelles, les hypocrisies, les ambiguïtés de la longue cohorte qui mêle hommes politiques, industriels, universitaires, romanciers, prêts à partir en guerre contre l'évidence, comme ces enfants qui s'acharnent à nier la pesanteur. « Pensée unique », avait martelé Jacques Chirac, avant de découvrir six mois après son élection, à son corps défendant, le principe de réalité. « Mondialisation » sauvage, cruelle, violente, psalmodient les pleureuses d'aujourd'hui, comme si la France allait, seule, s'évader du monde qui l'entoure.

Vues de l'étranger, nos discussions apparaissent surréalistes. Qu'en pensent un Italien tendu, comme tous ses compatriotes, vers l'objectif de la monnaie unique, un Allemand acharné à sauvegarder son modèle d'« économie sociale de marché », un Britannique qui voit le nouveau gouvernement travailliste préserver l'héritage thatchérien, un Américain obsédé par l'ambition entrepreneuriale, un ancien communiste polonais qui ne rêve que de privatisations et de l'euro, sans compter les Russes, les Chinois, les Vietnamiens qui ont enfin découvert un matérialisme historique à leur goût, la loi du profit ?

L'exception française finit toujours par se nicher quelque part : écartée du champ de l'histoire, puis de la sphère politique, elle s'est réfugiée dans le débat économique, au point de voir des pans entiers de l'opinion aller d'illusion en illusion, à l'instigation d'élites promptes à fantasmer sur l'« autre politique », comme d'autres, hier, sur le modèle chinois, la révolution guévariste ou la patrie du socialisme. Quand notre pays voudra-t-il unanimement admettre qu'accepter la réalité n'est pas un crime et que privilégier la raison sur les pulsions demeure une réaction saine ?

« Et pourtant, elle tourne. » En matière économique, le précepte galiléen équivaut à un postulat lui aussi simple : la mondialisation est. Elle peut même être bienfaisante, pour autant que, tel un judoka qui prend appui sur un point de faiblesse, nous sachions la transformer en force, jouer des libertés qu'elle nous offre, assumer les mutations qu'elle induit. Bizarrerie suprême aux yeux des marchands de fantasmes, cette mondialisation honnie ne nous impose aucun modèle ; elle nous laisse libres de déterminer les termes mêmes de notre contrat social, le type de société que nous avons choisi, le degré de solidarité que nous souhaitons, à la seule et unique condition que nous ne nous acharnions pas à nous mentir à nous-mêmes et à tricher.

Je persiste et je signe : la mondialisation est heureuse.

Document 3

Article du *Figaro*, 28 septembre 1997.

Commerce extérieur : excédent record

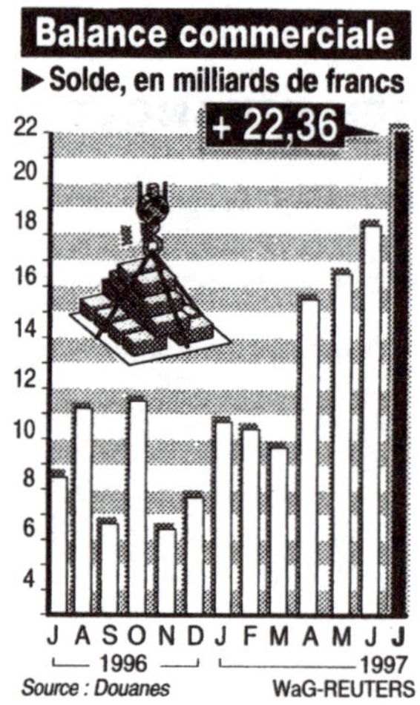

Le commerce extérieur de la France a dégagé un nouvel excédent record en juillet, à 22,361 milliards de francs après 18,380 milliards en juin, en chiffres corrigés des variations saisonnières et jours ouvrables, selon des données publiées hier par les Douanes.

Sur les sept premiers mois de l'année, le solde positif cumulé (CVS/JO) a plus que doublé à 102,495 milliards de francs contre 45,770 milliards un an plus tôt.

En juillet, les exportations ont grimpé à 144,886 milliards contre 137,553 milliards en juin, et les importations à 122,525 milliards contre 119,173 milliards en juin. Le taux de couverture s'est établi à 118,25 % contre 115,42 % le mois précédent.

Document 4

Le Monde Économie, 30 septembre 1997.

DOSSIER

Commerce mondial : que fait l'arbitre ?

GENÈVE
de notre envoyée spéciale

L'Organisation mondiale du commerce ou la raison du plus fort ? Créée le 1er janvier 1995, l'OMC a succédé au GATT, l'accord général sur les tarifs douaniers et le commerce, qui aurait dû fêter ses cinquante ans cette année. Issue du cycle de négociations de l'Uruguay Round (1986-1993), elle marque l'avènement d'un nouveau système commercial multilatéral, avec des compétences étendues – le GATT ne s'appliquait qu'au commerce de marchandises –, l'OMC englobe celui des biens, des services et les droits de propriété intellectuelle, mais a aussi la possibilité d'accueillir des Etats plus nombreux et bénéficie d'un organe de règlement des différends (ORD) puissant composé d'une commission d'arbitrage – dit groupe spécial ou panel – et d'un organe d'appel.

L'OMC consacre la naissance d'un nouvel ordre économique mondial, plus de cinquante ans après les accords de Bretton Woods, qui auraient dû permettre la création d'une organisation internationale du commerce aux côtés du FMI et de la BIRD (Banque internationale pour la reconstruction et le développement). Mais l'explosion des échanges mondiaux et des flux de capitaux, l'arrivée de nouveaux pays industrialisés ont fait du commerce un enjeu politique majeur qui se traduit par la multiplication des conflits. On attendait de l'OMC qu'elle soit un juge de paix capable d'arbitrer les différends sans parti pris. Le bras de fer commercial entre les Etats-Unis et l'Europe, qui tourne à l'avantage des premiers, amène à s'interroger sur sa capacité à respecter la souveraineté des Etats dans certains domaines.

OMC Après le GATT, l'Organisation mondiale du commerce consacre la naissance d'un nouvel ordre économique

L'Union européenne a dû en effet essuyer un double revers. Au début du mois, l'organe d'appel de l'OMC a donné raison aux Etats-Unis et à quatre pays d'Amérique latine en condamnant le régime d'importation communautaire de bananes qui donne la préférence aux pays dits ACP (Afrique, Caraïbes et Pacifique). Les Etats-Unis, qui ne produisent pas de bananes, défendaient les intérêts de leurs multinationales, Chiquita Brands et Castel and Cooke. En mai, l'OMC, à travers sa commission d'arbitrage, avait jugé contraire aux règles du commerce international l'embargo européen sur la viande aux hormones américaine. Par ces deux cas, ce sont les politiques européennes d'aide aux pays en développement et de protection du consommateur qui apparaissent menacées.

Faut-il pour autant crier à l'injustice ? L'UE aurait certainement plus à perdre qu'à gagner dans la disparition de cet arbitre, auquel les Américains étaient, à l'origine, très hostiles. Compte tenu de leur poids économique, les Etats-Unis savent faire valoir leurs intérêts dans les négociations commerciales bilatérales. Ils disposent d'un arsenal juridique, qui leur permet d'imposer leurs conditions. La section 301 du Trade Act de 1974, renforcée notamment en 1988 avec le Trade and Competitiveness Act, confère au président des Etats-Unis des pouvoirs de rétorsion unilatérale contre les pays qui ne respectent pas les dispositions des traités ou accords. Ce qui est théoriquement incompatible avec un système commercial multilatéral : selon la procédure de règlement des différends, toute mesure de rétorsion doit être autorisée par le conseil général de l'OMC.

Martine Laronche

Lire suite page II

Commerce mondial : que fait l'arbitre ?

Suite de la page I

La loi Helms-Burton autorise également les tribunaux américains à condamner les entreprises étrangères qui *« trafiquent »* avec Cuba. Dans la même veine, la loi D'Amato-Kennedy leur permet de prendre des mesures contre celles qui commercent avec la Libye et l'Iran. Les Etats-Unis n'ont finalement accepté la mise en place de l'instance d'arbitrage multilatérale que sous conditions. Ils ont créé, à l'instigation du Sénat, compétent en matière de commerce extérieur, un comité de cinq « sages », dit comité Dole, du nom de l'ex-sénateur républicain du Kansas, qui examine les jugements condamnant les Etats-Unis. Si par trois fois au cours de cinq ans les jugements rendus leurs paraissent injustes ou contraires aux intérêts américains, ils menacent de quitter l'OMC.

CONTRE-POUVOIR

Contraignante, la nouvelle procédure de règlement des différends peut-elle faire office de contre-pouvoir à l'unilatéralisme ? Auparavant, les plaintes dans le cadre du GATT, l'Accord général sur les tarifs et le commerce, se sont révélées d'une piètre efficacité. Alors que sous le GATT il fallait un consensus général pour créer un groupe d'experts, aujourd'hui c'est l'inverse. Seule l'unanimité contre peut l'empêcher. Résultat, en quarante-sept ans d'existence du GATT, on avait comptabilisé environ 300 demandes de consultations alors que, entre le 1er janvier 1995 et août 1997, 100 cas ont déjà été soumis à l'organe de règlement des différends (ORD).

Dans un point de vue au *Financial Times* le 10 septembre 1997, Sir Leon Brittan, vice-président de la Commission européenne chargée de la politique commerciale, essayait de minimiser les deux échecs européens en évoquant deux autres affaires plus avantageuses. La première concerne les taxes appliquées par le Japon sur les alcools forts. Le whisky, le cognac et les alcools blancs subissent une taxation beaucoup plus forte que le *shochu* local. La Communauté européenne a obtenu gain de cause... aux côtés des Etats-Unis et du Canada. L'autre affaire concerne la loi Helms-Burton, mais ne représente à ce stade qu'une semi-victoire. L'Europe a réussi, en mai 1996, à amener les Américains à la table des négociations de l'OMC en dépit de leur réticence. Ils estimaient qu'il s'agissait d'une question de sécurité nationale et non de commerce. Un groupe spécial a même été constitué mais n'a pas eu l'occasion de rendre son « verdict » : les Etats-Unis ont décidé de suspendre provisoirement l'application de leur loi extraterritoriale à l'encontre de la Communauté et les deux parties se sont donné jusqu'au 15 octobre pour trouver un compromis. Toutefois, la menace américaine a déjà poussé la société italienne de télécommunications STET à dédommager l'américain ITT pour l'exploitation de ses actifs saisis à Cuba par le régime castriste.

Mais force est de constater que les Etats-Unis, qui ne voulaient pas de la nouvelle procédure de règlement des différends, ont su l'utiliser à leur profit. On les retrouve plaignants dans 34 % des cas, contre 21 % pour la Communauté et 5 % pour le Japon et défendeurs dans 20 % des cas contre 14 % pour la Communauté et 11 % pour le Japon. L'Union européenne aurait donc intérêt à rattraper son retard. D'autant que la mécanique communautaire est lourde à mettre en œuvre avec quinze Etats membres qui n'ont pas toujours les mêmes intérêts. On l'a vu dans le cas de la banane, avec d'un côté la France et le Royaume-Uni, qui soutenaient « leurs producteurs », de l'autre les Allemands, consommateurs de « bananes dollars » meilleur marché.

LENTEUR DES PROCÉDURES

Pour l'heure, aucun pays ne s'est opposé aux décisions de l'OMC, mais il est trop tôt pour juger de leur respect. Compte tenu de la lenteur des procédures, il peut se passer plus de deux ans entre la plainte et la mise en œuvre de la décision. D'autant que la recommandation du groupe spécial se borne en général à demander au pays de prendre des mesures appropriées sans préciser lesquelles. Pour Petros Mavroidis, professeur de droit international public à l'université de Neuchâtel et conseiller à l'OMC, *« un tel remède n'est pas sérieux »*. *« En droit international,* poursuit-il, *la violation du droit donne lieu à deux obligations. Une obligation primaire qui prévoit la cessation de l'acte illicite et une obligation secondaire qui donne droit à réparation. »*

Trân Van-Thinh, ancien ambassadeur de l'Union européenne auprès du GATT, souligne lui aussi la nécessité de muscler le dispositif afin qu'il ne s'exerce pas au désavantage des pays en développement. *« Il serait sage, à terme, de s'attaquer à la question de l'incapacité d'un partenaire faible d'exercer " des sanctions autorisées " à l'encontre d'un partenaire beaucoup plus puissant : faute d'une possibilité de " sanction collective " beaucoup plus dissuasive, le mécanisme du règlement des litiges n'est pas vraiment à la portée des pays faibles économiquement. »* Or une des bonnes surprises du nouveau dispositif vient du fait que les pays en développement n'hésitent pas à s'en servir contre les pays du Nord. Ils sont plaignants dans 31 % des cas mais attaqués dans 37 %, et il leur arrive d'obtenir gain de cause. Y compris contre les Etats-Unis comme l'atteste, par exemple, la plainte du Venezuela, auquel s'est joint le Brésil. Les deux pays ont dénoncé une discrimation contre leurs carburants qui devaient satisfaire en matière d'émissions des normes plus strictes que celles appliquées à l'essence américaine. En revanche, les PVD ont pu être utilisés dans des conflits entre grandes puissances, comme ce fut le cas avec la banane, estime Philippe Chalmin, économiste à la SFAC (Société française d'assurance crédit). *« Dans ce conflit, les Etats-Unis et l'Europe avaient leurs propres pauvres. D'un côté comme de l'autre, le tiers-monde s'est retrouvé otage. »*

MANQUE DE COHÉRENCE

Déficient dans la définition des sanctions, le mécanisme de règlement des conflits pèche aussi par la composition des groupes spéciaux (ou panel), selon Petros Mavroidis. *« Il s'agit dans plus de 90 % des cas, de délégués gouvernementaux et de fonctionnaires qui représentent en quelque sorte des sommes d'intérêts,* considère-t-il. *Cela ne joue pas en faveur de la cohérence. Logiquement les panélistes vont rester prudemment au stade des recommandations. »* Ces commissions sont formés de trois membres choisis sur une liste internationale de plus de 200 noms, contrairement à l'organe d'appel où trois membres sont choisis sur une liste de sept personnes. Une liste plus restreinte – à l'image de l'organe d'appel – serait plus apte à l'établissement d'une jurisprudence cohérente, selon M. Mavroidis. Une cohérence d'autant plus indispensable que l'OMC intervient sur des questions aussi sensibles que les politiques de santé publique.

L'OMC a, en effet, mis en place un contexte règlementaire pour lutter contre les restrictions à l'importation qui subsistent en dépit de la baisse des tarifs douaniers et de la chasse aux quotas. C'est le cas, par exemple, du règlement sanitaire et phytosanitaire en cause dans l'affaire des hormones. *« L'OMC met en œuvre une dialectique entre la libéralisation du commerce et la souveraineté nationale »*, estime Petros Mavroidis. La balance aurait-elle tendance à pencher vers la libéralisation au détriment de la souveraineté des Etats ? Pour l'ancien ambassadeur de l'Union européenne au GATT, *« on est allé trop loin contre l'Europe »*. Le rapport de forces, qui s'exerce en faveur du libéralisme, pourra-t-il être inversé ? Outre le cas des hormones, plusieurs affaires pourraient donner du grain à moudre à l'OMC et permettre aux Etats de mieux faire valoir leur souveraineté. Quitte à amender les règles en vigueur.

Pour l'heure, le rapport de forces semble s'exercer à l'avantage des Etats-Unis. Ils furent les principaux gagnants, lors de la conférence ministérielle de l'OMC, à Singapour en décembre 1996, d'un accord sur la libéralisation des technologies de l'information d'ici à l'an 2000. Même chose en ce qui concerne l'accord, en février, sur la libéralisation des télécommunications. Ils poussent, avec l'Europe, à l'ouverture des marchés financiers en Asie. Ils ont également obtenu l'aval de la Commission européenne, moyennant des concessions limitées, pour que Boeing rachète McDonnell Douglas, conflit qui s'est déroulé en dehors de la scène de l'OMC. Offensifs dans des secteurs où ils sont leaders, ils savent être défensifs sur des secteurs fragiles. Ainsi, ils continuent de bloquer les négociations sur le transport maritime. *« Les Américains ont une longueur d'avance,* estime Patrick Messerlin, professeur d'économie à l'Institut d'études politiques, *ils considèrent leur gouvernement comme un arbitre entre des groupes de pression. Et le gouvernement américain sait créer des lobbies et des contre-lobbies dans le sens de l'intérêt public. »*

Certes le commerce international profite à tout le monde, mais les plus développés s'en tirent mieux que d'autres. A la différence des Nations unies, les pays en développement ne peuvent pas faire bloc et il n'existe pas de groupe des 77. Leurs intérêts divergent totalement selon qu'ils soient « NPI » ou « PMA » (nouveaux pays industrialisés ou pays les moins avancés). Opposés à l'élargissement des compétences du GATT aux services où ils n'avaient rien – dans l'immédiat – à gagner, contre l'accord des droits de propriété intellectuelle où ils avaient à perdre, ils ont dû s'incliner.

AFFLUX DE CANDIDATURES

« Les pays en développement ont subi la négociation du cycle de l'Uruguay, estime M. Trân Van-Thinh. *Leurs efforts se sont axés sur des sujets traditionnels et sensibles comme les produits tropicaux, les textiles, la sauvegarde, le dumping, les subventions industrielles. »* Certes, ils ont pu obtenir la réintégration du textile et de l'habillement – objets de protection de la part des pays riches – dans les règles normales du commerce d'ici à 2005. Mais globalement les avantages retirés sont beaucoup plus substantiels pour les partenaires avancés que pour ceux en développement, même si le bilan est favorable pour les PVD, conclut M. Van-Thinh.

Il n'empêche, les candidats se pressent à la porte de l'OMC. Parmi les vingt-neuf candidatures recensées au 1er janvier, on compte quinze pays en voie de transition, y compris la Russie, douze pays en développement, plus la Chine et Taïwan (comme territoire douanier autonome). En 2020, la Chine devrait représenter plus de 10 % du commerce mondial. Son adhésion, à laquelle ne sont plus hostiles les Etats-Unis, devrait bouleverser totalement les rapports de forces en présence sur la scène du commerce international. Elle pourrait aboutir à un rééquilibrage politique que l'Union européenne ne semble pas encore en mesure d'effectuer. En attendant, l'OMC risque d'être soumise à la loi du plus fort.

M. La.

Document 5

***Ramsès 97. Synthèse annuelle de l'évolution du monde*, sous la direction de T. de Montbrial et P. Jacquet, Institut français des relations internationales, Dunod, 1996.**

3. L'organisation internationale des entreprises

L'organisation des entreprises influence fortement la structure géographique des échanges internationaux, et donc le degré de régionalisation de l'économie mondiale. Les échanges intrafirme représentent une part importante du commerce mondial. Des études les estiment à un tiers du total pour les Etats-Unis ou pour la France[29]. Par ailleurs, les décisions concernant la structure interne des groupes ont des répercussions immédiates sur les flux d'investissements internationaux.

Dans le contexte de la mondialisation, il est donc logique que la communauté des affaires prenne une part active aux débats concernant les projets de libéralisation des échanges des différentes zones. Au-delà d'un soutien aux projets d'intégration régionale, les responsables d'entreprises sont en fait le plus souvent en faveur d'une libéralisation et d'une déréglementation globale[30]. Cette position correspond aux intérêts d'entreprises, souvent multinationales, exportatrices ou importatrices de composants, qui dépendent de plus en plus des marchés extérieurs. Elles souhaitent veiller à la cohérence des décisions publiques avec les besoins de leurs stratégies internationales.

QUEL RÔLE POUR LA RÉGION DANS LES ORGANISATIONS GLOBALES ?

L'intégration régionale, comme le développement général des échanges, dépendent largement des décisions des entreprises, notamment en matière de localisation de leurs unités de production et d'organisation. Depuis les années 80, les investissements à l'étranger ont constitué le principal canal d'internationalisation, ce qui implique une multiplication des multinationales et une amplification de leurs opérations à l'étranger. Ce mouvement s'est accompagné d'une diversification géographique des multinationales, mais aussi de leur taille et de leurs modalités d'implantation à l'étranger. Au cours des années 80, elles ont très largement eu recours aux acquisitions d'entreprises étrangères pour assurer leur présence dans différents pays ; elles pratiquent aussi de plus en plus les accords de partenariat à l'échelle internationale. Dans ce contexte, l'évaluation du rôle de l'intégration régionale implique un examen des modalités d'organisation des entreprises multinationales, en matière de production, de distribution et de R&D. De manière générale, à l'heure de la mondialisation, les conséquences de l'intégration plus étroite de certaines zones sur les comportements des entreprises doivent être envisagées dans le contexte plus large de l'organisation des entreprises multinationales à l'échelle mondiale. Il s'agit d'examiner le rôle que peut jouer le niveau régional dans l'organisation globale des entreprises.

Les entreprises multinationales cherchent à tirer pleinement parti de leur accès aux ressources et aux marchés dans un grand nombre de pays. Elles redéploient leurs actifs et réorganisent leurs opérations dans une perspective mondiale, à travers des restructurations internes et des opérations de croissance externe. Ces redéploiements doivent tenir compte de l'évolution des caractéristiques de la demande, comme des contraintes et des opportunités en matière de conditions de production. Dans la mesure où la demande devient plus homogène, les entreprises peuvent plus souvent stan-

28. En Asie, les flux intrarégionaux ont au contraire relativement régressé.
29. Voir Bonturi, Fukasaku (1993), SESSI (1996).
30. Sur le rôle des grandes entreprises dans la formation du projet de marché unique, voir Cowles (1995). De façon générale, les forums de responsables d'entreprises se multiplient parallèlement aux dialogues régionaux et interrégionaux.

Encadré 4
Intégration régionale et investissement à l'étranger des entreprises

L'évolution des flux d'investissement direct résultant de l'intégration régionale a d'abord été analysée dans le même cadre que les échanges commerciaux. La diversion d'échanges en faveur de pays-membres constitue une incitation à l'implantation d'entreprises de pays tiers au sein de la zone intégrée. Il y a ainsi « création » de flux d'investissement direct destinés à compenser la destruction de flux de commerce.

Ce raisonnement a notamment été utilisé pour expliquer la forte augmentation des investissements américains en Europe dans les années 60. La formation du Marché commun aurait désavantagé les exportations des Etats-Unis vers les pays européens, constituant ainsi une incitation à l'implantation de celles-ci à l'intérieur des frontières de la Communauté. Dans une telle hypothèse, l'investissement se substitue à l'échange. Cette interprétation a pu être confortée par le fait que les investissements américains se sont relativement détournés du Royaume-Uni avant son entrée dans le Marché commun. Pourtant, elle n'est pas très solidement établie, l'effet de substitution n'étant qu'un des facteurs qui ont déterminé les flux d'investissement massifs des entreprises américaines en Europe dans les années 60. Le modèle du cycle de vie du produit (Vernon 1966) explique aussi une partie des investissements américains. Dans ce cadre, l'intégration européenne a pu renforcer l'intérêt des entreprises américaines pour la région dans la mesure où elle a stimulé la croissance et élargi le marché. De manière générale, l'intégration régionale peut stimuler à la fois les échanges et l'investissement, l'effet de substitution pouvant ainsi être contrebalancé par des complémentarités entre commerce et investissement[1].

L'expérience de l'analyse des conséquences des débuts de l'intégration européenne dans les années 60 incite à adopter une démarche différente pour étudier les conséquences de l'instauration du marché unique. Elle consiste non pas à raisonner à partir des flux d'échanges et à considérer les investissements directs comme des substituts, mais à s'appuyer sur l'analyse des déterminants des décisions d'implantation à l'étranger des entreprises, pour envisager en quoi l'intégration constitue une incitation spécifique[2]. Le protectionnisme, tarifaire ou non tarifaire, voire la menace d'un accroissement de la protection, constitue bien une incitation à l'implantation pour les entreprises originaires de pays tiers. La crainte de la constitution d'une « forteresse Europe » a ainsi été l'un des déterminants majeurs de la vague d'investissements japonais en Europe à la fin des années 80 (Sachwald 1993b). Là encore, l'incitation à l'implantation à l'intérieur des frontières de l'Europe a été d'autant plus forte que le marché unique devait stimuler la croissance.

Dans le contexte de la mondialisation, et alors que l'Europe était déjà un marché en voie d'intégration, les investissements défensifs pour parer aux conséquences du protectionnisme sur les échanges ne sont qu'une des catégories à considérer pour comprendre les conséquences de l'Acte unique. La suppression de nombreuses barrières non tarifaires qui expliquaient la persistance de la fragmentation des marchés européens dans les années 80 était de nature à susciter des réorganisations des sites de production de la part des entreprises. L'unification plus poussée des marchés de produits et de services ouvre la voie à une plus grande standardisation et donc à la rationalisation des sites de production, qui peut susciter des investissements dans certains pays européens, mais aussi des fermetures de sites. Cette rationalisation concerne les entreprises multinationales originaires des pays de la Communauté, mais aussi de pays tiers. L'unification du marché, en favorisant l'exploitation des économies d'échelle, peut rendre l'implantation au sein de l'Europe plus intéressante du point de vue des coûts de production. Dans ce cas, le marché unique a pu susciter de nouveaux investissements en provenance de pays non membres.

1. Voir notamment Yannopoulos (1990), Thomson, Woolcock (1993), UN (1993).
2. Pour une application de cette démarche, voir Pelkmans (1984), Yannopoulos (1990).

dardiser leurs produits à l'échelle internationale[31], ce qui amoindrit le poids traditionnel des filiales locales centrées sur l'adaptation aux conditions locales. Du côté de l'offre, les entreprises cherchent à la fois à tirer profit d'échelles de production importantes et à localiser leurs différentes opérations dans les pays dont le potentiel productif est le mieux adapté à chacune. Ces tendances sont contrebalancées par la nécessité de s'adapter rapidement aux évolutions de la demande, ce qui requiert une grande proximité des marchés dans certains secteurs.

Les entreprises répondent à l'évolution des conditions de l'offre et de la demande de façon diverse,

31. Cela ne signifie pas que les spécificités locales aient disparu ou qu'elles puissent être ignorées moyennant un marketing adéquat, contrairement à certaines analyses développées dans les années 80, telles que celles de Levitt (1983).

en fonction des spécificités propres à leur secteur. Les contraintes d'adaptation aux spécificités nationales – voire locales – des marchés sont sans doute plus grandes dans le secteur de l'agro-alimentaire que dans celui des semi-conducteurs, alors que les économies d'échelle sont plus fortes dans ce dernier. La flexibilité de l'offre doit être très grande dans le prêt-à-porter ou pour certains produits électroniques, alors que les coûts de R&D sont particulièrement élevés dans la pharmacie. Les caractéristiques sectorielles expliquent ainsi qu'il n'existe pas d'entreprise globale idéale, dont les principes d'organisation devraient être adoptés par toutes les multinationales[32]. Cependant, de manière générale, elles tendent à intégrer davantage leur réseau de filiales en envisageant l'organisation de la chaîne de production de leurs différentes activités au niveau mondial. Cela se traduit en particulier par une moindre autonomie des unités étrangères qui n'ont plus pour unique mission de se concentrer sur l'adaptation des produits aux marchés locaux, mais qui doivent aussi contribuer au fonctionnement de l'ensemble de l'entreprise, que ce soit en se spécialisant dans la fabrication de certains composants, de certains produits finis, ou en fournissant des ressources utilisées par l'ensemble du groupe telles des technologies.

Les entreprises doivent décider de l'importance relative des différents facteurs pertinents pour mener leur réorganisation. Elles sont par ailleurs confrontées aux pesanteurs organisationnelles de leur structure qui comprend des milliers, voire des dizaines de milliers de salariés dans différents pays[33]. Ces considérations peuvent mener à privilégier le niveau régional comme un bon compromis entre les nécessités de l'adaptation aux marchés locaux, qui dans ce cas sont étendus à l'échelle d'une région, et les impératifs techniques qui militent en faveur d'une rationalisation à l'échelle mondiale. Une telle perspective peut paraître d'autant plus pertinente que les régions sont homogènes ; elle pourrait donc être favorisée par l'existence d'un processus d'intégration régionale.

L'intégration en Europe et la mondialisation

L'évolution de la distribution des ventes des filiales américaines à l'étranger indique qu'elles se sont progressivement intégrées dans les échanges internationaux au-delà du seul marché d'implantation. Le tableau 9 montre que la part du marché local dans les ventes des filiales américaines est passée de 84 % en 1957 à 62 % en 1989. Les exportations des filiales ont donc crû sensiblement. C'est le cas surtout des exportations vers des pays tiers, mais aussi des exportations à destination du pays d'origine, les Etats-Unis.

Le tableau 9 souligne la spécificité de la Communauté européenne. La part du marché local dans les ventes, qui était la même pour l'ensemble des zones en 1957, a connu une baisse plus radicale, pour s'établir à 54 % en 1989. Les exportations vers les pays tiers y sont beaucoup plus fortes et largement destinées aux autres marchés euro-

32. Pour des analyses des différents déterminants de l'évolution de l'organisation des multinationales, voir Porter (1986), Bartlett, Ghoshal (1989), UN (1993).

33. Sur les obstacles que constitue « l'héritage organisationnel » des multinationales face à la mondialisation, voir notamment Bartlett, Ghoshal (1989).

Tableau 9
Distribution géographique des ventes des filiales américaines à l'étranger dans l'industrie (en % des ventes totales)

	Toutes filiales					Filiales implantées dans la CE à 6[1]				
	1957	1966	1977	1982	1989	1957	1966	1977	1982	1989
Ventes locales	84,1	81,4	69,2	66,1	62,2	85,0	73,3	61,7	54,3	53,9
Exportations	15,9	18,6	30,8	33,9	37,8	15,0	26,7	38,3	45,7	46,0
- vers les Etats-Unis	6,0	5,7	9,1	9,7	13,8	0,8	1,8	2,3	2,2	4,8
- vers des pays tiers	9,9	13,0	21,7	24,2	24,0	14,1	24,9	36,0	43,4	41,2

1. Belgique, France, Italie, Luxembourg, Pays-Bas, RFA.
Note : En 1989, les ventes locales sont plus élevées (59 %) pour l'UE à 12, ce qui s'explique par les taux élevés du Royaume-Uni et de l'Espagne.
Sources : UN (1993) et calculs pour 1989 réalisés à partir de US Department of Commerce (1989).

péens. Il convient cependant de remarquer que les exportations des filiales européennes d'entreprises américaines à destination des Etats-Unis augmentent aussi. Ce phénomène reste limité par rapport à l'ensemble des filiales américaines, mais sa croissance s'est poursuivie au cours des années 80, alors que le marché unique se mettait en place. Cette observation souligne de nouveau que la régionalisation s'inscrit dans le contexte de la mondialisation que les entreprises multinationales prennent pleinement en compte pour organiser les opérations de leurs différentes unités.

Les entreprises ont rapidement réagi à la perspective du marché unique. Alors que l'Acte unique était signé en février 1986, les entreprises européennes ont cherché à s'adapter au grand marché de 1993 durant la seconde moitié de la décennie 80, notamment à travers une réorganisation de leurs sites de production au sein des pays de l'Union. Les anticipations des entreprises, comme le fait que les mesures de l'Acte unique soient entrées en vigueur progressivement[34], expliquent la difficulté d'évaluer précisément les conséquences du projet et d'établir une comparaison avec les prévisions qui avaient été faites *ex ante*[35]. Il faut par ailleurs tenir compte des difficultés d'isoler le processus d'intégration par le marché unique des événements extérieurs, que ce soit les évolutions géoéconomiques consécutives à la fin de la guerre froide, la conjoncture macroéconomique ou l'adhésion de nouveaux pays à l'Union européenne[36]. L'observation des stratégies des entreprises, et en particulier des acquisitions transfrontières, permet cependant de souligner que l'approfondissement de l'intégration européenne n'a été qu'un des facteurs qu'elles ont pris en compte, la mondialisation constituant souvent une préoccupation plus fondamentale.

La comparaison de différents secteurs montre que l'ouverture à la concurrence extraeuropéenne a été un facteur important dans les stratégies suivies par les entreprises depuis la seconde moitié des années 80[37]. La pression de la concurrence étrangère a constitué une incitation forte à l'amélioration des performances des entreprises européennes, que ce soit en termes de productivité, de qualité ou d'innovation. L'ouverture à la concurrence étrangère est une tendance longue, que l'Acte unique a contribué à renforcer pour les marchés européens. L'harmonisation des diverses réglementations a en effet favorisé l'accès aux marchés européens à la fois pour les entreprises locales et pour les entreprises extérieures. Par ailleurs, la préparation du marché unique a comporté certaines dispositions plus spécifiques en faveur de l'accès des entreprises non communautaires. Ainsi, dans le secteur automobile, l'unification du marché a impliqué une plus grande ouverture à travers la mise en place progressive d'une politique commerciale réellement commune, alors que certains pays maintenaient des restrictions nationales[38].

La pression de la concurrence extérieure s'est exprimée notamment par l'accroissement des investissements de la part d'entreprises américaines et japonaises. Comme dans les années 60, les nouvelles implantations ont pu avoir des effets de démonstration favorables aux concurrents européens. Les implantations d'unités de production japonaises, qui ont cherché à reproduire avec des fournisseurs locaux des relations similaires à celles qu'ils avaient forgées au Japon, illustrent ce phénomène (Sachwald 1993b). Le marché unique a ainsi joué un rôle indirect dans les décisions de réorganisation et de restructuration des entreprises européennes qui a pu renforcer ses effets directs. Ce rôle indirect doit être replacé dans le contexte de la mondialisation, qui se traduit par l'accroissement de la concurrence sur la plupart des marchés et une diffusion internationale plus rapide des savoir-faire.

La mondialisation de la concurrence a aussi incité les entreprises européennes à s'internationaliser davantage en dehors de leur région d'origine. Les opportunités offertes par le marché unique

34. Au 1er janvier 1993, le Conseil avait pris des décisions sur 264 des 282 propositions du *Livre blanc*, soit près de 95 %. A cette date, les Etats avaient transposé en droit national 75 % des directives qui devaient l'être (CCE 1993).

35. Sur ces études, voir notamment Buigues, Ilzkovitz (1988), Sachwald (1993a).

36. L'Espace économique européen, entré en vigueur, le 1er janvier 1994, à la suite du traité de Porto de mai 1992, a étendu de nombreuses dispositions de l'Acte unique aux pays de l'AELE, Suisse exceptée. L'Autriche, la Finlande et la Suède sont devenues membres de l'Union le 1er janvier 1995.

37. Les études sur le « coût de la non-Europe » publiées par la Commission en 1988 avaient plutôt insisté sur les effets de la concurrence accrue au sein de l'Europe.

38. L'Espagne, la France, l'Italie et le Portugal en particulier (Sachwald 1993a).

ont suscité des restructurations qui se sont traduites par de nombreuses opérations d'acquisition entre firmes européennes à la fin des années 80 (Mayes 1991, Buigues 1993). Mais, dans le même temps, les entreprises ont encore fortement accru leurs acquisitions hors d'Europe, aux Etats-Unis tout particulièrement[39]. A la fin des années 80, dans un certain nombre de secteurs, les entreprises européennes ont dû faire preuve d'une plus grande compétitivité face à la concurrence croissante. Elles ont pour cela souvent simultanément recentré leur portefeuille d'activités et renforcé leur présence sur les marchés étrangers. Ce type de stratégie a généré une intense activité de fusions-acquisitions dans divers secteurs. La chimie en offre sans doute l'illustration la plus frappante avec un très grand nombre d'acquisitions et la création d'entreprises communes. Dans d'autres secteurs, les accords interentreprises ont été relativement plus utilisés, notamment lorsqu'il s'agissait surtout de pénétrer de nouveaux marchés, comme dans le cas de l'automobile pour les constructeurs japonais, ou d'acquérir des compétences spécifiques comme dans les semi-conducteurs et les biotechnologies pour les entreprises européennes[40].

Les stratégies des entreprises en matière de R&D illustrent bien le fait que le renforcement de l'intégration européenne s'inscrit pleinement dans le contexte de la mondialisation. Le projet d'achever le marché intérieur ne concernait pas particulièrement le processus d'innovation, mais l'Acte unique a élargi les compétences de la Communauté dans ce domaine. De façon générale, les performances médiocres des pays européens en matière d'innovation ont suscité diverses initiatives au cours des années 80, visant à constituer des réseaux européens de R&D. Les programmes-cadres de la Communauté, comme les projets développés par les entreprises dans le cadre d'EUREKA, ont effectivement permis la constitution de certains réseaux d'ampleur européenne, incluant des institutions de recherche et des entreprises (Mytelka 1991, Larédo 1994). Pourtant, dans les secteurs où la technologie européenne était relativement faible, les entreprises ont souvent conclu des accords de coopération en matière de recherche avec des partenaires américains ou japonais. Par ailleurs, dans la mesure où les multinationales implantent des laboratoires à l'étranger pour accéder à des capacités de recherche complémentaires aux leurs[41], elles sont souvent amenées à choisir des pays très différents. Pour les entreprises européennes, les Etats-Unis sont souvent la localisation retenue. Les entreprises américaines ont pour leur part implanté des laboratoires au Japon ou en Grande-Bretagne, par exemple.

Les analyses sur les conséquences du marché unique avant son entrée en vigueur s'étaient concentrées sur les effets intégrationistes qui devaient résulter notamment d'une réorganisation des sites de production des entreprises européennes au sein de l'Union. L'observation des stratégies des entreprises montre que, si les entreprises présentes au sein du « marché intérieur » ont bien mené des opérations de restructuration à l'échelle européenne[42], elles ont, dans le même temps, inscrit leurs opérations européennes dans le contexte mondial. De façon plus générale, les caractéristiques techniques des opérations de production, comme la diversité des ressources qu'utilisent les entreprises et la complexité des infrastructures et des équipements, expliquent que les espaces d'organisation économiquement pertinents pour les entreprises peuvent être, selon les cas, infranationaux, régionaux ou transrégionaux. Les zones frontalières ou les grandes métropoles peuvent ainsi constituer des espaces plus pertinents que la nation (Veltz 1996). Par ailleurs, la délimitation de l'espace d'intégration de l'entreprise évolue avec ses impératifs de vente et de distribution, autant qu'en fonction de ses techniques de production et des moyens de transport et de communication[43].

39. Pour l'Europe en général, voir Sachwald (1993a), pour la France Pottier (1992) et pour l'Allemagne Heiduk, Hodges (1992).

40. Sur les rôles des accords internationaux, voir notamment Mowery (1988), Mytelka (1991), Sachwald (1993b, 1994), Garette, Dussauge (1995).

41. L'internationalisation de la recherche, si elle se développe, est encore relativement limitée (Sachwald 1994).

42. L'organisation à l'échelle européenne est d'ailleurs souvent le fait d'entreprises originaires des Etats-Unis et du Japon ; voir, par exemple, Cantwell (1992).

43. Quelques secteurs ont ainsi procédé à des relocalisations de certaines productions qui nécessitent une grande réactivité au marché dans les pays industrialisés. Cette tendance peut ainsi jouer en faveur d'une certaine régionalisation et non de la mondialisation (Oman 1994).

4. Régionalisation et recomposition géoéconomique

L'analyse menée dans ce chapitre permet de conclure que les espaces régionaux ont un rôle économique à jouer, mais qu'il ne consiste pas à protéger les pays membres de la mondialisation. L'enjeu économique apparaît plutôt être la préparation à une meilleure intégration dans les échanges mondiaux. Il ne s'agit donc pas d'élargir la protection aux frontières des ensembles régionaux – dans la logique de la « forteresse Europe » –, mais de renforcer la cohérence de zones productives au-delà des pays pris isolément. L'intégration européenne, jusques et y compris le marché unique, peut ainsi être interprétée comme un effort de consolidation d'une zone économique « naturelle » au sens où elle regroupe des pays qui ont vocation à entretenir des relations économiques étroites du fait de leurs caractéristiques en termes de développement et de leur proximité géographique. La constitution de cette zone économique a longtemps été entravée par des facteurs politiques, et la construction européenne a permis de compenser cet héritage historique et de stimuler la coopération économique.

L'Asie de l'Est a aussi été marquée par de nombreux conflits, qui expliquent en partie que l'intégration économique puisse encore y croître. Cependant, l'intensité des relations économiques avec les Etats-Unis permet de comprendre que l'intégration ne soit pas conçue avant tout au niveau de la région. Les analyses de l'intensité des échanges en Asie-Pacifique soulignent nettement que l'intégration économique concerne une vaste zone, bien au-delà des pays liés par des accords formels, telle que la zone de libre-échange de l'ASEAN. Par ailleurs, le Japon, l'une des forces intégratrices de la zone, n'appartient à aucun regroupement asiatique, alors qu'il est membre de l'APEC comme de l'ASEM. Ce pays, comme certains autres membres asiatiques de l'APEC, est très conscient de son intégration dans les courants d'échanges mondiaux et a réagi avec ambivalence aux tentatives de la Malaisie de promouvoir une intégration plus spécifiquement « asiatique », notamment à travers un sous-groupe au sein de l'APEC[44].

Dans la perspective des zones économiques « naturelles », le rôle des accords régionaux peut être de tirer parti des effets de dimension au niveau interne pour favoriser l'insertion dans l'économie mondiale. C'est la logique qu'avaient défendue les promoteurs du marché unique en Europe ; c'est aussi l'un des arguments en faveur de la zone de libre-échange de l'ASEAN. En effet, les pays-membres sont encore loin du libre-échange, mais il apparaît important de travailler à la constitution d'une zone économique d'une taille suffisante pour organiser des systèmes productifs viables et attirer les investissements étrangers (japonais en particulier). Le raisonnement peut aussi s'appliquer au mouvement de regroupement régional en Amérique latine. En suivant cette logique, l'intégration régionale tend à élargir l'espace de la concurrence au sein d'une zone géographique circonscrite, mais s'inscrit pleinement dans le cadre de la mondialisation, et ce, d'autant plus que les accords régionaux peuvent préparer les pays encore très protectionnistes à la libéralisation de leurs échanges. De ce point de vue, les accords d'intégration conclus dans la zone asiatique et en Europe du centre et de l'Est pourraient favoriser l'insertion de certains pays dans le cadre institutionnel multilatéral mis en place par les économies capitalistes occidentales. Il reste que la multiplication des accords régionaux inquiète l'OMC qui craint que le principe fondamental de la nation la plus favorisée ne soit vidé de tout contenu dans un monde régi par des accords bilatéraux ou plurilatéraux.

La participation au jeu institutionnel multilatéral s'inscrit dans une perspective politique. Plus généralement, la multiplication des accords régionaux ne peut pas s'analyser uniquement d'un point de vue économique car les accords régionaux – et transrégionaux – participent à la recomposition

44. Le premier ministre de Malaisie, qui a avancé l'idée d'un groupe uniquement asiatique (East Asian Economic Group) à partir de 1990, a rencontré l'opposition des Etats-Unis et de l'Australie. Renommé, East Asian Economic Caucus (EAEC) il a été accepté comme un groupe de discussions au sein de l'APEC en 1993. Il comprend les membres asiatiques de l'APEC, mais certains hésitent entre les deux conceptions de l'intégration en Asie que représente l'APEC en général et l'EAEC (Higgott, Stubbs 1995).

géoéconomique de l'après-guerre froide[45]. De ce point de vue, il semble que la disparition du grand antagonisme Est-Ouest a généré un monde en fait plus incertain dans lequel il convient de multiplier les alliés. Cette tendance politique correspond aussi aux besoins de la mondialisation de l'économie, qui favorise la diversité des échanges, même si certains pays peuvent s'appuyer avec profit sur un espace régional construit par des accords spécifiques. La volonté d'affirmer des identités régionales en Europe et en Asie, face à la grande puissance économique et militaire que sont les Etats-Unis, peut à l'inverse stimuler des tentatives de coopération économique régionales mieux circonscrites.

45. Sur la problématique d'ensemble de la géoéconomie post-guerre froide, voir notamment Bergsten (1990), Jacquet (1994).

Document 6

«La mutation du monde», par Ignacio Ramonet, *Le Monde diplomatique*, n° 523, octobre 1997.

En octobre 1917, dix jours suffirent à la révolution bolchevique pour «ébranler le monde». Pour la première fois, le rouleau compresseur du capitalisme était durablement stoppé.

L'essor du capitalisme avait été stimulé par les travaux de grands théoriciens (Adam Smith, David Ricardo), par de décisives avancées technologiques (machine à vapeur, chemin de fer) et par des bouleversements géopolitiques (Empire britannique, renaissance de l'Allemagne, puissance des États-Unis). Tout cela conjugué avait produit la première révolution capitaliste; laquelle favorisa une considérable expansion mais écrasait les hommes, comme en témoignèrent Charles Dickens, Émile Zola ou Jack London.

Comment tirer collectivement profit de la formidable richesse produite par l'industrialisation, tout en évitant que les citoyens ne soient broyés? C'est à cette question que répondra Karl Marx, dans son œuvre majeure, *Le Capital* (1867). Il faudra attendre cinquante ans pour qu'un stratège de génie, Lénine, parvienne à conquérir le pouvoir en Russie dans l'espoir messianique de libérer les *«prolétaires de tous les pays»*.

Quatre-vingt ans après, l'Union soviétique a fait naufrage, et le monde connaît une nouvelle grande mutation, que nous pourrions appeler la seconde révolution capitaliste. Elle résulte, comme la première, de la convergence d'un faisceau de transformations survenues dans trois champs.

En premier lieu, dans le domaine technologique. L'informatisation de tous les secteurs d'activités ainsi que le passage au numérique (son, texte et images désormais transmis, à la vitesse de la lumière, au moyen d'un code unique) bouleversent le travail, l'éducation, les loisirs, etc.

En deuxième lieu, dans le domaine économique. Les nouvelles technologies favorisent l'expansion de la sphère financière. Elles stimulent les activités possédant quatre qualités : planétaire, permanente, immédiate et immatérielle. Le «big bang» des Bourses et la déréglementation encouragée dans les années 80 par Margaret Thatcher et Ronald Reagan ont favorisé la mondialisation de l'économie, qui constitue la dynamique principale de cette fin de siècle, et à l'influence de laquelle nul pays n'échappe.

En troisième lieu, dans le domaine sociologique. Les deux bouleversements précédents mettent à mal les prérogatives traditionnelles de l'État-nation et ruinent une certaine conception de la représentation politique et du pouvoir. Celui-ci, naguère hiérarchique, vertical et autoritaire, apparaît de plus en plus structuré en réseaux, horizontal et – grâce à la manipulation des esprits que permettent les grands médias de masse – consensuel.

Déboussolées, les sociétés sont désespérément en quête de sens et de modèles, car ces trois grands changements se produisent simultanément, ce qui accentue l'effet de choc.

En même temps, deux des piliers sur lesquels reposaient les démocraties modernes – le progrès et la cohésion sociale – sont remplacés par deux autres – la communication et le marché – qui en changent la nature.

La communication, première superstition du temps présent, nous est proposée comme étant susceptible de tout régler, en particulier les conflits au sein de la famille, de l'école, de l'entreprise ou de l'État. Elle serait la grande pacificatrice. Pourtant, on commence à soupçonner que son abondance même cause une nouvelle forme d'aliénation et que, au lieu de libérer, ses excès incarcèrent l'esprit.

Le marché a désormais tendance à inonder toutes les activités humaines, à les réglementer. Naguère, certains domaines – culture, sport, religion – demeuraient hors de sa portée; maintenant, ils sont absorbés par sa sphère. Les gouvernements s'en remettent de plus en plus à lui (abandon des secteurs d'État, privatisations). Or le marché est l'adversaire majeur de la cohésion sociale (et de la cohésion mondiale), car sa logique veut qu'une société se divise en deux groupes : les solvables et les non-solvables. Ces derniers ne l'intéressent guère : ils sont hors jeu. Le marché est, intrinsèquement, producteur d'inégalités.

Tous ces changement structurels et conceptuels, à l'œuvre depuis une dizaine d'années, ont produit un authentique éclatement du monde. Des concepts géopolitiques – comme État, pouvoir, démocratie, frontière – n'ont plus la même signification. Au point que, si l'on observe le fonctionnement réel de la vie internationale, on constate que ses acteurs ont changé.

À l'échelle de la planète, les trois principaux protagonistes (qui étaient, sous l'Ancien Régime, la noblesse, le clergé et le tiers-état) sont désormais les associations d'États (Union européenne, Alena, Mercosur, Asean, etc.); les entreprises globales et les grands groupes médiatiques ou financiers; et les organisations non gouvernementales (ONG) d'envergure mondiale (Greenpeace, Amnesty International, World Wide Life, etc.). Ces trois acteurs agissent dans un cadre planétaire moins fixé par l'Organisation des Nations unies que, signe des temps, par l'Organisation mondiale du commerce (OMC), nouvel arbitre global.

Le vote démocratique n'a aucune influence sur le fonctionnement interne des trois nouveaux acteurs. Cette mutation du monde s'est mise en place sans qu'on y prenne garde et sans que les responsables politiques eux-mêmes en soient conscients. Les citoyens peuvent-ils rester sans réagir, alors que cela vide la démocratie de sens ?

Document 7

Article de *Nations solidaires*, n° 205, juin 1997.

Mali

La mondialisation au détriment de la population

En 1988, on a parlé de programmes à « visage humain » mais leur évaluation ne tient compte que de l'impact macro-économique. Elles sont donc « socialement » faussées parce qu'elles ignorent l'essentiel : les conséquences sur la vie quotidienne de la majorité des Maliens. Photo : J.-M. Rodrigo

Syndicaliste et porteuse d'un combat sans relâche pour les droits des femmes, Fatoumaté Ciré Diakité est née rebelle, comme elle se plaît à le dire. Dans un entretien qu'elle a accordé à nos confrères de FO Hebdo, *elle livre ses réflexions sur les problèmes économiques engendrés par la mondialisation de l'économie.*

FO Hebdo : *Quelles ont été dans ton pays les conséquences des programmes économiques dictés par le Fonds monétaire international et la Banque mondiale ?*

Fatoumata Cité Diakité : Ces programmes dits « programmes d'ajustement structurel », ont entraîné des coupes dans les budgets des Etats africains, particulièrement au Mali, qui ont visé des secteurs socialement clés, comme la santé, l'éducation. Des dizaines de milliers d'emplois ont été supprimés dans la fonction publique et les entreprises publiques.

L'objectif était que les Etats puissent rembourser leur dette et le « service » de la dette, c'est-à-dire les intérêts qui vont avec, et que les créanciers puissent ainsi réaliser un profit. Ces programmes se sont soldés par un échec. Doublement, puisqu'ils ont provoqué des crises sociales sans précédent. En 1988, on a parlé de programmes « à visage humain ». Mais leurs évaluations « sociales » restent fausses car elles ne tiennent compte que de l'impact macro-économique, et ignorent les conséquences sur la vie quotidienne des peuples.

Au Mali, une famille frappée par le plan d'ajustement structurel, c'est par exemple un mari licencié et une femme partie en retraite anticipée avec une somme qui lui a semblé énorme mais dont, très vite, il n'est plus rien resté, surtout du fait de la dévaluation du franc CFA. Il s'agit d'hommes et de femmes jeunes. Il n'y a aucune limite d'âge pour les préretraites, cela peut concerner des gens de quarante ans. Pour eux, le quotidien, c'est survivre, c'est la recherche du pain quotidien. Beaucoup se retrouvent dans le secteur informel, c'est-à-dire non déclaré et qui représente aujourd'hui les trois quarts de l'économie du Mali.

FOH : *Tu parlais de la dévaluation du franc CFA. Les conséquences se font-elles encore sentir aujourd'hui, trois ans après ?*

FCD : C'est dramatique. Les prix ont doublé, voire triplé et les salaires n'ont pas bougé. Cela concerne les denrées de première nécessité, les médicaments, la scolarité, tout. La dévaluation a été une décision politique de la France mais aussi une décision antisociale. La boite de lait est passée de 700 francs à 1 200 francs puis un beau jour à 1 400 francs (CFA-NDLR).

Aujourd'hui, les augmentations ne suivent aucune règle, c'est la liberté totale du marché. Et tout cela nous ramène à la « mondialisation » de l'économie.

FOH : *En quoi cela nous ramène-t-il à la « mondialisation » de l'économie ?*

FCD : Les importations se payent en francs français ou en dollars US. Ceux qui les revendent au Mali, en francs CFA, sont obligés de le faire à un prix inabordable pour la population. Et ces produits entrent en concurrence avec d'autres beaucoup moins chers qui arrivent des pays d'Asie.

Quant aux matières premières que nous exportons, les prix sont fixés ailleurs, pas par les pays africains. Ce sont des prix très bas car l'on crée une concurrence artificielle entre les pays, par exemple pour le coton entre le Mali et le Burkina faso, pour l'arachide entre le Sénégal et le Mali, pour le cacao entre le Gabon et la Côte d'Ivoire. Et ces matières premières reviennent transformées en des produits vendus à des prix, là encore, inabordables pour la population locale. La mondialisation se fait contre les pays en voie de développement.

La mondialisation, ce sont de nouveaux marchés que les pays occidentaux cherchent à se créer aux meilleures conditions pour eux, dans les pays en voie de développement, l'Afrique, la Chine, l'Asie, l'Amérique latine. Mais à quel prix ? C'est la population qui souffre, parce que, dans tous les cas, eux, ils ont des devises.

8

Document 8

Article d'*Énergies*, n° 31, printemps 1997. Magazine Total.

LA MONDIALISATION

L'économie se mondialise, imposant aux nations comme aux entreprises, une adaptation rapide. La question de la maîtrise de ce processus se pose.

Un défi pour l'Europe

par Jean-Paul Fitoussi
Professeur à l'Institut d'Études Politiques de Paris
Président de l'Observatoire français des conjonctures économiques

DOUMIC/REA

Même les biscuits font la conquête du marché chinois.

Les différences de niveaux de développement et de croissance démographique mettent toujours à l'œuvre les mêmes processus, mais ils jouent aujourd'hui "contre" l'Europe. Le développement de l'Inde ou de l'Asie ou de n'importe quel pays dans le monde peut toujours s'analyser en termes de déclin de l'empire européen. Est-ce pour autant une mauvaise nouvelle ? Peut-on à la fois tenir des discours généreux sur les rapports Nord-Sud et se plaindre qu'en dépit de notre absence de générosité, les régions du Sud accèdent au développement ? En vérité, le déclin relatif des pays riches est une bonne nouvelle. Il témoigne ▶

Malgré le contrôle de la natalité, l'Inde s'approche du milliard d'habitants. Un marché potentiel énorme. (Vue de Bombay.)

CATHERINE DE TORQUAT/PIX

▶ de l'accroissement de la production mondiale et de l'accès des pays pauvres au développement. Il ne signifie en aucun cas que nous nous appauvrissons.

Mais la globalisation financière fait croître les inégalités structurelles, c'est-à-dire celles qui séparent les groupes sociaux, parce qu'elle conduit logiquement à un autre partage entre profits et salaires dans les pays industrialisés. Elle contribue en effet à accroître de façon considérable la mobilité des capitaux. Si les mouvements de capitaux sont libres, il est normal, nécessaire, inévitable qu'ils affluent partout où la main-d'œuvre est le meilleur marché à niveau de qualification comparable. La globalisation des marchés financiers ne peut donc qu'augmenter, dans des proportions importantes, la concurrence des pays à bas niveau de salaire ou de protection sociale. Vouloir l'un, c'est appeler l'autre. Les capitaux libérés n'ont et ne doivent avoir qu'une seule rationalité : la rentabilité maximale des investissements dans tout pays. Néanmoins, les capitalistes et les entrepreneurs conservent la propriété du capital quelle que soit sa localisation. S'il est en Chine, par exemple, cela signifie que les entrepreneurs français possèdent une partie de la production chinoise et bénéficient de sa forte expansion. On voit bien que la mondialisation ne crée d'appauvrissement nulle part, et qu'au contraire, toutes les régions en bénéficient.

Le vrai problème est que le surplus suscité par la mondialisation n'est acquis qu'au prix d'une croissance considérable, peut-être insoutenable, des inégalités. Les titulaires des revenus non salariaux (même si une très grande inégalité se produit entre entreprises), rentes et profits, voient leurs revenus progresser fortement alors que les salariés enregistrent une importante baisse de leur pouvoir d'achat.

La globalisation des marchés de biens à l'ensemble de la planète, et non plus au sein des seuls pays riches, pourrait, en théorie, contribuer à expliquer l'approfondissement des inégalités dynamiques qui fractionnent les groupes sociaux homogènes. L'échange international incite les pays à se spécialiser dans les productions qui utilisent de façon intensive les facteurs de production dont ils sont relativement bien dotés. A l'inverse, les mêmes pays importeront des biens dont la production exige l'utilisation de facteurs dont ils disposent en moindre abondance. Mieux dotés relativement en travail qualifié, les pays du Nord vont avoir tendance à exporter des biens à forte valeur ajoutée du fait de la qualité du travail qu'ils incorporent (des machines-outils ou des robots, par exemple) alors que les pays du Sud vont se spécialiser dans l'exportation de biens intensifs en travail non qualifié (comme certains produits textiles, par exemple).

Des rapports de force déséquilibrés

Les échanges financiers et commerciaux entre pays du Nord et du Sud n'ont augmenté que marginalement dans les deux dernières décennies. Pour l'essentiel la mondialisation est un phénomène à venir – les développements de la Chine et de l'Inde, par exemple, modifieront peut-être les cartes de la puissance au XXIe siècle – elle ne peut donc expliquer les dysfonctionnements du passé. Certes, il peut y avoir contribué, mais non comme cause première ni même principale.

D'autres explications peuvent aussi bien rendre compte de l'évolution des inégalités. D'abord, le progrès technique. Celui-ci exigerait une main-d'œuvre de plus en plus compétente en même temps qu'il aurait pour effet d'accroître la productivité des travailleurs les plus qualifiés. L'exemple évident de ce type de progrès technique est fourni par la révolution informatique. Cette non-neutralité pourrait, aussi bien que l'intensification de la concurrence internationale, expliquer la désindustrialisation relative que l'on constate dans les pays du Nord.

Depuis le début des années quatre-vingts, la mondialisation s'effectue sur toile de fond de taux d'intérêt réels anormalement élevés, c'est-à-dire en ayant pour décor un important déséquilibre social. C'est l'augmentation brutale des taux d'intérêt qui crée une profonde rupture entre les évolutions qui se sont produites avant la fin des années soixante-dix, et celle que nous connaissons depuis le début des années quatre-vingts. Il ne faut pas être grand clerc pour comprendre que, dans un système capitaliste, le taux d'intérêt est une variable cruciale, probablement la plus importante de l'économie. Car le taux d'intérêt est peut-être, plus qu'une variable économique, une variable sociale. Son niveau commande, en

GÉRARD BOUTIN/HOA-QUI

L'Amérique latine, un autre pôle d'attraction pour les investisseurs européens. (Le marché de la ville de Guatemala).

effet, la perception qu'une société a de son avenir, en même temps qu'il détermine la répartition des revenus et des fruits de la croissance. Or, le niveau anormalement élevé des taux d'intérêt depuis quinze ans constitue un phénomène singulier dans l'histoire du capitalisme occidental. Il modifie le rapport de forces entre détenteurs du capital financier et producteurs de l'industrie, mais aussi entre entrepreneurs et salariés, dans un sens qui permet, tout aussi bien que la mondialisation, d'expliquer l'aggravation du chômage et des inégalités.

La dimension idéologique

C'est là qu'intervient la dimension idéologique de la mondialisation : le triomphe de l'économie de marché et du libéralisme. Ce qui engendre les souffrances sociales, ce n'est pas la mondialisation en elle-même, mais le retour à une logique de pseudo-impuissance des Etats sous prétexte de tutelle des marchés. L'idéologie tient à ce que nous continuions de percevoir les marchés comme des lieux fictifs de coordination, alors qu'ils sont le lieu de purs rapports de force, lorsqu'ils ne sont pas médiatisés par les Etats.

La mondialisation en soi n'est pas un problème puisqu'elle peut engendrer des bénéfices importants, mais en se produisant dans un déséquilibre des rapports de force entre acteurs, elle engendre de la souffrance sociale. Cette première souffrance apparaît d'autant plus intolérable qu'elle se conjugue à une seconde souffrance, d'ordre anthropologique celle-là, et qui provient du travail même de la démocratie. Celle-ci libère l'individu, et le rend responsable de son propre destin. Etre responsable de soi en un temps où la plus grande probabilité est celle de l'échec ne peut qu'aggraver la souffrance produite par la montée des inégalités.

Les règles du jeu

C'est donc sous les auspices d'une économie de marché profondément déséquilibrée que s'effectue la mondialisation. De surcroît, la mondialisation actuelle se produit sans le secours d'aucune institution de régulation. C'est cela, plus que la globalisation elle-même, qui engendre les maux dont souffre la société. Mais il serait faux de penser que la mondialisation fut une contrainte. Elle fut d'emblée un choix politique comme est un choix politique le refus actuel de l'organiser. Certes, actuellement, beaucoup de pays en perçoivent les inconvénients, mais il fallait y penser plus tôt. Une mondialisation inorganisée sur fond de marchés profondément déséquilibrés ne peut qu'aboutir à la violence des rapports sociaux, même si cette violence semble aujourd'hui contrôlée par la "loi d'airain" des marchés.

Le monde est ainsi imperceptiblement passé d'une logique de croissance, où l'expansion des uns entraînait celle des autres, à une logique de part de marché où la croissance des uns ne peut se faire qu'au détriment des autres. C'est la raison pour laquelle nous craignons - ce qui est un comble - le développement des pays pauvres, alors que nous l'appelions de nos vœux dans les années soixante et soixante-dix. Le maître mot est en effet la compétitivité, ce qui signifie prendre des territoires (économiques) aux autres. En d'autres termes, chaque pays souhaite accroître ses exportations. Cela n'est évidemment possible que si chacun augmente aussi ses importations, c'est-à-dire sa demande intérieure. Tous les pays s'y refusent, de crainte de voir croître leur endettement. Le monde est donc victime d'une sorte de syllogisme dont les conséquences font craindre le pire, tant elles sont - c'est un euphémisme - non coopératives : dévaluation compétitive ici, mesures protectionnistes là, ajustements vers le bas des systèmes sociaux partout.

On a, semble-t-il, oublié qu'il ne pouvait y avoir de marchés sans règles du jeu et que celles-ci relevaient d'un choix politique, c'est-à-dire de la démocratie. Plus fondamentalement, que signifierait une société où il n'y aurait plus de choix politiques ? Et comment croire que cette absence de choix sert les intérêts de l'ensemble des citoyens ? Un retour de l'Etat est essentiel aujourd'hui. Car la fonction centrale du politique est de donner un sens à l'avenir, de mettre en scène le long terme. Or, à l'heure actuelle, rien n'est moins contraignant pour l'Europe que la tutelle des marchés et la mondialisation. Il faudrait au contraire refonder l'Europe sur de vraies ambitions pour les peuples et mettre la monnaie unique au service de ces ambitions. Alors seulement l'Europe redeviendra ce qu'elle n'aurait jamais dû cesser d'être, notre avenir. ■

Document 9

Article d'*Énergies*, n° 31, printemps 1997.

FOCUS

Hutchinson face à la mondialisation

Confronté à la mondialisation de l'ensemble de ses marchés, Hutchinson a su étendre au plus vite son champ d'intervention afin de répondre aux exigences de sa clientèle. Explications.

Jean-Pierre Seeuws
Total, directeur général Chimie
Hutchinson, Président-directeur général

Jean-Pierre Seeuws, comment Hutchinson s'adapte-t-il à la mondialisation des marchés ?

La plupart des grands clients d'Hutchinson sélectionnent de plus en plus leurs fournisseurs selon leur capacité à les fournir là où ils vont s'implanter. C'est particulièrement le cas de l'industrie automobile et de la grande distribution qui font figure de pionniers en la matière, mais le phénomène gagne aussi le secteur industriel.

Quel est le secteur d'activité le plus concerné par ce processus ?

Sans aucun doute l'automobile. Cette industrie représente 60 % du chiffre d'affaires total d'Hutchinson, qui s'élève à 10,5 milliards de francs en 1996, marquant une progression de + 20 % par rapport à 1995, ce qui correspond à une prise de parts de marché très significative. Les deux autres secteurs d'activité, le Grand Public et l'Industrie, représentent respectivement 25 % et 15 % du chiffre d'affaires 1996.

Hutchinson a su évoluer avec les constructeurs automobiles qui s'orientent vers une technicité accrue des véhicules, ce qui les conduit à rechercher des fournisseurs capables de concevoir des produits de haute technicité, capables de les approvisionner et de leur assurer une qualité constante, là où ils s'implantent. Hutchinson devait se donner les moyens d'accompagner ses clients dans leur recherche de nouveaux débouchés et d'aller prendre position sur des marchés en expansion, parfois en anticipant sur les besoins.

Comment étendez-vous les territoires d'Hutchinson ?

Principalement en procédant à des

PHILIPPE DEMAIL/TOTAL

acquisitions. Dans le seul secteur automobile, Hutchinson a effectué neuf acquisitions au cours de l'année 1996.

Parmi celles-ci, figurent deux entreprises spécialisées dans les systèmes de transfert de fluides haute-pression, mis en œuvre dans les systèmes de freinage ABS, de direction assistée et de climatisation, l'une aux Etats-Unis, Fayette Tubular Products, l'autre en Espagne (Vincke). Toujours dans le transfert de fluides, mais carburant cette fois, Hutchinson a repris l'activité de la société Mazzer, implantée en Italie et en Pologne afin d'élargir son offre tout en prenant pied en Europe centrale qui offre des perspectives intéressantes à l'industrie automobile.

Parallèlement, Hutchinson poursuit sa percée en Amérique latine. Après l'acquisition des sociétés Ertec et Lino en Argentine, nous venons de prendre le contrôle majoritaire de Cestari au Brésil, une société spécialisée dans la production de joints d'étanchéité de carrosserie et qui détient une filiale en Argentine. Nous renforçons ainsi notre présence sur le Mercosur, où tous les grands constructeurs automobiles développent d'importants projets.

Dans le secteur des produits d'étanchéité de précision, qui concerne nombre d'industries, et pour étoffer sa gamme, Hutchinson vient de reprendre l'anglais Pamargan et l'espagnol Parets.

Hutchinson gagne aussi des marchés nouveaux au travers de joint-ventures comme celles conclues en Chine avec Dong Feng Motors, l'un des principaux constructeurs de poids lourds du pays. Partenaire majoritaire dans deux sociétés, Hutchinson achève, à Wuhan, la construction d'une usine dédiée à la fabrication de systèmes de transfert de fluides, de courroies de transmission et de joints d'étanchéité de carrosseries et de vitres ; à Shiyan, Hutchinson procède à la mise à niveau technologique de l'usine de Don Feng Motors, qui produit des joints dynamiques d'étanchéité et des pièces antivibratoires.

Et dans les autres secteurs d'activité ?

Dans le secteur que nous appelons Grand Public, comme dans celui de l'Industrie nous saisissons toutes les opportunités susceptibles de nous aider à pénétrer sur de nouveaux marchés. Au Mexique, une usine de gants Mapa à usage industriel vient d'être mise en construction, par exemple.

Sur quelle assise repose la mondialisation d'Hutchinson ?

Ces opérations de croissance externes nécessitent une assise financière solide et notre appartenance à Total conforte nos positions déjà solides. Mais toute la stratégie d'Hutchinson repose sur sa R&D pour la mise au point de systèmes innovants dont il tire sa plus-value. Il est clair que l'avenir de l'entreprise est lié à son adaptabilité, mais plus encore à la qualité de ses équipes. ■

Corrigé proposé

Le 15 avril 1994, était signé à Marrakech l'accord instituant l'Organisation mondiale du commerce (OMC). Cet événement marquait une étape essentielle dans l'extension rapide du phénomène de la mondialisation de l'économie. Certes, l'arbitrage de l'OMC semble parfois dépendre de la dimension des économies protagonistes et les États-Unis ne manquent pas d'agiter la menace d'une sortie de l'institution si celle-ci devait rendre des décisions « injustes ou contraires aux intérêts américains », mais l'OMC apparaît bien aujourd'hui comme le grand régulateur du commerce global. Aucun pays ne peut s'estimer en dehors de cette internationalisation et aucune entreprise ne peut s'abstenir de l'intégrer à sa stratégie de développement. Ainsi, les chiffres du commerce extérieur de la France pour l'été 1997 montrent bien que ce commerce extérieur ne cesse de croître, importations et plus encore exportations confondues. En la matière, il n'est pourtant pas toujours facile de faire la part des choses entre globalisation et intégration européenne. De plus, la responsabilité de cette mondialisation dans l'accroissement des inégalités est souvent dénoncée.

La mondialisation, facteur de développement mais aussi d'accroissement des inégalités (1), cherche dans la régionalisation un antidote à ses défauts, mais ne pourra faire l'économie d'une réflexion sur le renforcement des règles (2).

1. La mondialisation, facteur de développement et d'accroissement des inégalités

La mondialisation, par définition, concerne l'ensemble des pays du globe, ou plus exactement l'économie de l'ensemble de ces pays. De plus en plus, c'est en fonction de leurs avantages comparatifs respectifs que les nations se développent, chacune se spécialisant dans les domaines où ses facteurs de production le lui permettent. Et ce processus ne s'inscrit pas dans un transfert de richesses, mais dans un jeu du style « tous gagnants », où les pays pauvres connaissent une vraie croissance économique, parfois importante. C'est d'ailleurs la raison pour laquelle la grande majorité des pays a signé l'accord de Marrakech. Actuellement, les pays pauvres sont impliqués dans plus des deux tiers des affaires traitées par l'OMC (ils sont soit plaignants, soit attaqués) et il leur arrive de gagner. En matière de développement, la mondialisation est devenue la dynamique principale de cette fin de siècle, même si elle se trouve toujours en phase mûrissante, demandant en particulier le renforcement de certaines zones productives, notamment en Asie et en Amérique latine. Mais cette mondialisation de l'économie passe aussi par le développement des entreprises.

Si la balance commerciale de la France connaît en juillet 1997 une croissance qui s'inscrit dans la logique de la période précédente, cela est dû surtout à une hausse des exportations, malgré une hausse moindre des importations. C'est là le signe évident d'un développement continu des échanges, auquel les entreprises ont toute leur part. Toutes les études montrent, en effet, qu'une part non négligeable de ces échanges est consacrée aux échanges intra-firmes, et cela de manière croissante. Ainsi les ventes des filiales américaines à l'étranger dans l'industrie, qui s'adressaient à 84,1 % au marché local en 1957, et seulement à 6 % vers les États-Unis, ont vu ces chiffres passer respectivement à 62,2 et 13,8 % en 1989.

La mondialisation, qui accroît certes la pression de la concurrence, peut donc être bienfaisante pour les entreprises, qui s'adaptent notamment en reprenant ou en achetant, comme la société Hutchinson, des filiales à l'étranger. Cette croissance externe, sous forme de concentration, donne naissance à des entreprises multinationales qui ont des dizaines de milliers de salariés dans divers pays. Cette évolution s'accompagne bien entendu d'implantations dans les pays en voie de développement, où doivent être formées des équipes de qualité. Ainsi, on constate que la montée des échanges dépend largement des décisions des entreprises, notamment pour ce qui concerne leur localisation et l'organisation de leurs unités de production, dans un contexte où communication et marché semblent, pour certains, remplacer progrès et cohésion sociale. C'est en tout cas ce que craint Ignacio Ramonet, dans *Le Monde diplomatique*, en dénonçant la montée des inégalités.

Cette époque, en effet, semble être une période de grand développement des inégalités, entre les pays et à l'intérieur même des sociétés. En effet, le fonctionnement de l'OMC, jusqu'ici, amène à poser un certain nombre de constats qui pourraient inquiéter. Aujourd'hui, le rapport de forces qui s'est établi dans l'organisation semble bien jouer en faveur des États-Unis, qui sont d'ailleurs ceux qui ouvrent le plus de procédures. D'une manière générale, la mondialisation profite d'abord aux pays développés même si, dans l'ancien tiers monde, la situation est plus que contrastée : les pays en voie de développement (PVD) se livrent entre eux à une concurrence féroce, et il n'y a plus rien de commun entre les nouveaux pays industrialisés (NPI) - dont Jean-Paul Fitoussi constate l'enrichissement relatif par rapport aux pays occidentaux - et les pays les moins avancés dans lesquels, constate une syndicaliste malienne, la mondialisation joue en apparence contre le développement.

Et il est bien certain que, à l'intérieur des PVD, la mondialisation a d'abord favorisé l'éclatement des systèmes informels qui soudaient la société. Ainsi, pour Fatoumata Cité, les programmes d'ajustement structurel du Fonds monétaire international, imposés en échange des aides, tout comme la dévaluation du franc CFA, seraient surtout facteurs de régression sociale. Dans les pays développés, de même, la progression des déséquilibres sociaux et en particulier du chômage, est souvent mise au compte de l'ouverture des marchés. À tel point qu'on peut se demander si la fracture sociale la plus pertinente ne s'établit pas aujourd'hui entre solvables et non-solvables, comme si le marché était finalement intrinsèquement producteur d'inégalités.

Cependant, si ces inégalités croissantes constituent effectivement une réalité, il faut bien constater que toute la responsabilité ne peut en reposer sur la mondialisation. D'autres facteurs peuvent également être identifiés comme causes de déséquilibres : ainsi en va-t-il du progrès technique, avec une substitution de la machine à l'homme qui n'a pas attendu la mondialisation et l'ouverture des marchés pour se manifester. Ainsi en va-t-il encore des taux d'intérêt, dont le maintien à des niveaux artificiellement élevés décourage l'investissement et joue contre la croissance créatrice d'emplois. Ainsi encore de l'idéologie libérale, présentée aujourd'hui comme consubstantielle de la mondialisation, ce que conteste notamment Jean-Paul Fitoussi, qui incrimine en la matière le passage d'une logique de croissance, où tout le monde gagne, à une logique de part de marché où il faut qu'il y ait aussi des perdants.

La mondialisation offre donc le paradoxe de favoriser à la fois le développement des pays et des entreprises, et celui des inégalités. On peut dès lors se demander s'il faut rechercher la correction de ses défauts dans un renforcement de la mondialisation ou dans celui de la régulation.

2. Régionalisation ou réglementation

Parallèlement au processus de mondialisation, le monde tend à se structurer en associations d'États dont certaines forment, avec les organisations non gouvernementales d'envergure internationale et les entreprises multinationales, un des trois grands groupes d'acteurs mondiaux. La question qui se pose souvent est de savoir si ces associations, qui divisent le globe en grandes zones régionales, s'inscrivent contre la mondialisation ou à l'intérieur de celle-ci. En fait, la régionalisation s'inscrit pleinement dans le processus de mondialisation. Celle-ci est simplement une tendance longue de l'histoire, alors que la constitution de blocs régionaux est plus rapide, mais vient finalement renforcer le premier phénomène. Des blocs tels que l'Union européenne ont certes également pour vocation de contrebalancer la puissance des États-Unis, et la grande faiblesse des pays en voie de développement réside justement dans l'absence de structuration régionale. Cependant, les blocs ne trouvent pas leur justification dans un nouveau protectionnisme de zone mais, au contraire, jouent comme espaces de préparation pour les pays et pour les entreprises, avant d'affronter l'espace concurrentiel global.

Les entreprises ont bien compris ce rôle de « sas », sans pour autant renoncer à la dimension mondiale de l'enjeu. Elles privilégient souvent le niveau régional comme espace de compromis entre l'homogénéité du marché local et la rationalisation encore souvent (heureusement) absente au niveau mondial. Il s'agit en fait de tirer pleinement parti de l'effet de dimension du marché régional, comme base d'attaque des marchés mondiaux. Mais cette attitude n'est pas celle d'un « renfermement élargi ». Au contraire, on peut constater, par exemple, que les entreprises ont inscrit la logique de leurs restructurations à l'échelle de l'Union européenne dans le contexte mondial. Ainsi, une entreprise comme Hutchinson a effectué sa croissance externe par acquisitions de filiales situées tant sur le territoire de l'Union (Espagne, Italie, Grande-Bretagne) et dans sa zone d'influence immédiate (Pologne) que dans la sphère américaine (États-Unis, Amérique latine) ou Chinoise, par le biais de *joint ventures*. De même, en matière de recherche et développement, la stratégie des entreprises s'appuie à la fois sur l'espace et les dispositifs communautaires, comme les projets développés dans le cadre d'EUREKA, et sur des accords conclus avec des entreprises américaines ou asiatiques.

Pour autant, cette mondialisation économique de zones reste imparfaite, à la fois parce que tous les pays ne sont pas concernés et à cause du risque de perte de sens démocratique qu'entraînent, selon certains, ces unions d'États. Il faut donc se poser la question du renforcement de la réglementation.

L'OMC bénéficie d'une instance d'arbitrage : l'Organe de règlement de différends (ORD), composé d'une commission et d'un organe d'appel. Le problème de la règle, ainsi que de l'arbitre, pourrait donc sembler résolu. Pourtant, la réalité est moins simple. « Commerce mondial : que fait l'arbitre ? », demande ainsi Martine Laronche en titre d'un article du *Monde Économie* du 30 septembre 1997. Elle s'appuie, dans cette interrogation, sur le différend commercial entre les États-Unis et l'Union européenne qui tourne à l'avantage des premiers, ce qui l'amène à s'interroger sur la capacité de l'OMC à respecter la souveraineté des États dans certains domaines. Par ailleurs, elle constate aussi la lenteur de l'organisation, qui met deux années pour statuer et ne rend que de simples recommandations, textes par nature peu contraignants. Enfin, ainsi que le remarque Ignacio Ramonet, le vote démocratique n'a aucun effet sur le fonctionnement interne de cette organisation du monde.

Il est vrai, la mondialisation met à mal le rôle traditionnel, régulateur, de l'État. Est-ce pour autant une fatalité ? Certainement pas, répond Alain Minc, pour qui la mondialisation n'impose en elle-même aucun modèle, car elle n'est rien d'autre qu'un état de fait. Jean-Paul Fitoussi renchérit en notant que la mondialisation en soi n'est pas un problème, puisqu'elle peut engendrer des bénéfices importants. Mais il corrige aussitôt en constatant qu'elle produit également un déséquilibre des rapports de force entre acteurs, source lui-même de souffrance sociale. De surcroît, aucune institution internationale ne la régule vraiment. C'est d'ailleurs pour Fitoussi un choix politique délibéré que de renoncer à toute organisation réelle de la mondialisation. Il fustige également l'oubli du fait qu'il ne pouvait y avoir de marchés sans règles du jeu et que celles-ci, surtout, doivent relever non d'une logique économique ou technocratique, mais d'un choix politique, c'est-à-dire de la démocratie.

Le problème du retour à l'État se pose donc pleinement, mais plus largement, en refondant en particulier l'Union européenne sur « de vraies ambitions pour les peuples » et en mettant notamment la monnaie unique au service de ces ambitions. La régionalisation peut être finalement l'occasion de déterminer, ainsi que le souligne Alain Minc, les termes de notre contrat social, le type de société que nous voulons choisir et le degré de solidarité que nous souhaitons.

La mondialisation joue à la fois dans le sens d'un meilleur développement et dans celui d'une montée des inégalités, alors que les régulations attendues de la constitution de blocs régionaux ou de la mise en place de l'OMC s'avèrent insuffisantes. Pourtant, cette absence de règles n'est pas l'effet d'une fatalité, mais plutôt d'une abstention. Les sociétés, aujourd'hui, comme les entreprises ont besoin de retrouver des équilibres, et une suffisante sécurité procurée par des règles claires et respectées. Sans doute la démocratie planétaire reste-t-elle à inventer, qui saura produire et appliquer cet ordre. Mais l'existence et la constitution d'espaces régionaux, doublées d'un progrès réel du fait démocratique à l'échelle des nations, rend aujourd'hui cet idéal accessible. Cela, bien entendu, ne pourra se faire qu'en acceptant d'envisager, après la mondialisation financière et la mondialisation économique, de parler de la mondialisation sociale. Alors se posera peut-être le problème plus fondamental encore de la mondialisation démocratique et politique.

Exemples commentés

Énoncé du sujet

Commentaire

Corrigé

Note de synthèse 1
Liberté et contrôle des associations en France

Catégorie B
Durée : trois heures

Le sujet traité ici est lié à une actualité proche puisqu'il évoque des scandales amplement commentés dans la presse durant l'année 1996. Il mêle considérations sociologiques, voire historiques (loi de 1901), et réflexions de type juridique. Les documents ne présentent pas de difficultés techniques particulières (ce sont presque tous des articles de presse). Certains donnent des informations très générales alors que d'autres sont riches en détails pratiques d'intérêt inégal. À vous de faire la part des choses et de sélectionner ce qui peut être directement utile.

Énoncé du sujet

À partir des documents suivants, rédigez une note de synthèse sur **« Liberté et contrôle des associations en France »**.

Document 1

Extraits de *La vie associative en France*, de Jean Defrasne, PUF, collection Que sais-je ?, n° 2921, 1995.

Document 2

« Les combines des associations », article de l'hebdomadaire *Le Point*, 6 janvier 1996.

Document 3

« Le gouvernement annonce un train de mesures en faveur du monde associatif », *Le Monde*, 16 janvier 1996.

Document 4

« Associations : pour qu'on donne en confiance » par F. Bloch-Lainé, *Le Monde*, 13 janvier 1996.

Document 5

« M. Debré veut renforcer la surveillance des associations d'utilité publique », *Le Monde*, 9 mars 1996.

Document 6

« Les associations recherchent un label de confiance », *La Croix*, juin 1996.

Document 1

Extraits de *La vie associative en France*, de Jean Defrasne, PUF, collection Que sais-je ?, n° 2921, 1995.

La vie associative et son importance

Le monde associatif

Les associations, précisément parce qu'elles bénéficient d'une large liberté, ne sont soumises qu'à très peu d'obligations administratives, ce qui fait qu'on les connaît mal.

Certaines associations déclarées n'ont pas ou plus d'activité et lorsqu'elles disparaissent, elles n'ont pas à en faire état. Inversement, d'autres sont actives sans jamais être déclarées. On évalue à environ 800 000 le nombre des associations, mais ce n'est qu'un ordre de grandeur.

On connaît mieux les créations annuelles d'associations. De 1 000 par an vers 1920 à 5 000 en 1945, on est passé à 23 000 en 1975 et à 60 000 en 1990.

J.-F. Canto a, pour le CNVA, répertorié sur les seize années 1975-1990, 655 000 créations. Il a procédé à une analyse qui fait apparaître que les sports représentent 19 %, la culture et le tourisme 17 %, la santé et l'action sociale 12 %, les loisirs et la jeunesse 12 %, l'économie 11 %, l'éducation 8 %, l'habitat et l'environnement 7 %...

On note la progression très nette, pour la période récente, des associations qui œuvrent pour le développement économique et l'emploi ainsi que pour les « activités marchandes ». Il y a par contre un recul pour tout ce qui touche au socioculturel.

Un autre critère de l'importance des associations réside dans le nombre des salariés qu'elles emploient.

Les associations qui gèrent des équipements collectifs sont des employeurs importants dans le domaine de la santé et des services sociaux où plus de la moitié des prestations sont fournies par le secteur associatif non lucratif.

Il en est de même pour l'enseignement privé qui emploie 80 000 personnes et aussi pour les organismes de formation, de tourisme social et de sport.

Le fichier Sirène, élaboré par l'INSEE, évalue en 1990 à un million les salariés associatifs, dont près de 400 000 pour l'action sociale avec, il est vrai, des emplois à temps partiel.

Les associations ne sont pas réparties également sur l'ensemble du territoire. Hormis Paris, les créations d'associations au cours des quinze dernières années sont le plus souvent situées au sud de la Loire : Languedoc, Provence, Corse, Hautes-Alpes. C'est sans doute que le nord et l'est ont des associations plus anciennes ou que la crise a freiné leur développement.

Les banlieues des grandes villes gardent un certain retard : il s'y crée deux fois moins d'associations que dans le centre.

La sociologie des associations a progressé grâce à des enquêtes récentes. On estime qu'un Français sur trois adhère à une ou plusieurs associations. Les hommes sont plus nombreux (56 %), mais dans une proportion moindre que dans les syndicats (63 %) et surtout les partis.

Les classes moyennes adhèrent plus volontiers : les ouvriers et employés sont deux fois moins nombreux que les cadres, les professions libérales, les enseignants.

Les jeunes choisissent de préférence les clubs sportifs (65 %), mais en dehors de ceux-ci ils s'engagent relativement peu.

Les personnes âgées, avec l'allongement de la vie, l'abaissement de l'âge de la retraite, le refus de la solitude, sont beaucoup plus présentes qu'autrefois.

Les adhérents appartiennent à toutes les familles de pensée, même si la gauche a un léger avantage. La préférence va aux associations qui, même si elles ont une tendance, ne font pas de politique.

Les Français aiment leurs associations, même s'ils ne leur accordent pas la même faveur que les Anglo-Saxons. Un sondage de CSA (*Le Monde*, 26 octobre 1989) nous indique que les associations attirent d'abord par les services qu'elles procurent, ensuite par les contacts humains qu'elles permettent, après encore par la participation à une action collective, et à un moindre degré par les idées qu'elles défendent. Le loisir et la convivialité priment l'action et l'idéologie.

L'opinion générale est que l'association permet à des gens dévoués de se grouper librement pour animer la vie démocratique et servir la collectivité mieux que les syndicats et les partis. Elle a le mérite de travailler là où personne, entreprise, administration, pouvoirs publics, ne veut ni ne peut aller.

Les critiques, car il y en a, portent sur le caractère routinier, le poids des notables, la mauvaise gestion.

Les associations réclament avant tout des locaux (34 %), des subventions (25 %), une meilleure place dans les médias (15 %), des avantages fiscaux (13 %). En général elles se méfient de la publicité, et leur savoir-faire répugne au faire savoir. La preuve, c'est que celles qui attirent sont souvent les plus discrètes : sport amateur, parents d'élèves, sociétés de musique, clubs du troisième âge.

La pratique associative

À défaut d'un bilan de la vie associative, bien impossible à dresser, il est intéressant de souligner les grandes lignes de l'évolution depuis le début du siècle.

La loi de 1901 trouve des associations déjà anciennes dans le domaine de la famille, de la religion, de la profession, de la santé, de l'éducation (la Ligue de l'enseignement, 1866), de la solidarité (la Conférence de Saint-Vincent-de-Paul, 1833 ; la Croix-Rouge, 1865 ; l'Armée du salut, 1878).

Beaucoup d'associations encadrent les loisirs, la chasse, la pêche, la musique, le théâtre, le sport (le Comité international olympique, 1896).

Après la Grande guerre se créent les associations d'anciens combattants, de veuves de guerre, de pupilles de la nation. L'attachement à l'Empire français apparaît à travers la Ligue maritime et coloniale.

Avec les années trente, la jeunesse trouve sa place dans les mouvements chrétiens ou laïques, le scoutisme, les patronages, les auberges de jeunesse.

À partir de 1945, l'émergence de nouvelles urgences amène des créations ou des adaptations. La poussée démographique relance le mouvement familial, encouragé depuis 1938 : l'Union nationale des familles est fondée en 1945. Elle représente aujourd'hui 900 000 familles adhérant à 7 500 associations.

L'action de la Sécurité sociale est épaulée par l'Union nationale interfédérale des organismes privés sanitaires et sociaux (1947) qui gère 7 000 établissements pour 450 000 usagers. Sur le plan de la santé, la Ligue antituberculeuse est relayée par des associations qui luttent contre le cancer ou qui encouragent le don du sang.

L'urbanisation rapide pose le problème des sans-logis (les Compagnons d'Emmaüs, 1949) et pousse les Castors à se lancer dans la construction.

L'expansion économique amène une meilleure participation des travailleurs grâce à 24 000 comités d'entreprises.

La société de consommation implique la défense des usagers. L'Union féminine civique et sociale (1925) élargit son champ d'action. La Confédération syndicale du cadre de vie (1956) regroupe 20 000 adhérents avec plus de 400 permanences où sont pris en compte les problèmes de consommation, d'habitat, d'environnement.

La lutte contre la pauvreté est menée par le Secours populaire, le Secours catholique (1947) avec 45 000 adhérents, les Petits Frères des pauvres (1946), ATD Quart Monde (1957).

La solidarité s'affirme aussi dans les œuvres en faveur de l'enfant, de la femme, des personnes âgées, des immigrés et, après 1962, des rapatriés. Un effort particulier est consenti en faveur des paralysés, des handicapés physiques et mentaux grâce à l'UNAPEI et aux centres d'aide par le travail.

Les années d'expansion voient aussi le développement des loisirs. Le sport est désormais un fait de société. Le Comité national olympique et sportif français (1972) groupe 75 fédérations, 155 000 clubs avec 10 millions d'adhérents.

Le Conseil national de la jeunesse et de l'éducation populaire (1958) groupe 450 associations agréées. Les foyers ruraux touchent 900 000 personnes.

Les années soixante voient l'expansion des activités socioculturelles avec les MJC et les Maisons de la culture, le théâtre amateur, les ciné-clubs, l'essor de la musique : la Confédération des sociétés musicales rassemble 5 600 orchestres, fanfares et harmonies.

Le tourisme social, ébauché en 1936 avec les congés payés, s'appuie sur un réseau d'équipements : villages de vacances, gîtes familiaux, organisations de voyages. Tourisme et travail compte 200 000 adhérents. L'UNAT fédère des milliers d'associations.

Les sociétés de chasse (1964), puis de pêche, reçoivent un agrément officiel.

Mais après 1968, le mouvement associatif doit s'adapter à une situation nouvelle de turbulence puis de crise.

Le malaise des villes suscite contre un urbanisme contesté des associations de défense et des comités de quartier. Des organismes proposent la réhabilitation de logements dégradés (PACT, CAL, ARIM). Les rapports se tendent entre les propriétaires (UNPI, Sociétés d'HLM) et les associations de locataires (Confédération nationale du logement, CSCV).

Le souci de l'environnement anime les organisations internationales de protection de la nature (*Green Peace*, WWF), puis le mouvement écologique (les Verts). Autour de la vénérable SPA (1848) se multiplient les actions en faveur de la protection des espèces (les bébés phoques, les ours, les oiseaux), tandis que d'autres associations défendent pêche, chasse et tradition.

L'opinion se mobilise pour la lutte contre la pollution, la sauvegarde du patrimoine, la défense des usagers, par exemple en matière de transport en commun.

L'insécurité des grands ensembles suscite des organismes de lutte contre la délinquance, de prévention, d'aide aux victimes.

La solidarité s'affirme à l'égard des pauvres (les Restos du cœur, 1983), des femmes (le MLF), des enfants, des malades. Des associations combattent la drogue, l'alcoolisme, le sida (Aides, Act-Up, VLS...).

La Ligue des droits de l'homme trouve à ses côtés Amnesty International et les mouvements contre le racisme (LICRA, MRAP, SOS-Racisme, France Plus...).

Les questions d'éducation rassemblent les parents d'élèves des écoles publiques (FCPE, PEEP) et privées (UNAPEL) ainsi que les défenseurs des écoles rurales (ADPER). Les associations sportives scolaires sont encouragées par la loi (1984).

Sur le plan culturel, on note la poussée des associations qui s'intéressent à la science, des orchestres de jeune et des radios libres.

Mais pour la période récente, les faits les plus importants sont le développement des « associations marchandes », prestataires de services, par exemple pour le développement local (CELAVAR), l'emploi (COOFACE), l'insertion (CNEI), la réadaptation sociale (FNARS), la formation (AFPA) et le rôle grandissant des associations à vocation internationale.

La solidarité internationale

Les organisations internationales non gouvernementales (ONG) se distinguent des institutions de l'ONU (OMS, UNESCO, etc.). Elles n'étaient en France que quelques dizaines en 1901 et sont aujourd'hui 520 au sein du CLOSI (Comité de liaison des organisations de solidarité internationale).

Les unes sont des associations de secours qui aident les victimes de la guerre, de la maladie, de la faim. Les autres œuvrent en faveur du développement, notamment des pays du tiers monde.

Les motivations sont diverses, le pacifisme, l'esprit de charité, la défense des droits de l'homme, la solidarité des peuples par-delà les races et les frontières.

La volonté d'aider les victimes de la guerre, blessés, prisonniers et réfugiés anime de longue date la Croix-Rouge et la CIMADE (Comité intermouvements auprès des évacués, 1939).

L'appel de l'ONU en 1960 contre la faim dans le monde a suscité de nombreux mouvements : le CCFD (Comité contre la faim et pour le développement, 1963), Terre des hommes (1963), Frères des hommes (1965), l'AICF (Action internationale contre la faim, 1979).

L'aide médicale est apportée par Médecins sans frontières (1971), Médecins du monde (1980), Aide médicale internationale. Les secours à l'enfance, en liaison avec l'UNICEF, sont le fait d'Enfance et partage, d'Aide et action, de Handicap international.

La défense des droits de l'homme préoccupe, outre la CIMADE, Amnesty France (1973) qui compte 30 000 adhérents, Droits de l'homme et solidarité, Peuples solidaires...

L'aide au développement est fournie par le CLONG (Comité de liaison) qui, depuis 1986, sélectionne les volontaires (1 500 postes pour 15 000 demandes). On note aussi l'action d'Artisans du monde, du CRID (Centre de recherche et d'information pour le développement, 1976), du Groupe national de coopération, d'Ingénieurs sans frontières, de Chantiers rencontres internationales.

Les associations préfèrent désormais les actions concrètes menées sur le terrain aux grands projets parfois décevants.

Elles ne se contentent plus d'aider mais elles aident à faire. Elles se rapprochent des organisations de l'ONU pour des actions communes, mais aussi de l'État grâce à la COCODEV (Commission de coopération-développement, 1983), des collectivités locales, des milieux économiques (banques, entreprises). Elles confortent l'image de la France dans le monde.

Mais un problème grave continue à se poser, celui de la reconnaissance des associations dans le cadre de l'Union européenne.

Tant que la Communauté est un simple espace économique, l'association n'y a pas de place. Tout au plus peut-elle être assimilée, pour les prestations qu'elle fournit, à une société commerciale qui n'a droit ni à des subventions ni à des exemptions fiscales.

Par ailleurs, les associations qui veulent élargir leur activité dans la Communauté se heurtent à la disparité des législations nationales.

Dans plusieurs pays les associations d'étrangers sont en fait interdites.

Depuis 1980, des projets d'un statut européen des associations ont été déposés au Parlement de Strasbourg et, avec l'appui des coopératives et des mutuelles, l'idée progresse d'autant que le traité de Maastricht a prévu de faire entrer dans le domaine communautaire la culture, l'éducation, la santé, où les associations jouent un rôle déterminant.

Pôle de démocratie et non seulement zone de libre-échange, l'Europe a besoin d'associations libres et fortes.

La vie associative et ses fonctions

Un moyen de défense

Les associations n'étaient plus au début du siècle les organismes de défense qu'elles avaient été au cours de l'histoire.

Sur le plan social, elles avaient été relayées par les syndicats, les coopératives, les mutuelles.

Sur le plan politique, le rôle essentiel appartenait désormais aux partis, ou lorsque ceux-ci n'étaient pas structurés, aux élus, notables locaux, députés et sénateurs, intercesseurs reconnus auprès du pouvoir, en dépit des pulsions temporaires d'antiparlementarisme.

Les revendications des divers groupes sociaux s'exprimaient par les manifestations syndicales ou politiques et par le jeu des groupes de pression qui trouvaient écho au Parlement.

Les associations apportaient seulement un complément, même s'il n'était pas négligeable, dans le domaine de l'aide sociale et de la convivialité.

Tant que les structures ont tenu face aux grandes mutations, et notamment pendant la reconstruction du pays après 1945 et l'expansion au cours des Trente Glorieuses, les associations ont conservé leur rôle important mais limité, de simple complément dans la vie démocratique du pays.

Mais peu à peu, à la fin des années 60, la situation a changé. Les citoyens, déconcertés par la dégradation du tissu social, fruit d'une urbanisation hâtive et désordonnée, indignés par la carence des appareils politiques et également surpris par le recul des valeurs traditionnelles, ont demandé aux associations de prendre le relais pour exprimer leurs refus ou leurs espoirs.

À la suite du mouvement de mai 1968, la contestation a pris de l'ampleur. Des groupes se sont constitués pour réclamer une amélioration du cadre de vie et l'instauration d'un dialogue avec les autorités publiques et l'administration.

Aux comités d'expansion de la période de croissance se sont alors substituées des associations de défense.

L'individu a cherché à exister au sein du groupe, il a pris contact avec d'autres et il a vu que, par l'association, son intérêt individuel pourrait être garanti par une action collective.

Cet état d'esprit nouveau fut marqué notamment par une plus grande sensibilité à l'environnement et à la qualité de la vie. Certaines actions ont pris une importance nationale, comme l'opposition à l'extension d'un camp militaire (le Larzac), au développement d'usines nucléaires (Plogoff, Creys-Malleville), à la prolifération des axes routiers – autoroutes, voies de contournement, radiales, pénétrantes.

Les associations se sont multipliées pour la préservation des sites, la sauvegarde du patrimoine, le respect de la terre, de l'eau, de l'arbre, de l'animal, la lutte contre la pollution, le rejet de l'urbanisation imposée d'en haut.

C'est ainsi qu'à Roubaix les associations ont participé à l'aménagement du quartier de l'Alma-Gare en créant une agence populaire d'urbanisme.

À Paris, les habitants se sont groupés dans les années 70 contre le bouleversement de certains quartiers, par exemple le 14e arrondissement avec le projet de la radiale Vercingétorix.

Depuis quelques années, les thèmes mobilisateurs ont évolué. On réclame des squares, des jardins, des espaces verts avec ce slogan : « Du gazon, plus de béton ». On déplore l'anarchie de la circulation et du stationnement et la dégradation du centre devenu, dit-on, le domaine de « la frite, de la fripe et de la fripouille ».

Les associations prennent en charge la défense des locataires, des consommateurs, des usagers. Elles dénoncent le poids de l'État, des technostructures, des administrations.

Et cela va jusqu'à l'opposition à des projets d'intérêt général, par exemple la construction d'un ensemble locatif à côté d'un secteur pavillonnaire, l'implantation d'une usine pourtant génératrice d'emplois, le remodèlement d'un quartier ancien dégradé, les équipements en faveur du tourisme…

Mais cette contestation, parfois excessive, qui souligne l'attachement à un certain cadre de vie, est une donnée que les pouvoirs publics ne sauraient traiter à la légère.

Un foyer d'innovation

Les associations, comme l'a montré Albert Meister, tiennent une place importante dans la dynamique sociale. Elles ont vocation à souligner les besoins non satisfaits et à traduire les aspirations nouvelles.

Dans de nombreux domaines, la santé, l'action sociale, l'éducation, l'animation sportive et culturelle, les associations ont été relayées par des institutions. L'État a consacré le bien-fondé de leur action en prenant en charge des secteurs de la vie sociale qui, pendant longtemps, n'avaient guère intéressé les pouvoirs publics.

Ce sont les associations qui assument dans un premier temps la lutte contre les maladies qui surgissent à chaque époque, ainsi la tuberculose, le cancer, le sida.

Ce sont elles qui guettent les fractures de la société, hier l'exploitation, aujourd'hui l'exclusion. Elles suggèrent une meilleure approche des problèmes et expérimentent des solutions.

C'est par elles que s'est imposée la solidarité à l'égard des personnes âgées, des enfants livrés à eux-mêmes, des handicapés, des mal-logés (les Compagnons d'Emmaüs), des mal-nourris (les Restaurants du cœur), des victimes de l'alcool, de la drogue, de la violence.

De nombreuses associations sont à l'écoute des populations en difficulté, ainsi parmi beaucoup d'autres, le Secours populaire, le Secours catholique, ATD Quart Monde... et plus récemment, au cœur de la crise, les associations intermédiaires nées de la volonté de lutter contre le chômage.

Sur le plan international la Croix-Rouge, depuis plus d'un siècle, tente de soulager les misères de la guerre. Elle est relayée aujourd'hui, pour l'aide humanitaire, par les ONG, ainsi Médecins sans frontières, Médecins du monde...

La démarche associative, parce qu'elle révèle les lacunes de la législation et les atteintes aux droits de la personne, précède l'adaptation du droit à l'évolution sociale. Elle est facteur d'innovation juridique comme il apparaît dans notre Code pour les droits de la femme (par exemple en matière de contraception), de l'enfant, de la famille, etc.

Une forme de participation

Si l'engagement politique ou syndical ne fait plus recette et si la forte proportion d'abstentions lors des consultations électorales révèle une perte de confiance dans l'action des élus, il n'en reste pas moins que les citoyens tiennent à participer à la vie collective.

C'est ainsi que se créent des petits groupes informels nés d'affinités personnelles et de goûts communs, sans autre motivation que le plaisir de se retrouver ensemble pour une activité de loisir. Cela va du groupe de jeunes, la bande, à la réunion d'amis pour une partie de cartes ou de boules.

Ces groupements, parfaitement libres, obéissent à des règles souples et implicites, débouchant sur une sociabilité occasionnelle, permettant d'échapper à la solitude, d'engager des dialogues, d'échanger des informations, de partager des émotions.

L'association structurée, qui naît parfois du groupement spontané, représente un degré supérieur de participation. Elle se propose de suppléer les cadres traditionnels défaillants et d'exprimer les aspirations des individus qui ne sont pas satisfaits de la rigidité croissante des pouvoirs.

Les associations prétendent alors jouer un rôle de médiation entre les citoyens et l'État. Elles incarnent les refus de la société civile confrontée aux décisions jugées souvent arbitraires de la bureaucratie.

Mais elles ne sont pas seulement vouées à la contestation, elles peuvent aussi aider les services de l'État ou des pouvoirs locaux à accomplir leurs missions. Elles se voient alors confier une tâche de gestion, ce qui va bien dans le sens d'une décentralisation du pouvoir.

Elles sont par là une expérience concrète de la démocratie, l'expression libre et contrôlée des différences au sein du groupe et des écoles de responsabilité où l'on acquiert le sens de l'animation, du travail en commun, de la prise de parole et de décision.

Mais la participation ne touche pas également tous les groupes sociaux. Elle est plus forte dans les villes que dans les campagnes parce qu'en milieu urbain la sociabilité est à créer. Elle concerne surtout les individus qui doivent s'adapter à un milieu hétérogène, mouvant, à un environnement difficile.

Elle est le fait d'une minorité de citoyens possédant un bon niveau d'instruction, un certain statut social, attachés à des valeurs sûres, disposant aussi de temps, aimant les contacts et sensibles à une certaine prise de pouvoir comme à une notoriété sociale.

C'est dans les banlieues, où elles sont le plus nécessaires, qu'elles ont le plus de mal à s'implanter et à durer.

Si l'on met à part les jeunes qui forment les gros bataillons des clubs sportifs et les personnes âgées qui cherchent à occuper leurs loisirs, la participation des adultes n'est en rien un phénomène de masse. Le militantisme associatif est lui aussi en crise.

La participation des femmes est ancienne si l'on prend en compte les congrégations et les œuvres de charité. Mais les mouvements spécifiques datent du début du siècle, ainsi la Ligue patriotique des femmes et la Ligue des femmes françaises qui ont fusionné en 1933. Un cercle de femmes est créé au sein de la Ligue de l'enseignement. L'Union féminine civique et sociale apparaît en 1925. L'Union des femmes françaises, d'obédience communiste, date de 1945.

Les femmes jouent un rôle essentiel dans le domaine de la santé et de l'action sociale. Elles y occupent les trois quarts des postes administratifs, souvent à temps partiel.

L'action des femmes est moins importante sur le plan du pacifisme avec, par exemple, la Ligue internationale des femmes pour la paix et la liberté fondée en 1919 et, ce qui est plus surprenant, dans la lutte féministe.

C'est que les militantes les plus résolues répugnent aux contraintes de l'organisation. Un mouvement comme le MLF n'est déclaré qu'en 1979. Et si la législation a évolué en faveur des femmes sur le plan de l'avortement, du viol, des violences subies, cela est dû surtout à l'évolution de la société, bien plus qu'à la pression du féminisme.

L'importance du bénévolat

« Le bénévole est celui qui s'engage librement pour mener à bien une action en direction d'autrui, action non salariée, non soumise à l'obligation de la loi, en dehors de son temps professionnel et familial » (M.-Th. Cheroutre).

Les bénévoles sont à la base même du fait associatif et les associations ne sauraient exister sans leur disponibilité et leur dévouement.

On ne peut évidemment pas les dénombrer, mais dans le seul secteur sportif ils seraient plus de 800 000.

Le bénévolat représente pour l'individu une plus-value humaine, le sentiment d'agir librement et d'être utile. Il fournit au pays un apport économique considérable : on estime que l'ensemble des heures consacrées aux clubs sportifs par les bénévoles, soit 300 millions, représente au bas mot 10 milliards de francs. Ce travail non rémunéré permet de consacrer l'essentiel des ressources à l'équipement et à l'achat de matériel, ce qui génère des emplois.

Le bénévolat est enfin un moteur de l'action sociale.

C'est un fait que les membres des amicales de locataires ou des associations de quartier assurent une fonction de régulation que les travailleurs sociaux et les représentants institutionnels remplissent moins bien, faute d'une insertion effective dans la population.

Le bénévolat est d'ailleurs encouragé par les effets de la société postindustrielle : l'accroissement de la productivité, avec sa contrepartie négative le chômage, mais avec également l'allongement du temps libre ; l'avancement de l'âge de la retraite ; l'importance des loisirs collectifs ; l'urgence de la solidarité dans une société menacée par toutes les formes d'exclusion...

Mais le bénévolat est fragile. On trouve certes dans les associations des hommes et des femmes qui allient compétence et dévouement. Mais souvent l'individu, et c'est son droit, recherche une satisfaction personnelle. Si son intérêt fléchit ou s'il éprouve quelque lassitude ou quelque contrariété, il quitte l'association. Il est vrai qu'à l'inverse du militant il n'est pas obligé d'avoir des convictions solides et de s'impliquer durablement.

Il y a en outre le délicat problème des relations entre les animateurs bénévoles et le personnel salarié. Selon le rôle de l'association, ces rapports sont très différents. Le personnel salarié, indispensable dès qu'on atteint un certain niveau, peut n'être qu'un appoint technique (accueil, secrétariat, comptabilité), ce qui laisse toute leur place aux bénévoles.

Mais ceux-ci peuvent apparaître aussi parfois comme des seconds rôles, tout juste bons à faire illusion, et en fait dominés par les permanents.

Il peut paraître paradoxal que dans une activité non lucrative les salariés soient au premier rang. Toutefois le président du CNVA, Jean Bastide, souligne volontiers les dégâts que peut faire en matière de gestion l'amateurisme de certains bénévoles.

Plus grave est sans doute l'attitude des pouvoirs publics qui admettent certes le bien-fondé des associations mais ne considèrent pas les bénévoles comme des acteurs à part entière.

Les responsables politiques, qui ont reconnu le rôle des militants syndicaux et facilité leur tâche, pensent toujours que les animateurs d'associations ont une activité ludique qui est d'ailleurs difficile à apprécier. Le statut de l'élu social, que l'on évoquait en 1981, n'est plus d'actualité. On a même tenté récemment d'interdire aux chômeurs de consacrer une part de leur temps à une activité bénévole.

Le CNVA a fait des propositions précises pour encourager le bénévolat. Il a suggéré aux pouvoirs publics de prévoir pour les associés l'indemnisation pour le manque à gagner lors de la présence dans des commissions où ils sont appelés à siéger, ainsi que la couverture des risques encourus au titre de la responsabilité civile dans les activités qu'ils conduisent.

Il a insisté aussi sur la prise en compte de la formation des bénévoles. La société encourage en effet ceux qui consacrent du temps à la formation professionnelle ou à la promotion dans l'entreprise, elle néglige ceux qui assument d'une façon désintéressée la bonne marche d'une activité sociale.

Si le bénévolat est une pratique distincte de la relation au travail salarié ou à l'activité rémunérée, il n'en mérite pas moins une attention favorable en raison des services rendus.

L'argent fou

On a vu que les associations sont le reflet d'une société dominée par l'argent. Beaucoup sont des entreprises d'intérêt général qui vendent des services et qui justifient leurs profits en alléguant qu'ils servent à financer le secteur non lucratif. Or des associations, dont on ne peut contester l'utilité, ont périodiquement des difficultés à présenter des comptes en ordre. D'autres, qui reçoivent pourtant des subventions de l'État, prétendent échapper à tout contrôle.

Ainsi « le monde associatif est devenu un monde d'argent public et cette évolution a précipité sa dégénérescence » (F. de Closets), avec des recettes occultes, des dépenses en dehors des règles comptables, du personnel complémentaire recruté au-delà des postes déclarés, des opérations frauduleuses ou échappant à la règle des marchés publics, enfin, pour couronner le tout, la contribution au financement de campagnes politiques.

La Cour des comptes et les chambres régionales signalent fréquemment ces irrégularités sans qu'il y soit mis un terme.

On a pu également constater que les associations succombaient à la tentation de la médiatisation, ainsi avec le Téléthon.

Ce qui est discutable, c'est lorsqu'il est fait appel à des publicitaires professionnels qui, à grands frais, organisent des spectacles, recrutent des artistes, collectent des fonds. En 1989, une opération de ce type a rapporté 8 millions mais elle en a coûté 5.

Plus grave, bien sûr, l'association qui dissimule des malversations financières.

Quelques exemples, parmi d'autres.

L'ACAD (Carrefour du développement, 1983), association du ministère de la Coopération destinée à financer un sommet de chefs d'État africains. On découvrit que sur 70 millions de dépenses, 50 étaient dépourvus de justification. On trouvait là les abus classiques : fausses factures, faux en écriture, détournement de fonds...

L'Association servait à l'Élysée pour sa dispendieuse politique africaine, au ministre de la Coopération pour sa propagande électorale et des faveurs à sa commune, au secrétaire général pour acquérir un château.

Dans plusieurs villes, Nice, Angoulême, Bordeaux, Lyon, ces associations paramunicipales ont permis au maire d'échapper aux règles juridiques et financières.

Le cas de Nice est le plus connu. Le maire, dans un système parfaitement verrouillé, contrôlait sept associations qu'il présidait ou faisait diriger par ses proches. De 1983 à 1990, ces associations auraient reçu près d'un milliard de francs de subventions, votées chaque année par la majorité docile du conseil municipal, et que le maire orientait à sa guise.

L'Association Nice-Communication et le Comité des fêtes dépensaient sans compter en matière de salaires, de frais de réception et de déplacement, tout en traitant avec des sociétés écrans, prestataires de services, par exemple pour le Carnaval.

L'Association Nice-Opéra avait confié l'organisation de spectacles à une société dont elle rémunérait le directeur artistique déjà payé par la ville. Elle assurait aussi, contre toute règle, le transfert de fonds à l'étranger.

L'Association Nice-Acropolis, chargée de gérer le Palais des Congrès, recevait de la ville des avances très importantes qui permettaient la rémunération de fonds publics en dehors du circuit du Trésor.

Au détournement de fonds s'ajoutait le délit d'ingérence. Les associations de la ville et du département, le maire étant président du conseil général, versaient des sommes importantes au journal du maire, *Action Nice-Côte d'Azur*. Les entrepreneurs qui souhaitaient avoir des marchés avec la ville faisaient de même.

Dès 1984, le préfet était au courant et l'opposition dénonçait les procédés délictueux du maire. Mais celui-ci semblait intouchable et ce n'est qu'après plusieurs années que le scandale éclata et que le maire partit pour l'étranger.

L'association, comme la langue d'Esope, peut être ainsi la meilleure ou la pire des choses. Faut-il pourtant acquiescer à ce qui a été écrit en 1985 par un journaliste : « Trop d'associations ou de fondations ne sont que des sinécures, des pompes à rentes, des succursales de partis politiques, des fonds de commerce, des officines d'intérêts particuliers ou encore de forteresses corporatistes » (Louis Bériot) ?

Ce serait oublier que la grande majorité des associations servent l'intérêt général avec un dévouement sans faille et une scrupuleuse honnêteté.

Il a fallu au cours de l'histoire un long effort de milliers d'hommes et de femmes pour faire reconnaître la liberté d'association et c'est grâce à elle que s'affirment aujourd'hui les valeurs de démocratie et de solidarité.

Revenons donc à Tocqueville : « Dans les pays démocratiques, la science de l'association est la science-mère : le progrès de toutes les autres dépend du progrès de celle-là. Parmi les lois qui régissent les sociétés humaines, il y en a une qui semble plus claire et plus précise que toutes les autres. Pour que les hommes restent civilisés ou le deviennent, il faut que parmi eux l'art de s'associer se développe et se perfectionne. »

Document 2

Article du *Point*, 6 janvier 1996.

Les combines des associations

En octobre 1994, *Le Point* révélait *l'étrange gestion des sommes colossales collectées par l'ARC et s'interrogeait sur les méthodes à tout le moins discutables de son président, Jacques Crozemarie. Aujourd'hui, c'est la Cour des comptes qui accuse l'association, avec des précisions encore plus accablantes. Au-delà de ce cas exemplaire, c'est le système même de la loi de 1901 sur les associations qui est mis en cause.*

Par **Sophie Coignard**
et **Michel Richard**

Petit rappel à l'usage des oublieux : Carrefour du développement, association loi 1901 ; affaire Urba sur le financement du PS, association loi 1901 ; scandale Médecin à Nice, associations loi 1901 ; comptes suisses et financement politique lyonnais, associations loi 1901 ; révélations sur le train de vie du couple Balkany à Levallois, associations loi 1901… Et aujourd'hui, l'ARC, association loi 1901...

L'ARC, Association pour la recherche contre le cancer, trente ans de reconnaissance d'utilité publique, des centaines de spots télévisés, des millions de donateurs, des centaines de millions de francs collectés chaque année. En octobre 1994, *Le Point* révélait les perversions que cachaient les avenantes plaquettes en quadrichromie vantant cette juste cause. Il disait qu'à peine un tiers des sommes collectées allait à la recherche, quand Jacques Crozemarie, président de l'ARC, en annonçait 75 %. Il démontait les relations d'exclusivité suspectes qu'entretenait l'ARC avec un groupe de communication, International Développement, qui tirait plus de 80 % de son chiffre d'affaires de ses relations commerciales avec l'association caritative. Il relevait l'enrichissement exceptionnel que ces entreprises privées tiraient de ce fructueux marché.

Et s'interrogeait enfin sur le fait que plus de la moitié de l'argent effectivement dévolu à la recherche médicale relevait de la seule discrétion de Crozemarie.

Aujourd'hui, c'est la Cour des comptes qui le dit. Avec des précisions encore plus accablantes. En 1993, année sur laquelle a porté le contrôle, 27,2 % seulement des sommes recueillies, soit 124,57 millions, ont été consacrées à la recherche, 288 millions aux prestataires de services de l'ARC, dont 156,7 à un seul fournisseur, *« coordinateur et ensemblier »*, derrière lequel on reconnaît International Développement. Et la Cour de dénoncer *« surfacturations, majorations de marges et commissions injustifiées »*. De souligner l'emploi indu de personnel du CNRS qui bénéficiait de compléments de rémunération de la part de l'ARC. De remarquer que moins de 60 % des sommes allouées à la recherche ont été examinées par une commission scientifique. Encore la Cour s'est-elle abstenue de mettre son nez dans le cœur nucléaire du dispositif financier de l'ARC, à savoir les sociétés privées liées à l'association qui réalisent depuis quinze ans des profits soustraits, de fait, à la lutte contre le cancer.

L'ARC officiellement dénoncée, c'est la tête d'affiche du mouvement associatif qui est offerte à l'opprobre public. Car la cause, naturellement, est juste, et y manquer d'autant plus inacceptable. Or, l'affaire de l'ARC est un véritable catalogue de toutes les dérives et perversions possibles qu'offre la loi de 1901 sur les associations :

► **L'opacité tolérée.** Il suffit, semble-t-il, de se déclarer sans but lucratif pour échapper à toute obligation de publication des comptes selon les règles comptables qui s'appliquent à toute société commerciale. C'est ainsi que l'ARC a pu afficher en toute impunité, pendant trente ans, des « camemberts » flatteurs et trompeurs.

► **Le commerce déguisé.** Derrière la vitrine associative peuvent prospérer des affaires à but totalement lucratif, blanchies, en quelque sorte, par la noblesse de l'esprit de 1901.

► **L'État complaisant.** Durant des décennies, un représentant du ministère de l'Intérieur et un autre des Affaires sociales ont siégé imperturbablement au conseil d'administration de l'ARC. Étaient-ils sourds et aveugles ? *« Non, mais complices ou amorphes,* reconnaît un haut fonctionnaire. *Il y a tant d'associations où siège l'administration qu'on y envoie des troisièmes couteaux qui n'ont pas l'autorité de ruer dans les brancards. Dans le cas de l'ARC, c'était un peu plus compliqué encore, vu l'entregent et les protections supposées de Jacques Crozemarie. »* Et voici comment les reconnaissances d'utilité publique – sans parler des subventions – sont accordées sans parcimonie… et sans réel contrôle *a posteriori*.

Malgré tous ces dévoiements, les Français adorent les associations : 79 % d'entre eux les plébiscitent – 32 % de leurs suffrages vont aux Églises, 30 % aux syndicats et 10 % aux partis politiques (enquête du Centre de communication avancée, 1995). Jacques Chirac les aime, qui les vante et promeut dans ses premiers vœux présidentiels. Alain Juppé les aime qui, pour compenser son déficit « sociocul », reçoit à bras ouverts et bourse déliée les « professionnels de la profession », permanents du CNVA, le Conseil national de la vie associative. L'association, pensez donc, c'est pur, c'est bon, c'est noble, c'est désintéressé : il y va de la convivialité, du civisme, de la fibre sociale, de la solidarité, pour tout dire. Et c'est vrai. Mais pas de toute la France associative. Car le pays bénévole – ou prétendu tel – est vaste. On y trouve le meilleur comme le pire. Le minuscule comme le gigantesque. Le frugal comme le goinfre de subventions.

La France compte quelque 700 000 associations, dont 70 000 environ créées chaque année. Ce secteur emploie 1,3 million de salariés et 800 000 bénévoles. Il brasse plus de 200 milliards de francs par an. Mais 0,3 % des associations emploie 80 % des effectifs. C'est dire qu'il y a deux France associatives, celle des amicales boulistes et autres rassemblements locaux, d'une part, celle des mastodontes de l'enseignement, de la réinsertion, de la jeunesse et des sports, d'autre part. On ne s'étonnera pas que les 130 milliards de francs d'argent public – soit, à quelques milliards près, le déficit cumulé de la Sécurité sociale – injectés chaque année dans les associations aillent surtout à la seconde catégorie.

Si l'on veut avoir une petite idée des subventions distribuées par l'État – à l'exclusion donc des régions, départements et municipalités – il suffit de se procurer auprès de l'Assemblée nationale un document pesant bien deux livres et demie, d'un abord *a priori* peu distrayant et baptisé dans le jargon techno « le jaune », qui est en effet la couleur de sa couverture. « Le jaune », donc, recense, sur quelque 589 pages, une fois tous les deux ans, la liste des associations ayant perçu une ou plusieurs subventions. On s'excusera, mais n'est encore disponible que la cuvée 1991-1992, les services de l'Assemblée travaillant actuellement sur les deux millésimes suivants.

Un abord aride, mais un contenu à faire rire ou pleurer le contribuable, selon l'humeur. Au titre des interventions de politique internationale (chapitre 42-37), le ministère des Affaires étrangères a, en 1992, donné 30 000 francs à l'Association corrézienne d'aide à la santé mentale, 25 000 francs à l'Association nationale des parents d'enfants déficients auditifs, 100 000 en 1991 à l'Union cycliste vauclusienne, 30 000 en 1991 et 1992 aux Amis du Chabichou Poitou, sis à Melle, dans les Deux-Sèvres. Le ministère de la Culture n'a pas hésité, lui, à se défaire de 880 000 francs en 1992 pour financer une audacieuse Association de préfiguration observatoire de l'économie du livre. Moins coûteuse, l'Association pour le bicentenaire du camembert aura obtenu 200 000 francs en 1991 des services de Jack Lang, à qui rien n'échappe. Les Petits Débrouillards de Villemoisson-sur-Orge, dans l'Essonne, portent bien leur nom, puisqu'ils ont empoché 335 000 francs

Interview de Pierre-Patrick Kaltenbach

« On se sert des associations pour tout, sauf pour le civisme »

Pierre-Patrick Kaltenbach est, à trois titres, un fin connaisseur des associations. Ancien président du Fonds d'action sociale pour l'insertion des immigrés (FAS), il a contribué à leur financement. Magistrat à la Cour des comptes, il participe à leur contrôle. Président des Associations familiales protestantes, il est lui-même un des acteurs de ce milieu. Un acteur passionné et iconoclaste qui vient de publier chez Denoël un livre – un brûlot ? – intitulé *Associations lucratives sans but.*

P.-P. Kaltenbach : Associations lucratives sans but, parce que d'une liberté donnée par la loi de 1901 on a fait un expédient.

Le Point : *C'est-à-dire ?*

P.-P. K. : On se sert des associations pour tout et n'importe quoi, sauf, dirait-on, pour le civisme, qui est leur objectif premier. Alors, au lieu de l'État, on a des faux-nez de l'État ; au lieu de nouvelles entreprises, on a des associations qui font du commerce ; au lieu de la générosité discrète, on a du médiatique ; au lieu du ciment social, on a des pompes à fric, à décorations, à circonscription ; au lieu de bénévoles, on a des permanents salariés à vie. Ces associations sont donc sans but, sauf pour ceux qui en vivent…

Le Point : *Pour eux, elles sont donc lucratives.*

P.-P. K. : Oui, et pas seulement pour des raisons pécuniaires - salaires et autres innombrables avantages. Car, de tous les avantages, le plus grand est immatériel et non taxable. C'est le prestige de celui qui se penche sur le faible. Cela s'appelle la supériorité par la transcendance. Et, comme on se dit proche du petit Jésus, on se croit supérieur, et on s'octroie tous les privilèges.

Le Point : *En même temps, les associations n'ont jamais autant prospéré…*

P.-P. K. : En volume, c'est exact, puisque 70 000 associations se créent désormais chaque année, contre 25 000 à la fin des années 60. Mais ce triplement en trente ans ne s'explique malheureusement pas par un regain de civisme, mais plutôt par les dérives multiples du monde associatif. Voilà pourquoi les associations prospèrent avec la crise.

Le Point : *Quels types de dérives ?*

P.-P. K. : Eh bien, les dérives Noir, Nucci, Crozemarie, Médecin et les autres, qui exaspèrent le citoyen, et plus spécialement les 6 millions qui donnent à une association ou qui travaillent bénévolement pour elle.

Le Point : *Et alors, que faire ?*

P.-P. K. : De la transparence, bien sûr.

Le Point : *Il en existe un peu. Voyez, par exemple, le listing de subventions étatiques publié par l'Assemblée nationale.*

P.-P. K. : Ah ! vous parlez du « jaune ». C'est un faux depuis 1962. Tout le monde le sait, et les parlementaires s'en foutent allègrement. La vérité, c'est que personne ne sait vraiment combien les associations perçoivent d'argent public, lesquelles bénéficient de mise à disposition de fonctionnaires, lesquelles, de locaux ou matériels publics. C'est le règne de la pagaille et de l'opacité.

Le Point : *Mais que proposez-vous ?*

P.-P. K. : Pour commencer, quelque chose de simple et de nouveau : la création d'une société commerciale, une sorte d'agence de classement qui évalue, expertise et note la transparence et la performance des grosses associations, celles qui raflent l'argent public et l'argent du public.

Le Point : *Il existe déjà une charte de déontologie à laquelle adhèrent la plupart des grandes associations, à l'exception notable de l'ARC…*

P.-P. K. : C'est certes un progrès. Mais cela reste très insuffisant. D'abord parce qu'il s'agit d'un autocontrôle en circuit fermé. Moi, je souhaite faire effectuer des audits par des sociétés spécialisées, extérieures, donc impartiales. Et afficher leurs conclusions sur Minitel, pour que le peuple ait un droit de regard. Le système associatif ne refera de la « mayonnaise sociale » qu'à ce prix.

en deux ans. Quant à l'Association des anciens élèves de l'Ena, sa connaissance minutieuse du terrain a dû contribuer à l'obtention de 650000 francs en deux ans, dont 59300 au titre de l'Agriculture et des forêts...

D'autres lignes budgétaires se décodent plus facilement. La Fondation France-Libertés de Danielle Mitterrand a ainsi touché près de 2 millions de subventions publiques en 1992, dont 1,4 au seul titre de la Culture, toujours sous la houlette de Jack Lang. Lequel Jack Lang, député-maire de Blois, a été sensible au geste de Lang Jack, ministre de la Culture, qui a consenti deux subventions substantielles à des structures domiciliées dans sa ville : 500000 francs à l'Association de préfiguration pour la fondation du centre européen du goût et 900000 distribués chaque année à la Compagnie du hasard, qui, en l'espèce, fait bien les choses.

Les poids lourds

Au ministère des Affaires étrangères, Roland Dumas, également député de la Dordogne, n'a pas hésité à gâter sa circonscription. La Fédération des œuvres laïques de Dordogne, le Festival international audiovisuel de Sarlat, le foyer d'Auriac-du-Périgord et le foyer socio-éducatif du lycée polyvalent Pré de Cordy, à Sarlat, ont perçu 550000 francs en deux ans au titre des interventions de politique internationale du Quai d'Orsay !

Certaines subventions surprennent par leur montant : 16 millions de francs attribués en 1992 à la Fondation Jean-Jaurès pour la promotion des idéaux démocratiques, dont les actions n'ont pourtant pas accédé à une notoriété considérable. Quant aux poids lourds de l'Éducation nationale, leur dotation se compte en dizaines de millions de francs : 130 millions en 1992 pour la Ligue française de l'enseignement, 23 millions pour les Francs et Franches Camarades. Curiosité supplémentaire : les Francs et Franches Camarades, dont la création ne date pas d'hier, n'ont jamais subi aucun contrôle…

Il arrive, certes, que la puissance publique fronce les sourcils. Arezki Dahmani, le mirobolant président de l'association de beurs France Plus, en sait quelque chose. En 1991, le cabinet Henri Rabourdin et Associés rend un audit de l'association pour le compte du FAS (Fonds d'action sociale), son principal bailleur de fonds. C'est peu dire qu'il est ravageur : des comptes approximatifs, sinon inexistants, des frais substantiels dans des hôtels quatre étoiles et autres boutiques de vêtements de luxe au profit de Dahmani, des locations régulières de R25, une carte bancaire utilisée comme argent de poche... De quoi faire couper net les crédits du FAS à France Plus.

Mais, au nom de l'insertion, de l'humanitaire, la puissance publique est prête à assumer les pires cabrioles, pour ne pas parler de culbutes financières. Le caritatif fait aujourd'hui dans le paracommercial. Affiché, comme pour l'association humanitaire Équilibre, présidée par Alain Michel. Cet astucieux entrepreneur s'est distingué en organisant des convois de nourriture et de matériel à destination de l'Arménie ou de la Yougoslavie. Il est pour cela largement subventionné, tant par la France que par l'Union européenne. Parallèlement à Équilibre ont été créées en 1992 deux sociétés commerciales de transport international routier, Équilibre International. Une complémentarité que revendique d'ailleurs son promoteur, fier de communiquer sur un concept nouveau. Ce qui est moins médiatisé, c'est la prise de participation par Équilibre, dès 1990, dans une SARL de bâtiment, la SETH, dont le siège est basé à l'association, puis la prise de contrôle par la SETH d'une entreprise de charpente, la TAID de Puteaux, laquelle est en liquidation depuis 1992. Puis, en 1993, Alain Michel crée une nouvelle association, Les Amis de Simandres, qui gère avec Équilibre une société civile immobilière, laquelle vient d'acquérir une propriété de 11 hectares pour 6 millions de francs. À tout le moins, un enchevêtrement qui traduit une interprétation libre de la loi de 1901…

Dans le sud de la France, toujours au nom de la lutte contre l'exclusion, une association « réinsère » quelques marginaux grâce aux emplois subventionnés en leur faisant ramasser des chiffons. Lesquels chiffons traversent la Méditerranée, direction la Tunisie, où le président de l'association transforme à bas prix les oripeaux en « tapis typiques ». Lesquels tapis retraversent la Méditerranée pour y être vendus au prix du marché. Et au plus grand profit du généreux moine-soldat de la réinsertion.

En banlieue parisienne, il s'agit d'apprendre la coiffure aux beurettes. Louable intention, qui coûte 700000 francs de subventions publiques pour monter un salon de coiffure expérimental. L'une des apprenties est aujourd'hui sortie d'affaire, les autres ont échoué. Et tous les coiffeurs du quartier hurlent à la concurrence déloyale. Car c'est là l'un des effets pervers inattendus du stakhanovisme associatif : en voulant réinsérer à tout prix, on déstabilise le petit commerce local, qui, en banlieue, n'est déjà pas en situation d'absolue prospérité.

Toujours au nom de l'intégration, SOS-Racisme, en plein accord avec l'État subventionneur (3,2 millions de francs en 1992), a inauguré un système qui retourne carrément l'esprit de la loi de 1901. *« De mon temps,* ironise un conseiller ministériel, *les associations caritatives organisaient des fêtes de charité payantes pour financer leurs actions. SOS-Racisme fait l'inverse. Il se fait subventionner pour organiser des concerts gratuits. Mais attention! des concerts "intégrateurs". »*

Le médiatique, évidemment, vient mettre son onction sur quelques têtes couronnées des bonnes causes. À preuve, les trois associations les plus médiatisées, l'ARC avec 500 millions de dons par an, le Sidaction et le Téléthon avec 300 millions chacun, ont une marge de manœuvre financière qui leur permet de rivaliser avec les moyens que l'État lui-même, salaires exclus, consacre à la recherche médicale. Ce qui pose tout de même quelques questions sur les vrais maîtres des politiques de santé.

Car les associations, finalement, servent à tout. Somme toute confortables dans leurs zones d'ambiguïté et de non-droit, elles arrangent tout le monde.

La défausse de l'État

L'État, qui se défausse sur elles de certaines de ses missions sous prétexte d'éviter d'excessives lourdeurs budgétaires. Pourquoi, exemple entre mille, l'AFNOR, cet organisme qui définit les normes des produits français, est-elle une association 1901, qui reçoit en 1992 la modique somme de 150780000 francs ? Cela s'appelle, en langage énarchique, du *« démembrement administratif »*.

Les municipalités, qui trouvent commode de financer leur action sociale, leur promotion touristique ou leur communication par des subventions versées à des associations sur lesquelles le maire conserve une maîtrise absolue, en dehors des règles rébarbatives de la comptabilité publique.

Les gros malins, qui trouvent ainsi des structures souples dans lesquelles développer des activités aux contours nébuleux, sinon sulfureux. En ce domaine, les pages nous manquent, forcément. Les rapports des chambres régionales des comptes regorgent de tels exemples, petites ou grandes combines, misérables et choquants détournements de fonds. Juste un : l'amicale des membres et anciens membres du conseil général du Vaucluse. Une petite structure conviviale, *a priori,* fondée sur l'entraide, le financement des retraites complémentaires. Sauf que l'organisation d'un voyage des conseillers généraux dans les pays de l'Est en 1989 a été facturée pour plus de 520 000 francs par une agence de voyages. Seuls 88 000 francs ont été financés par les participants. Le solde ? Pour le couvrir, le département a versé une subvention exceptionnelle de 150 000 francs. Pour leurs assurances-vies, les membres versaient certes une quote-part de leur indemnité de conseiller. Mais le département, dirigé par les mêmes, a versé pendant plusieurs années une subvention de 1 million de francs ou plus pour contribuer au bien-être futur de ses édiles.

L'association sert à tout. Vous en doutez encore ? Relisez alors ce qui a été la bible – et l'est peut-être encore – de tout « associé » corrompu. Les consignes données dans ses célèbres cahiers à spirales par Joseph Delcroix, l'ancien directeur administratif d'Urba-Gracco, l'une des pompes à finances du Parti socialiste, ne sauraient être plus explicites : *« Favoriser les associations (simple) pas de contrôle fiscal... Possibilité de supprimer ou de créer rapidement une association... Les factures sont plus faciles à faire passer. Contrats bidons, car liquidité pour l'élu. Placements faciles et rémunérateurs (compte association) ».*

On ne saurait mieux dire. Ni plaider plus crûment pour l'urgence d'une réforme.

Autour du monde

Deux systèmes associatifs partagent l'Occident : le « système libéral » (Danemark, États-Unis, Royaume-Uni...), qui fait la part belle à l'initiative et accorde de larges exonérations fiscales aux dons des particuliers, et le « système régalien » (France, Belgique, Espagne, Italie…), dans lequel la puissance publique préfère subvenir elle-même aux besoins des associations sous la forme de subventions. Un paradoxe, pourtant : ce n'est point dans le système libéral que se commettent le plus d'abus.

Les États-Unis comptent sans doute le secteur associatif le plus vigoureux du monde, ainsi que les exonérations fiscales les plus amples (de 20 à 50 % du revenu imposable). En 1990, les 350 000 fondations actives *(operating foundations)* en charge de services collectifs (universités, hôpitaux, instituts de recherche scientifique) et les 23 000 fondations privées (créées par des fortunes personnelles) ont drainé 123 milliards de dollars (environ 600 milliards de francs), provenant à 83 % de dons individuels. La transparence est la règle et la collecte de fonds, le *fund raising*, un métier à part entière. Les organisations philanthropiques sont en permanence soumises au contrôle des donateurs, voire des fondations concurrentes.

Au Royaume-Uni, l'enregistrement de l'association demeure facultatif. Cependant, pour accéder au régime fiscal préférentiel, les œuvres de bienfaisance *(charities)* doivent déposer leur statut devant la Charity Commission, qui vérifie les louables intentions des fondateurs et exerce un contrôle sur la destination des dons. Cette commission, créée en 1853, dispose d'une totale indépendance. Le registre des *charities* est à la disposition du public. Le Royaume-Uni compte environ 400 000 associations, dont 170 000 *charities*.

En Allemagne, les associations et les fondations peuvent choisir de ne pas se déclarer. L'obtention de l'utilité publique est toutefois soumise à une inscription au Registre des associations auprès du tribunal d'instance. L'exonération d'impôts (de 5 à 10 %) est accordée, après examen, par l'administration fiscale sous forme d'une attestation provisoire. Tous les trois ans, les autorités vérifient que les buts statutaires ont été respectés et délivrent une attestation définitive. L'Allemagne compte 5 000 fondations, soit quatre fois plus que la France. L'administration allemande vérifie si le patrimoine initial se révèle suffisant pour réaliser le but fixé, alors que la pratique française exige un même patrimoine (fixé à 5 millions de francs) quel que soit le but de la fondation.

Emmanuel Berretta

Une signature tardive

Depuis 1989, de grandes associations qui font appel à la générosité du public ont adopté une charte de déontologie par laquelle elles s'engagent à respecter des règles de bonne conduite en matière de transparence qui vont au-delà des obligations légales faites aux associations. Parmi les organisations signataires : l'Association française contre les myopathies (organisatrice du Téléthon), la Ligue nationale contre le cancer, Médecins du monde, les Petits Frères des pauvres, les Restos du cœur, le Secours catholique, le Secours populaire français…

L'une des premières décisions annoncées le 3 janvier [1996], lors de la réunion extraordinaire du conseil d'administration de l'ARC, consiste justement à adhérer à cette charte. Un changement radical de politique, preuve qu'il y a le feu dans la maison.

Autre manifestation de la panique : la mise à l'écart, en douceur, de Jacques Crozemarie et son remplacement par un comité intérimaire de six administrateurs, dont les professeurs Maurice Tubiana et Léon Schwartzenberg. Six personnes qui connaissent bien l'ARC pour avoir été, de longue date, les meilleurs soutiens de son président maintenant mis en difficulté.

Les Restos du cœur à livre ouvert

Philippe Marescaux, le responsable du marketing des Restos du cœur, ne s'en plaint certes pas, mais il tient tout de même à le préciser : *« Je paie moi-même ma carte orange et c'est une cinq zones. »* Sous-entendu qui se veut, à raison, symbolique d'une gestion rigoureuse. En effet. La comptabilité de cette association née, voilà onze ans, du coup de gueule d'un clown médiatique au nez rouge et à la salopette fatiguée, révèle une efficace et impeccable utilisation de la générosité publique. Lorsqu'un donateur offre 100 francs aux Restos du cœur, il peut être certain que 93,55 francs serviront directement à nourrir les plus démunis (50 millions de paniers-repas distribués l'an passé). Les 6,45 francs restants seront consommés en frais de communication, de publipostage, de traitement des dons, etc. Le donateur peut consulter au siège le rapport général du commissaire aux comptes et reçoit par courrier, dès réception de son chèque, un compte d'emploi annuel des ressources, sorte de petit bilan comptable qui lui indique comment furent, l'an passé, dépensés les 203 millions de francs reçus par l'association. On y apprend que 175 millions ont été nécessaires à l'achat de nourriture, 1 million a été consacré à la formation du personnel bénévole (25 000 personnes), 6 millions utilisés en frais d'appel à la générosité du public. *« Le coût de nos campagnes de publicité, de mailing et de communication ne représente que 6,45 % de notre budget global,* explique Philippe Marescaux. *Ce faible ratio est simplement dû au fait que nous faisons le plus possible par nous-mêmes et que nous ne relançons pas les donateurs. »* Ainsi, pas de contrat amical avec des sociétés de communication ou autres agences de publicité privilégiées, les appels aux porte-monnaie du public sont concoctés par les membres de l'association. Quant à la nécessaire intervention d'entreprises spécialisées (comme l'imprimerie ou le routage), elle n'est conclue qu'après appel d'offres. Enfin, 3,4 millions de francs alimentent la masse salariale de l'association, qui comprend d'une part les salaires et charges des huit permanents, d'autre part la rétribution de trente contrats emploi-solidarité, remboursés par l'État.

Si les Restos du cœur ont réussi à conserver cette comptabilité claire, c'est d'autant plus méritoire que l'association avait toutes les chances de pécher par tentation médiatique et fréquentation assidue du *show-biz*. On se souviendra qu'autour de Coluche se serraient, pendant les soirées de l'hiver 1985, quantité de chanteurs souriants, d'acteurs concernés et de ministres à bretelles, venus de bon cœur entourer cette généreuse machine à *« donner de la bouffe à ceux qui n'en ont pas dans ce pays, qui pourtant ne pense qu'à ça »*. Seulement Coluche, prévoyant, a su d'emblée séparer les strass emblématiques des livres comptables. *« Comme il était intelligent,* se souvient Philippe Marescaux, *il a tout de suite confié aux autres ce qu'il ne savait pas faire. »* L'intendance financière revint alors à Paul Houdard, un gestionnaire retraité des Huiles Lesieur, bénévole d'ATD Quart-Monde, qui eut à cœur *« de gérer cela comme une entreprise »*. L'association, encore jeune et de taille relativement modeste, assure être vaccinée contre les péchés de grandeur : *« On est restés des rapias, des radins, on n'achète rien, on se fait tout donner. »* Même les chaises et les ordinateurs. Enfin, autre particularité, Coluche disparu, aucun organisateur des Restos du cœur ne s'est laissé aspirer par le culte de la personnalité. Pas de passages à l'écran, pas de vedettariat, pas de faux pas. Marie Dumas, l'actuelle présidente, est inconnue du public. Anonyme pour les 300 000 donateurs et les 500 000 personnes qui recevront cet hiver un plateau-repas des Restos du cœur.

Émilie Lanez

Document 3

Article du *Monde*, 16 janvier 1996.

Le gouvernement annonce un train de mesures en faveur du monde associatif

Des conventions pluriannuelles de subventions pourront être passées avec les pouvoirs publics

Alain Juppé devait annoncer, lundi après-midi 15 janvier devant le Conseil national de la vie associative (CNVA), des mesures en faveur du mouvement associatif. Parmi elles doit figurer la possibilité de recevoir des subventions ministérielles sur une période de trois ans au lieu d'un. Des groupes de travail sont appelés à faire des propositions sur la transparence financière, la fiscalité, l'emploi et le bénévolat.

La principale mesure que devait annoncer le premier ministre, Alain Juppé, aux représentants du CNVA (Conseil national de la vie associative), réunis lundi après-midi 15 janvier à l'hôtel Matignon, concerne la pluriannualité des financements accordés aux associations. Désormais, chaque ministère pourra, sur la base de conventions-types, octroyer des crédits sur une période de trois ans, au lieu des classiques révisions ou renouvellements annuels.

Cette disposition doit « sécuriser » le budget des organisations subventionnées. Elle était réclamée par le CNVA, dans le premier des quatre rapports (sur le financement, l'emploi, le bénévolat et l'Europe) que M. Juppé lui avait commandés le 9 juin dernier et qui ont été remis cinq mois plus tard (*Le Monde* du 9 novembre 1995). Une méthode de travail nullement originale en soi mais tout à fait nouvelle dans les relations entre l'État et le mouvement associatif. Elle a permis, selon Matignon, de *« sortir du schéma habituel selon lequel les associations proposent et l'administration dispose »*. Jean Bastide, président du CNVA, s'est félicité, lundi, que *« pour la première fois dans son histoire, le CNVA a été considéré pour ce qu'il est vraiment »*.

Cette collaboration entre associations et administrations doit être étoffée par l'institutionnalisation de groupes de travail mixtes, par la création d'un « corps » de délégués à la vie associative auprès des autorités départementales et par l'élargissement du CNVA aux principales administrations (qui deviendront membres de droit), ainsi qu'aux associations de lutte contre le sida et aux organismes d'insertion par l'activité économique. Actuellement, le CNVA, instance consultative créée en 1983 et placée auprès du Premier ministre, comprend une centaine de responsables associatifs (plus dix « personnes qualifiées »), nommés par Matignon sur propositions des ministères intéressés et de douze coordinations associatives nationales. Bien que privé, le 21 décembre 1995, de « sommet social », malgré ses demandes, le mouvement associatif paraît bénéficier aujourd'hui, selon M. Bastide, d'une *« volonté politique »* du gouvernement. Le 29 septembre dernier, lors d'une visite au Havre, le président de la République, Jacques Chirac, avait de nouveau jugé le rôle associatif *« indispensable au retour à la cohésion sociale »*. Ce sentiment – peut-être plus prononcé à l'Élysée qu'à Matignon – Alain Juppé a également voulu le traduire lundi en s'entourant de quatre membres du gouvernement, Jacques Barrot (Travail et Affaires sociales), Xavier Emmanuelli (Action humanitaire d'urgence), Corinne Lepage (Environnement) et Guy Drut (Jeunesse et Sports).

L'État a lui-même besoin de balayer devant sa porte, s'agissant de son propre recours à la loi de 1901. C'est sous ce régime, pour ne citer qu'un exemple, que fonctionne l'Association nationale pour la formation professionnelle des adultes (AFPA), grand budgétivore. *« Le développement des associations parapubliques appelle peut-être un correctif »*, devait souligner M. Juppé. Parallèlement, le rôle des représentants de l'État au sein des conseils d'administration des associations devrait être *« clarifié »*. Dans cette optique, une mission d'étude va être confiée à un groupe de magistrats de la Cour des comptes et de hauts fonctionnaires.

Confirmant des mesures déjà prises, comme l'ouverture du CIE (contrat initiative emploi) aux associations ou le doublement (de 26 millions à 52 millions de francs) des crédits de formation affectés au FNDVA (développement de la vie associative), le Premier ministre devait faire part d'autres dispositions : abattement de la taxe sur les salaires porté de 20 000 à 25 000 francs (le CNVA demandait un abattement de 40 000 francs) ; augmentation, pour chaque association, du nombre de manifestations exonérées de la TVA (passant de six à dix, pour une durée totale de trois mois par an) et possibilité, pour les chômeurs indemnisés, d'exercer des activités bénévoles sans perdre les Assedic. Il devait être aussi question de l'exonération des charges sociales pour l'embauche d'un premier salarié et de l'instauration, sous réserve de l'accord du patronat, d'un congé formation.

Sur le plan européen, devait notamment déclarer M. Juppé, la France va signer la convention du Conseil de l'Europe reconnaissant la capacité juridique des organisations internationales non gouvernementales (OING) : par exemple, la direction mondiale de *Greenpeace* ne sera plus « hors la loi » dans l'Hexagone...

Jugées *« positives »* par le CNVA, ces diverses décisions ne répondent cependant pas, selon M. Bastide, à *« toutes les attentes »* du mouvement associatif. Le 11 janvier, devant la presse, la Conférence permanente des coordinations associatives (CPCA) demandait que ce dialogue social soit *« suivi d'effets immédiatement perceptibles »*. Il y en a quelques-uns mais la *« rénovation »*, voulue par Jacques Chirac, de l'institution associative a été renvoyée, pour l'essentiel, aux groupes de travail mixtes (GTM) qui vont être mis en place.

En particulier, un GTM doit examiner la notion d'*« utilité sociale »*, appelée à se substituer à celle d'utilité publique, estimée aujourd'hui inadaptée à leur évolution économique, entre activités non lucratives et activités commerciales. Déjà mise en avant par le CNVA dans un avis remis au gouvernement en juin 1995, la reconnaissance d'utilité sociale (RUS) serait délivrée par une commission paritaire présidée par un magistrat et donnerait lieu à des aménagements fiscaux.

Michel Castaing

Faut-il réformer la législation sur la transparence financière ?

Quels que soient les errements de l'ARC, Alain Juppé estime qu'*« il n'y a pas lieu de créer un climat de suspicion vis-à-vis du monde associatif »*. Le Premier ministre devait rappeler, lundi 15 janvier, devant les représentants du CNVA, l'existence de la législation, qui permet *« un réel contrôle »* des associations qui font appel à la générosité publique et/ou qui reçoivent d'importantes subventions. Toutefois, M. Juppé devait demander au CNVA de former un groupe de travail mixte (associations-administration), qui sera chargé de dresser un bilan des textes en vigueur, d'examiner la possibilité d'étendre la charte de déontologie des associations et d'étudier les conditions de publication de leurs comptes. Un rapport sera remis au gouvernement en septembre 1996.

Aujourd'hui, deux textes majeurs exigent des (grandes) associations une transparence financière. La loi du 7 août 1991 stipule que les organismes qui font appel à la générosité publique *« établissent un compte d'emploi annuel des ressources collectées auprès du public, qui précise notamment l'affectation des dons par type de dépenses »*. Ce compte d'emploi *« est déposé au siège social de l'organisme ; il peut être consulté par tout adhérent ou donateur de cet organisme qui en fait la demande »*. De plus, cette loi institue l'intervention de la Cour des comptes (et de ses chambres régionales), qui peut exercer *« un contrôle du compte d'emploi des ressources »*. Grâce à cette loi, la Cour des comptes a pu « éplucher » les finances 1993 de l'ARC, avec les résultats que l'on sait.

Est-il besoin d'une autre instance de contrôle ? Jean Chérioux, sénateur (RPR) de Paris, a déposé, en octobre 1995, une proposition de loi qui vise à *« confier à l'Inspection générale des affaires sociales* [IGAS] *une mission d'évaluation et de contrôle* a posteriori *des actions financées »* par la générosité publique. Le CNVA, notamment, n'est pas favorable à une multiplication des contrôles.

En second lieu, une loi de 1993 oblige les associations qui perçoivent 1 million de francs et plus de subventions publiques à avoir un commissaire agréé aux comptes, indépendant de l'association. Faut-il, comme certains le préconisent, abaisser ce seuil à 500 000 francs et moins ? Le futur groupe de travail devrait se prononcer sur ce point.

Nécessaire confiance

Selon une étude de juin 1995, effectuée par le Laboratoire d'économie sociale (LES) de l'Université Paris-I, les trois quarts (76 %) des quelque 730 000 associations recensées en France reçoivent des subventions. Mais la répartition des crédits est très inégale : 6 % des associations captent 80 % des financements publics. Globalement, les subventions représentent un quart de leur budget pour 39 % des associations, la moitié pour 18 % d'entre elles, les trois quarts pour 10 % et la totalité du budget pour 9 %.

Enfin, il s'est créé, en 1989, un Comité de la charte de déontologie des organisations sociales et humanitaires faisant appel à la générosité du public. Présidé par François Bloch-Lainé, ce comité, auquel l'ARC n'a pas voulu adhérer, est aujourd'hui composé de vingt-six membres, dont les plus grandes associations de solidarité. Une des solutions ne consisterait-elle pas en l'obligation, pour toute association, de publier ses comptes ? Déjà, une majorité d'organisations s'y emploient, ne serait-ce qu'au travers du rapport financier annuel présenté à l'assemblée générale des adhérents.

Le mouvement associatif ne serait pas opposé à une telle mesure. Jean Bastide, président du CNVA, souhaite que s'instaure *« un puissant mouvement fédérateur autour de la transparence et de la rigueur »*. Il est nécessaire, en ces temps d'indispensable solidarité, que la confiance règne sans nuage.

M. C.

Document 4

***Le Monde,* 13 janvier 1996.**

Associations : pour qu'on donne en confiance

par François Bloch-Lainé

Nos pouvoirs publics comptent de plus en plus sur la générosité des citoyens pour parfaire la solidarité sociale et pour promouvoir le mieux-être en renfort de l'État-providence.

Ces contributions volontaires ont beaucoup grandi au cours des dernières années. Elles restent cependant inférieures à ce qu'elles sont dans d'autres pays avancés. Partout, leur importance pose des questions relatives au rôle de l'État, en matière de réglementation et de surveillance.

Les incidents qui viennent de se produire en France et les réactions qu'ils provoquent appellent au discernement. Les organisations qui font appel à la générosité publique sont plus que généralement honnêtes et les « affaires » sont très rares. Des fondations et associations, parmi les principaux collecteurs de dons, ont devancé le législateur dans l'ordre des précautions. Depuis 1989, en adhérant à une « charte de déontologie », elles ont affiché les conduites auxquelles elles s'obligent pour mériter la confiance et elles ont organisé un contrôle mutuel, fort rigoureux, de l'application de ces règles.

Tout en rendant hommage à cette initiative, le Parlement, en 1991, a rendu obligatoire, pour tous les intervenants, l'établissement de *« comptes d'emploi »* des ressources collectées. Il a donné pleine compétence à la Cour des comptes pour effectuer des vérifications.

Faudrait-il aller plus loin dans la voie des contrôles administratifs ? Des propositions de loi ont été déposées déjà à l'Assemblée et au Sénat et les suggestions, sans doute, ne vont pas manquer. Les organisations qui ont pris les devants craignent que l'État passe de l'inattention à l'intervention lourde, là où il ne s'agit pour lui, ni de laisser faire sans lui ni de faire lui-même, mais de *« faire-faire »* le plus judicieusement.

Il ne faudrait pas qu'il portât atteinte, en multipliant les investigations formelles, à ce qui fait, en France comme ailleurs, l'esprit et l'efficience des initiatives indépendantes dans le domaine caritatif, où elles ont toujours eu un rôle précurseur et mobilisateur. Les dispositions déjà prises pour prévenir et sanctionner les abus éventuels commencent tout juste à avoir des effets et on peut penser qu'elles sont suffisantes si on les met activement en œuvre.

Les *« comptes d'emploi »*, dont la publicité peut être accrue, permettent de comparer les pratiques, notamment en ce qui concerne les frais qui grèvent les fonds destinés aux actions annoncées.

Tous les organismes qui reçoivent des concours publics sont déjà passibles des principaux corps de contrôle. Et la Cour des comptes vient fort heureusement de prouver l'utilité de son droit de regard, dont elle poursuivra l'exercice. Les règles de bon fonctionnement interne des fondations et associations sont clairement établies. Il ne manque pas de moyens, la presse aidant, de rappeler à l'ordre celles qui les négligeraient pour ce qui est de la réalité des pouvoirs de conseils d'administration dûment élus et renouvelés, de l'information de tous les membres assemblés, à l'encontre des pratiques internes de personnalités abusives et de toutes autres déviances possibles.

Il n'est pas de protection plus efficace que la pratique de la *« transparence »*, qui permet à tous les donateurs et tiers de savoir et de juger. C'est en disant clairement ce qu'ils font que les médiateurs en cause s'obligent à bien agir. Aucun gendarme ne remplacera jamais les effets de cette franchise, aucune vigilance bureaucratique, serait-elle exercée par de nombreux contrôleurs à grands pouvoirs d'inquisition, ne peut se substituer à la clairvoyance des intéressés sans briser leurs élans.

Les adhérents du Comité de la charte croient à l'échange des regards entre acteurs plus qu'à tous les investigateurs du dehors. Ils ne prétendent pas détenir seuls la bonne méthode. Ils souhaitent seulement que leur conviction soit davantage suivie en dehors d'eux ou avec eux, pour rendre inutiles les descentes de police. Le Comité est en relation avec les institutions étrangères dont les expériences sont éclairantes. Que leur exemple fût ou non antérieur au sien, celui-ci a déjà impressionné certains de ses correspondants. Nos pouvoirs publics seraient avisés de tenir compte de ces expériences échangées pour prendre leurs propres résolutions.

***François Bloch-Lainé** est président du Comité de la charte des organisations sociales et humanitaires faisant appel à la générosité du public.*

Document 5

Le Monde, **9 mars 1996.**

Le scandale de l'ARC n'en finit pas de susciter des débats sur le fonctionnement du monde associatif. Les 700 000 associations et leurs 217 milliards de francs de budget doivent faire l'objet d'une *« vigilance »* accrue de l'État, estime, dans un entretien au *Monde*, le ministre de l'Intérieur. M. Debré désigne comme *« cible privilégiée »* les quelque 2 000 associations reconnues d'utilité publique. La cellule spécialisée au sein des Renseignements généraux sera renforcée, annonce-t-il. De même, les préfets sont invités à suivre de plus près leurs activités. À ces déclarations ministérielles répond l'inquiétude des responsables du monde associatif. Ils craignent en effet qu'une surveillance *« policière »* ne menace le principe de la liberté d'association. Ils soulignent également que la législation existante n'est pas appliquée.

M. Debré veut « renforcer la surveillance des associations d'utilité publique »

Dans un entretien au *Monde*, le ministre de l'Intérieur fait part de sa détermination à accroître la « vigilance de l'État » envers les organismes à but non lucratif. Les Renseignements généraux, les préfets et les corps d'inspection sont appelés à se mobiliser.

– « L'Association pour la recherche contre le cancer (ARC) s'ajoute à la liste des associations de type loi 1901 impliquées ces dernières années dans des scandales financiers, après Carrefour du développement, le Centre national de transfusion sanguine (CNTS), les associations paramunicipales de Jacques Médecin ou la galaxie associative d'Urba Gracco. Cela vous conduit-il à envisager une refonte de la loi de 1901 ?

– Il faut absolument éviter que les affaires regrettables dont vous parlez conduisent à remettre en cause le principe constitutionnel de la liberté d'association. Il est au cœur de la loi de 1901 et notre devoir est de le préserver. J'ajoute que le phénomène associatif prouve quotidiennement sa vitalité, à la fois comme instrument de solidarité, de fraternité et comme outil de développement de la vie locale. Prenons garde à ne pas entraver son essor. Mon objectif est d'accentuer la vigilance de l'État pour prévenir un certain nombre de dysfonctionnements. Sa réalisation passe vraisemblablement par une meilleure utilisation de la loi de 1901, afin de mettre la puissance publique, et notamment le ministère de l'Intérieur, en situation de sanctionner les détournements de toute nature et les usages abusifs du droit d'association.

– Dans quels domaines voulez-vous renforcer en priorité le contrôle de l'État ?

– Quelques chiffres nous permettent de situer l'extraordinaire expansion du phénomène associatif. En vingt ans, le nombre des créations annuelles est passé d'environ 20 000 à plus de 70 000. On dénombre aujourd'hui quelque 700 000 associations, qui s'attachent les services de l'ordre de 500 000 salariés et d'environ 800 000 bénévoles. Parallèlement, les fonds gérés par l'ensemble de ces structures ont connu une croissance exponentielle. C'est vous dire combien il est aujourd'hui difficile d'accompagner le phénomène associatif dans sa gestion et d'en suivre l'évolution. Plutôt que de déterminer des domaines où la vigilance de l'État devrait s'exercer en priorité, je proposerais de définir des cibles privilégiées. À mon sens, il faut principalement renforcer la surveillance des associations reconnues d'utilité publique. Leur nombre – 2 000 sur l'ensemble du territoire – le permet et leur objet même l'exige.

– Quels sont les principaux types de dysfonctionnements que vous avez repérés ?

– N'oubliez pas que le rôle du ministère de l'Intérieur et des préfectures n'a jamais consisté, jusqu'à présent, à s'immiscer dans le fonctionnement interne des associations. On se bornait à une vérification formelle de la régularité des statuts et de l'existence des critères donnant droit à la reconnaissance d'utilité publique. Pour résumer, le ministère n'était pas un observatoire des associations, mais plutôt un guichet d'enregistrement de leur création. On peut le regretter, mais cette politique était conforme à une certaine conception du droit des associations, fondée sur la prééminence du principe de liberté. Il faut sans doute évoluer sans le remettre en cause. C'est toute la difficulté de la tâche.

– Quelles décisions avez-vous prises en ce qui concerne, tout d'abord, la grande masse des 700 000 associations ?

– J'ai tout d'abord décidé de renouveler et de renforcer les services compétents au sein de la direction générale de l'administration, qui ne fonctionnaient pas dans des conditions satisfaisantes au regard de l'évolution de la matière. Les moyens mis à leur disposition seront accrus et l'informatisation accélérée.

J'ai parallèlement décidé d'étoffer la cellule spécialisée qui, au sein de la direction centrale des Renseignements généraux, a la charge de veiller à déceler ceux qui, sous couvert de générosité, utilisent la loi de 1901 à des fins intéressées ou détournées de leur objet déclaré.

Ce n'est pas tout. Je vais adresser une circulaire aux préfets afin qu'ils accroissent leur vigilance dès la création d'une association. À l'heure actuelle, les préfectures se comportent comme une chambre d'enregistrement et ne sont pas en mesure de suivre l'activité des associations. Il faut que cela change. C'est pourquoi, à l'avenir, elles ne pourront rester indifférentes à la concordance entre le but déclaré et l'activité réelle de l'association.

Nous avons enfin besoin d'un dépoussiérage de nos pratiques administratives. À cette fin, l'Inspection générale de l'administration réalisera, dans un délai bref, un audit sur la capacité des préfectures à mieux appréhender l'activité des associations. J'attends de l'IGA des propositions sur la possibilité de mettre en place dans l'administration préfectorale un mode d'organisation permettant, à échéances régulières, de savoir si telle ou telle association n'existe plus, si elle a révisé son objet ou encore élargi son rôle. Mais il doit être bien clair pour tout le monde qu'il ne s'agit pas de jeter la suspicion sur le mouvement associatif. Mieux, il doit être question avant toute chose de l'aider à se développer et de mettre en valeur ses atouts, comme l'a déclaré le Premier ministre récemment devant le Conseil national de la vie associative.

– Comment envisagez-vous de renforcer le contrôle des 2 000 associations reconnues d'utilité publique ?

– Distinguons, si vous le voulez bien, une minorité d'associations qui manient des fonds considérables, bénéficient de supports publicitaires et de l'attention des médias, sollicitent des dons et legs de la part du public. Leur gestion doit évoluer dans le sens d'une plus grande rigueur et pouvoir faire l'objet d'un examen sérieux. Il convient de faire un effort pour améliorer la publication des comptes, leur régularité et leur transparence.

Aujourd'hui, si les comptes sont transmis chaque année aux services de l'État, leur présentation est telle que l'administration n'est pas capable de déceler d'éventuelles anomalies. C'est peut-être étonnant, mais c'est la vérité. L'ARC en est la meilleure illustration. J'en tire comme conclusion qu'il faut envisager la possibilité pour les pouvoirs publics de s'attacher la coopération d'experts chargés d'analyser les comptes des associations. Il importe de faire ressortir annuellement un certain nombre d'indicateurs précis et pertinents pour des non-spécialistes et surtout pour le public : montant exact des sommes recueillies par la générosité publique, niveau des dépenses de fonctionnement, rapport entre les sommes affectées au but de l'association et celles relatives à la communication ou à la gestion courante.

Je crois qu'il serait également souhaitable de mieux utiliser les compétences des corps d'inspection interministériels. Et j'ajoute que la Cour des comptes doit continuer de jouer pleinement son rôle pour ce qui intéresse les organismes faisant appel à la générosité publique.

– Cela voudra dire que la Cour des comptes pourra continuer d'intervenir dans les contrôles des associations et que les trois inspections pourront, elles aussi, procéder à des contrôles ?

– C'est souhaitable. Mais revenons à nos réflexions antérieures. Il convient de réfléchir sur l'éventuelle séparation entre les fonctions de participation à la décision et au contrôle qui incombent à l'État dans les associations reconnues d'utilité publique. Vous savez par exemple qu'un représentant de l'État siège au conseil d'administration des fondations et de certaines associations. Est-il sain que celui qui participe à la décision soit chargé dans le même temps de la contrôler ? Je ne le crois pas. À l'avenir, le renforcement du contrôle de l'État s'accommodera mal d'une présence au sein du conseil d'administration qui cautionne ou entérine des décisions d'une instance indépendante. Il faut imaginer un dispositif assurant la vigilance de l'État sans la participation aux prises de décision.

– Faut-il accentuer la collaboration entre les ministères compétents ou bien pensez-vous que le ministère de l'Intérieur doit être l'instance de contrôle ?

– Accroître la coopération interministérielle, pourquoi pas ? Démanteler la vocation généraliste du ministère de l'Intérieur, sûrement pas ! Ce serait éteindre l'esprit même de la loi de 1901 que de spécialiser les associations. Le ministère de l'Intérieur doit rester le ministère de référence.

– Un véritable pouvoir de contrôle suppose que des sanctions effectives soient prises...

– Qui dit contrôles dit sanctions. Notre droit les prescrit. L'administration a la faculté de refuser de

217 milliards de francs de budget

Selon une évaluation du Laboratoire d'économie sociale (LES) de Paris-I, le budget total des quelque 700 000 associations françaises, tous secteurs confondus, s'est élevé en 1990 – dernier exercice connu - à 217 milliards de francs : 129 milliards provenaient de fonds publics et 88 de sources privées. Les budgets se répartissaient ainsi : moins de 50 000 francs pour 62,2 % des associations, entre 50 000 et 1 million de francs pour 32 %, entre 1 et 5 millions de francs pour 4,8 % et plus de 5 millions de francs pour 1 %. En 1992, seulement 4,5 milliards de francs de dons individuels ont fait l'objet d'une déduction fiscale.

Les effectifs salariés représentaient, en 1994, 830 000 « équivalents temps plein » dans les 120 000 associations employeurs et l'on estimait à 570 000 « équivalents temps plein » le volume de l'activité des bénévoles, au nombre de 7 millions environ.

donner aux associations le droit de recevoir des dons et legs et, le cas échéant, de le leur retirer. Le retrait de la qualité d'utilité publique ainsi que la dissolution judiciaire sont également des possibilités. Mais, comme souvent dans notre pays, les textes existent et ne sont pas appliqués. Dans les dix dernières années, seuls quatorze retraits de reconnaissance d'utilité publique ont été opérés. Encore faut-il préciser que la plupart sont intervenus à la suite de fusions ou de réorganisations ou à la demande de l'association concernée. Cela veut dire concrètement que les dysfonctionnements, ou pire, les abus constatés, n'ont pas été véritablement sanctionnés. »

Propos recueillis par Erich Inciyan et Franck Nouchi

Le monde associatif s'inquiète d'un éventuel « contrôle d'opportunité »

L'intention du ministre de l'Intérieur, Jean-Louis Debré, de faire intervenir les Renseignements généraux dans le contrôle des associations ne va pas manquer de susciter de vives réactions… Déjà, dans le numéro de février d'*Union sociale*, mensuel de l'Union nationale interfédérale des œuvres et organismes privés sanitaires et sociaux (Uniopss), François Bloch-Lainé, président d'honneur de cette organisation, écrivait : *« Aucun policier ne remplacera jamais* [des] *garanties »* comme *« des conseils d'administration réellement actifs et responsables »* et, *« pour rendre clair le pacte social de chaque association, la transparence de ses comptes »*.

C'est ce que préconise le Comité de la charte de déontologie des organisations sociales et humanitaires faisant appel à la générosité du public, dont M. Bloch-Lainé est le président en exercice. Ce comité, créé en 1989, comprend vingt-sept membres, dont les principales « locomotives » de la solidarité, à une exception de taille, l'ARC. Cette autodiscipline s'est révélée jusqu'à présent efficace, à moins de soupçonner ses adhérents de laver leur linge sale en famille. *« Les experts que souhaite s'attacher M. Debré se trouvent tout simplement au sein du Comité de la charte »*, affirme Daniel Druesne, directeur de la communication du Secours catholique.

Pour Jean Bastide, président du Conseil national de la vie associative (CNVA), la référence aux Renseignements généraux est *« préoccupante »*, car *« elle peut vite donner lieu à des dérapages »*, en risquant de mettre *« la liberté associative sous observatoire »* et d'instituer *« un contrôle d'opportunité »*. Mais c'est l'ambiguïté des propos de Jean-Louis Debré qui est surtout retenue : d'une part, l'assurance que la loi de 1901 ne saurait être remise en cause et, d'autre part, une série de contraintes qui en limiteraient forcément la portée. Comment les Renseignements généraux pourraient-ils *« déceler ceux qui, sous couvert de générosité, utilisent la loi de 1901 à des fins intéressées »*, sans exercer une surveillance qui paraîtra vite attentatoire à la liberté de s'associer ?

Reprise en main

Pour le Secours catholique, il ne convient pas, *« au-delà des effets de manches et d'annonce »*, de multiplier les contrôles, mais d'abord d'appliquer les textes existants. Daniel Druesne indique que son organisation n'a encore *« jamais été contrôlée »*, ni par la Cour des comptes, ni par l'Inspection générale des affaires sociales (IGAS), au moins depuis la parution de la loi de 1991.

« Depuis des années, note de son côté Julien Lauprêtre, président du Secours populaire français, *les contrôles administratifs, y compris européens, se sont considérablement renforcés. Ils prennent parfois un caractère tatillon et mesquin, alors que les associations humanitaires ont fait preuve de transparence en créant une charte de déontologie ». « Ajouter d'autres contrôles,* poursuit M. Lauprêtre, *c'est augmenter encore les charges administratives des associations. La vie associative de notre pays est fondamentalement propre et sans reproches. Les problèmes rencontrés par l'ARC étaient un secret de polichinelle. »*

La détermination du ministre de l'Intérieur à vouloir, en quelque sorte, « reprendre en main » le monde associatif ne semble pas s'inscrire dans la perspective récemment définie par le Premier ministre. Le 15 janvier dernier – le scandale de l'ARC étant déjà connu à cette date –, Alain Juppé a demandé au CNVA de mettre en place (ce qui a été fait) un groupe de travail mixte (administrations-associations) *« chargé de dresser un bilan des conditions de mise en œuvre des dispositifs existants et notamment de la loi de 1991 ; d'examiner la possibilité de rendre obligatoires les dispositions figurant dans la charte de déontologie des associations ; plus particulièrement d'étudier les conditions de la publication des comptes des associations dont les ressources sont supérieures à un certain niveau »*. Le Premier ministre a commandé un rapport pour septembre. Le travail de ce groupe serait-il caduc avant d'être achevé ?

Enfin, les dispositions envisagées par le ministre de l'Intérieur n'ont visiblement pas fait l'objet d'une concertation avec d'autres grands « utilisateurs » d'associations, comme ses collègues de la Jeunesse et des Sports, du Travail et des Affaires sociales, de la Culture et de l'Action humanitaire d'urgence. Le Secours catholique réclame *« une politique interministérielle claire »*, tandis que le CNVA estime que l'État doit, le premier, balayer devant sa porte. Alain Juppé lui-même l'a admis, qui a aussi demandé à un groupe de travail de dresser un *« état des lieux du recours aux associations parapubliques »*.

L'affaire de l'ARC a traumatisé tout le monde : pouvoirs publics, associations, parlementaires, donateurs… Deux propositions de loi présentées par le RPR illustrent ce trouble. L'une, adoptée en première lecture par l'Assemblée nationale et examinée, le 12 mars, par le Sénat, vise à augmenter les avantages fiscaux liés aux dons. L'autre tend à confier à l'IGAS un contrôle renforcé. D'une façon générale, on vante *« le rôle irremplaçable »* des associations d'utilité publique, mais on veut aussi les contrôler jusqu'à l'inertie. Ainsi Jean-Louis Debré souffle-t-il le chaud et le froid.

Michel Castaing

Document 6

La Croix, **juin 1996.**

Les associations recherchent un label de confiance

Après l'affaire de l'ARC, le comité de la charte de déontologie voit affluer les candidatures

La déontologie et la transparence ont le vent en poupe. Après le scandale de l'ARC et le renforcement annoncé des contrôles, les organisations faisant appel à la générosité publique sont à la recherche d'un label ravivant la confiance des donateurs. L'enjeu est de taille pour un secteur qui représente une collecte estimée à 10 milliards de francs.

Cinq ans après sa création, le comité de la charte de déontologie des organisations sociales et humanitaires faisant appel à la générosité du public doit donc affronter une crise de croissance. Regroupant jusqu'ici 27 organisations, dont les poids lourds des associations françaises comme le Secours catholique et l'Association française contre les myopathies, le comité de la charte a enregistré depuis quelques mois un afflux de candidatures nouvelles.

« Nous n'examinons que les associations qui réalisent au moins 3 millions de francs de collecte de fonds, explique François Bloch-Lainé, président du comité. *Nous ne tenons pas au nombre. »*

Concrètement, le comité de la charte se veut instigateur de propositions, alors que le Parlement et le gouvernement s'apprêtent à durcir la réglementation.

Améliorer l'information aux donateurs

« Que l'État s'attache d'abord à faire appliquer les lois existantes tout autant qu'à en créer de nouvelles », souligne encore le président du comité. Parmi les 11 chapitres de recommandations aux membres actuels et futurs, le comité s'attache à développer les moyens d'une meilleure information des donateurs, aux dispositions en cas d'activité commerciale de l'association, aux modes de rémunération des agences de communication concourant à la collecte des fonds ou la protection des données à caractère personnel.

Autant de propositions très techniques qui s'inscrivent dans un calendrier précis de concertation engagée avec les pouvoirs publics par le Conseil national de la vie associative. Un groupe de travail sur la transparence financière des associations, annoncé le 15 janvier [1996] par le Premier ministre, se réunira pour la première fois le 28 juin. Composé de représentants des associations et de l'administration, il est chargé *« d'étudier l'opportunité de rendre obligatoires certaines dispositions de la charte »*, selon le comité. De son côté, l'Association des trésoriers et responsables d'associations (AFTA), qui regroupe plus de 100 membres, rappelle que le principal contrôle viendra aussi du citoyen. Et que dans ce cadre également, les dispositifs sont nombreux. Reste à les utiliser.

Robert Migliorini

Commentaire

Phase 1 : lecture et analyse des documents

Découverte du sujet

Il s'agit d'un sujet simple, non technique, un sujet dit « de société ».

Vous n'ignorez pas ce qu'est une association de la loi de 1901 en France et vous connaissez probablement certaines d'entre elles.

Avant même de parcourir le dossier, réfléchissez bien, concentrez-vous sur le libellé même du sujet.

D'emblée, vous percevez qu'il comprend deux volets qui doivent inspirer directement votre plan :

– un volet consacré à la **liberté** des associations : que vous suggèrent cette liberté, le nombre considérable d'associations constituées en France, la place qu'elles occupent dans le tissu social, la facilité avec laquelle elles sont créées et disparaissent, etc. ?

– un volet consacré au **contrôle** des associations : pourquoi ce contrôle ? Est-il suffisant à l'heure actuelle ? Est-il indispensable, qui doit l'exercer ? etc.

Ce sujet fait appel à quelques connaissances élémentaires (en droit notamment), mais surtout il évoque des questions largement débattues dans la presse ces dernières années. La lecture régulière de quotidiens ou d'hebdomadaires lors de votre préparation au concours a dû vous familiariser avec ce type de sujet.

Survol du dossier

Forts de ces premières réflexions, parcourez à présent rapidement (en une dizaine de minutes) les six documents. Que constatez-vous ?

Vous découvrez d'abord **un long texte** (document 1), extrait d'un ouvrage général sur les associations.

Les sous-titres et les intertitres (*« Le monde associatif »*, *« La pratique associative »*, *« Un moyen de défense »*, etc.) vous guident et vous permettent de constater que vous pourrez y trouver des informations sur :

– le nombre d'associations et la répartition de leurs activités ;

– l'évolution de la pratique associative depuis le début du siècle ;

– leur rôle international, etc.

Vous trouvez ensuite **cinq articles de presse**, tous parus dans les six premiers mois de 1996, à l'occasion de scandales qui ont concerné quelques associations ; ces scandales – en particulier financiers – ont fortement touché l'opinion publique et les associations faisant appel à la générosité du public cherchent à regagner la confiance de leurs donateurs (documents 2, 3, 4, 5 et 6).

Certains de ces articles (le document 2 en particulier) détaillent les abus commis par plusieurs associations et dénoncent l'insuffisance des contrôles par les pouvoirs publics, comme le montrent les sous-titres et les encadrés (*«L'État complaisant»*, *«On se sert des associations pour tout, sauf pour le civisme»*...). D'autres insistent sur la nécessité des contrôles et les propositions de réforme (sous-titre du document 3 : *«Faut-il réformer la législation sur la transparence financière?»*). Les derniers traitent de la réaction de défense des associations face aux contrôles (document 5 : *«Le monde associatif s'inquiète d'un éventuel «contrôle d'opportunité»*) et face aux scandales (document 6 : *«Les associations recherchent un label de confiance»*).

Par ailleurs, tous les documents posent la question du financement des associations, soit par la voie des subventions (État, collectivités locales), soit par la voie de l'appel public à l'épargne, et celle des risques de dérives.

D'ores et déjà, **à ce stade**, avant même la lecture plus approfondie de chacun des documents, **vous avez repéré ce qui constituera la substance de votre note** : d'un côté des informations illustrant la très grande liberté des associations en France, de l'autre des informations illustrant la nécessité de contrôler celles-ci pour éviter les abus criants.

Lecture approfondie

À présent, stylo en main, vous pouvez procéder à une lecture plus approfondie des documents en distinguant par des couleurs différentes, soit les idées principales des exemples et illustrations, soit les idées qui constituent votre première partie de celles qui constituent votre deuxième partie.

À titre d'exemple, nous allons dans cette Note appliquer pas à pas la méthode à suivre, de façon très concrète, pour que vous en compreniez bien les principes.

Document 1

Ce texte, comme vous l'avez repéré après un rapide survol, est riche d'informations diverses. Il va donc falloir dégager les idées principales et laisser tomber l'accessoire, prendre des notes au fur et à mesure de votre lecture et commencer à répartir les idées en fonction d'une première ébauche de plan.

Nous reprenons ici les éléments qu'il semble utile de retenir, dans un premier temps.

«Le monde associatif»

Grande liberté des associations, qui se traduit par peu d'obligations administratives; elles peuvent ainsi ne pas déclarer leur création, ni d'ailleurs leur disparition. Elles seraient environ 800000 en France et 60000 sont créées chaque année, dans de nombreux secteurs d'activités dont le sport est le plus important (19%). Pour la période récente, progression de celles qui œuvrent pour le développement économique et l'emploi.

Le nombre de salariés qu'emploient les associations est d'environ un million, dont 400000 dans l'action sociale; emplois pas toujours à plein temps.

Fort engouement des Français pour les associations : un sur trois y adhère, plutôt dans les classes moyennes et plutôt parmi les personnes âgées (avec l'abaissement de l'âge de la retraite), à droite comme à gauche. Principales motivations des adhérents : les services que procurent les associations et les contacts humains. Selon l'opinion générale, les associations permettent de suppléer l'État dans certaines de ses actions.

«La pratique associative»

Certaines associations datent du milieu du XIXe siècle, mais depuis 1945 surtout elles ont dû s'adapter à une situation sociale nouvelle : poussée démographique, action sociale, urbanisation, société de consommation et défense des usagers, lutte contre la pauvreté; avec les années d'expansion, développement des loisirs : sports, activités socioculturelles, MJC, etc. Nouvelle adaptation après 1968, nouveaux thèmes de la vie associative : défense de l'environnement et des usagers, lutte contre la délinquance, défense des droits de l'homme, etc. Récemment, évolution nouvelle vers des associations prestataires de services (pour l'emploi, la formation, etc.).

«La solidarité internationale»

Les organisations internationales non gouvernementales ou ONG sont elles aussi de plus en plus nombreuses, dans les domaines de l'aide médicale, de la défense des droits de l'homme et de l'aide au développement. Aident les populations concernées à mener des projets concrets.

«La vie associative et ses fonctions – Un moyen de défense»

Depuis la fin des années 60, retour aux associations de défense : amélioration du cadre de vie et de l'environnement, défense des consommateurs ou des usagers, opposition à des projets d'intérêt général.

«Un foyer d'innovation»

Les associations ont été pionnières dans un certain nombre de domaines, où ensuite les pouvoirs publics ont relayé leurs actions : lutte contre les maladies (le cancer, le sida), contre la pauvreté et l'exclusion, etc. Leur action a souvent précédé l'évolution du droit.

«Une forme de participation»

La vie associative est une forme de participation à la vie collective; les associations entendent jouer un rôle de médiation entre les citoyens et l'État, rôle qui n'est pas seulement de contestation mais aussi d'aide apportée aux services de l'État ou aux collectivités locales dans l'accomplissement de leurs missions.

«L'importance du bénévolat»

De ce paragraphe, on se contentera de retenir que les associations ne peuvent exister sans le travail des bénévoles, qui sont très nombreux dans le secteur du sport comme dans celui de l'action sociale.

«L'argent fou»

De cette dernière partie, on retient que les associations, bien que largement subventionnées par l'argent public, refusent parfois tout contrôle; d'autres succombent à la tentation de la médiatisation; les malversations financières de quelques-unes d'entre elles ont attiré l'attention du public, mais la majorité des associations sont honnêtes et servent l'intérêt général.

Le texte se termine par une citation de Tocqueville qui pourrait être reprise, même partiellement, en conclusion de la note.

Document 2

Cet article du *Point* revient sur des informations déjà contenues dans le document 1 tout en mettant en valeur des aspects différents. Il vous faut donc repérer les éléments nouveaux et ne pas vous attarder sur ce que vous avez déjà sélectionné dans le document 1.

Ce texte commente la très grande liberté laissée aux associations dans leur constitution et dans leur fonctionnement, qui a entraîné un certain nombre d'abus.

Un exemple est largement commenté, celui de l'ARC, Association pour la recherche contre le cancer : sur les aspects financiers du scandale de l'ARC, on apprend que la moitié des fonds destinés à la recherche relevaient du seul président de l'association et qu'en 1993, seulement 27,2 % des sommes recueillies ont été effectivement versées pour la recherche. Les représentants de l'État qui siégeaient au conseil d'administration de l'ARC n'ont pas voulu ou pas su exercer leur contrôle.

L'interview de P.-P. Kaltenbach, en encadré, rend compte de nombreux dysfonctionnements : les associations servent à tout (commerce, décorations, prestige, enrichissement, etc.) car elles sont soumises à très peu de contrôles; ainsi, personne ne sait exactement combien d'argent elles reçoivent de l'État; un véritable contrôle s'impose.

L'article du *Point* donne quelques chiffres qui complètent ou remplacent (car plus récents) ceux fournis par le document 1 :

– le secteur associatif emploie 1,3 million de salariés et 800 000 bénévoles;

– deux catégories d'associations coexistent, des milliers de « petites » et quelques « mastodontes », les secondes ramassant la plus grosse part des 130 milliards de francs d'argent public;

– 0,3 % des associations emploie 80 % des salariés.

Un rapport volumineux de l'Assemblée nationale, le « jaune », recense tous les deux ans la liste des associations ayant perçu des subventions; la liste est longue et les exemples abondent d'abus en tous genres. L'État est fortement impliqué, dans la mesure où il utilise nombre d'associations pour se « défausser » de certaines de ses missions, ce qu'on appelle le « démembrement administratif ».

Une charte de déontologie a été adoptée en 1989 par de grandes associations qui font appel à la générosité du public (encadré page 61).

Les Restos du cœur constituent un exemple de gestion rigoureuse, de transparence et d'efficacité dans l'utilisation de la générosité publique : sur 100 francs donnés, 93,55 francs servent directement à nourrir les plus pauvres.

Les exemples étrangers donnés en fin d'article sont à examiner rapidement, sans entrer dans le détail.

Document 3

Cet article du *Monde* présente l'intérêt de montrer à quel point le mouvement associatif est ancré dans la vie politique française.

Les gouvernements sont attentifs à ne pas heurter de front ce mouvement (voir par exemple l'annonce, en janvier 1996, de conventions pluriannuelles de subventions) et hésitent à réformer la législation sur la transparence financière.

Quelques points importants à retenir concernant les contrôles des associations :

– la Cour des comptes contrôle depuis 1991 les organismes qui font appel à la générosité publique;

– depuis 1993, les associations qui perçoivent 1 million de francs et plus de subventions publiques doivent avoir un commissaire aux comptes, indépendant de l'association.

Un chiffre précis à retenir : 6 % des associations captent 80 % des financements publics.

En projet : une redéfinition de la notion d'« utilité publique » ou « sociale »; confier à l'IGAS (inspection générale des affaires sociales) une mission d'évaluation et de contrôle *a posteriori* des actions financées par la générosité publique; réexaminer le bien-fondé des associations para publiques; justifier mieux l'emploi des ressources.

Document 4

Cet article est une tribune libre du *Monde* signée de F. Bloch-Lainé, président du Comité de la charte de déontologie des organisations sociales et humanitaires faisant appel à la générosité du public.

Il synthétise bien une opinion très répandue dans les grandes associations, selon laquelle il n'est pas nécessaire de légiférer et d'augmenter les contrôles pour moraliser la vie associative.

Il n'y aurait pas de protection plus efficace que la pratique de la transparence, qui permet à tous les donateurs et aux tiers de connaître et de juger les méthodes de gestion de l'association qu'ils subventionnent.

Document 5

Complétant utilement le précédent, cet article relate les tentatives du ministre de l'Intérieur pour mieux contrôler, en particulier, les 2000 associations reconnues d'utilité publique, désignées comme « cibles privilégiées ». Ce contrôle passerait par un renforcement de la direction centrale des Renseignements généraux et par une demande d'amélioration de la présentation des comptes. Mais il est nécessaire que ces mesures n'alourdissent pas trop les charges administratives des associations par un excès de formalités et surtout ne prennent pas la forme d'un éventuel contrôle d'opportunité, ce que craignent les milieux associatifs. La liberté d'association étant un principe constitutionnel, les pouvoirs publics ne doivent pas s'immiscer dans le fonctionnement interne des associations.

Document 6

Après le scandale de l'ARC, notamment, les associations qui font appel à la générosité du public cherchent à regagner la confiance des donateurs. Nombre d'entre elles veulent adhérer au Comité de la charte de déontologie des associations, mais F. Bloch-Lainé, son président, n'accepte que les « grosses », celles qui collectent au moins 3 millions de francs par an.

Un chiffre à retenir : la collecte annuelle des organismes est évaluée à 10 milliards de francs.

Cet article complète le document 4 et rappelle que, plutôt que créer de nouvelles lois établissant des contrôles, le monde associatif souhaite que soit appliquées les lois existantes.

Phase 2 : construction du plan

L'élaboration du plan est sans surprise et ne comporte pas de difficultés majeures, compte tenu du libellé du sujet et des observations déjà faites.

La **première partie** doit être consacrée à décrire la liberté dont bénéficient les associations depuis la loi de 1901, l'usage qui en est fait et l'attachement des Français à cette institution.

Titre de la première partie : **«Les associations, un espace de liberté difficile à remettre en cause»**.

Les principales informations et idées à faire passer sont :

- le goût des Français pour la vie associative ;
- le chiffrage du mouvement associatif (nombre d'associations, nombre de salariés et de bénévoles dans ce secteur, volume d'argent récolté et reversé, etc.) ;
- la fonction sociale des associations ;
- la diversité des formes d'associations ;
- les nouvelles tendances liées à l'après mai 1968 ;
- le rôle de médiation joué par de nombreuses associations entre les citoyens et l'État.

La **seconde partie** doit être consacrée à décrire les abus constatés ces dernières années, par suite de l'insuffisance des contrôles, et les tentatives de solutions proposées tant par le milieu associatif que par les pouvoirs publics.

Titre de la deuxième partie : **«L'apparition d'abus récents pose la question de la réforme du contrôle des associations»**.

Les principales informations et idées à faire passer dans cette deuxième partie sont :

- le problème posé par l'insuffisance de transparence financière de certaines associations ;
- les scandales de ces dernières années ;
- les ripostes possibles des pouvoirs publics ;
- le contrôle particulier exigé pour les associations faisant appel à la générosité publique ;
- la charte de déontologie et le point de vue du milieu associatif.

Corrigé proposé

Sujet : *Liberté et contrôle des associations en France.*

Tenues en suspicion très longtemps par les régimes autoritaires, les associations ont obtenu leur pleine reconnaissance en France avec la loi du 1er juillet 1901.

Depuis, elles ont connu un développement considérable qui s'est encore accentué au cours des dernières années. Cet essor a entraîné un certain nombre d'abus et une réflexion délicate est actuellement engagée sur les contrôles à mettre en place.

1. Les associations, un espace de liberté difficile à remettre en cause

Les Français ont, dans leur grande majorité, une très bonne opinion des associations et de la vie associative.

Celle-ci s'est considérablement développée au lendemain de la seconde guerre mondiale. Les créations annuelles sont passées de 5 000 associations en 1945 à 23 000 en 1975 et à près de 70 000 en 1995 ; leur nombre total actuel est d'environ 800 000.

Les activités couvertes sont très variées, mais selon une étude récente les sports représentent 19 %, la culture et le tourisme 17 %, la santé et l'action sociale 12 %, les loisirs et la jeunesse 12 %, l'économie 11 %, l'éducation 8 %, etc.

Sur le plan économique, les associations jouent un rôle de premier plan puisqu'on évalue en 1996 à 1,3 million les salariés du secteur associatif, parmi lesquels, il est vrai, des emplois à temps partiel. Il faut ajouter à ce chiffre la présence d'environ 800 000 bénévoles qui œuvrent pour les associations.

On estime qu'un Français sur trois adhère à une ou plusieurs associations. Selon un sondage réalisé en 1989, les associations attirent d'abord par les services qu'elles procurent, ensuite par les contacts humains qu'elles permettent, après encore par la participation à une action collective et, à un moindre degré, par les idées qu'elles défendent.

Ce qui frappe dans le mouvement associatif, c'est l'extrême diversité des structures. À côté d'associations éphémères de trois ou quatre personnes se développent d'énormes organismes pouvant collecter des fonds importants et mobilisant de nombreuses personnes, bénévoles ou salariées. Ainsi, 0,3 % des associations emploie 80 % des salariés de ce secteur et 6 % d'entre elles captent 80 % des financements publics.

La période récente, en particulier, a été marquée par le développement des « associations marchandes » prestataires de services, qui œuvrent par exemple pour le développement local, l'emploi, l'insertion, la réadaptation sociale, la formation, et par le rôle grandissant des associations à vocation internationale (les ONG).

Par leurs fonctions, les associations constituent un espace irremplaçable de liberté et de réflexion. Certes avec l'apparition, au début du XXe siècle, des syndicats, coopératives et mutuelles, elles ne sont plus les organismes de défense qu'elles ont pu être au cours de l'histoire.

Depuis l'après mai 1968, elles ont néanmoins trouvé une nouvelle jeunesse en permettant aux uns et aux autres de se regrouper dans des actions collectives pour la préservation des sites, la sauvegarde du patrimoine, le respect de la terre, la lutte contre la pollution, etc.

Certaines prennent en charge la défense des locataires, des consommateurs, des usagers, dénonçant le poids de l'État et des technostructures. D'autres constituent des foyers d'innovation et d'action sociale : associations luttant contre l'exclusion, favorisant la recherche médicale, etc.

De nombreuses associations sont ainsi à l'écoute des populations en difficulté, tels le Secours populaire, le Secours catholique, ATD Quart monde, etc.

Très souvent, les associations jouent un rôle de médiation entre les citoyens et l'État et incarnent les combats de la société civile confrontée aux décisions jugées parfois arbitraires de la bureaucratie.

Pour toutes ces raisons, les associations restent un espace irremplaçable de liberté et toute tentative de remise en cause de la loi de 1901 soulève régulièrement de très vives protestations.

Le système associatif français n'est pourtant pas sans défaut, loin de là.

Contrairement à ce qui se passe par exemple dans les pays anglo-saxons, où la collecte des fonds auprès des particuliers, doublée de larges exonérations fiscales, est soumise à la plus totale transparence, notre système a généré des abus par le recours massif aux subventions et à l'appel public à l'épargne.

2. L'apparition d'abus récents pose la question de la réforme du contrôle des associations

Les associations, comme le reste de la société, subissent le rôle dominant de l'argent. Nombre d'entre elles sont des entreprises d'intérêt général dont les profits se justifient du fait qu'ils servent à financer le secteur non lucratif.

Or certaines d'entre elles, dont on ne peut contester l'utilité, ont périodiquement des difficultés à présenter des comptes en ordre. D'autres, qui reçoivent pourtant des subventions de l'État, prétendent échapper à tout contrôle public.

Au cours de ces dernières années, la Cour des comptes – qui, depuis 1991, contrôle les organismes faisant appel à la générosité publique – et les chambres régionales ont fréquemment signalé des irrégularités telles que recettes occultées, dépenses en dehors des règles comptables, recrutement de personnel au-delà des postes déclarés, opérations frauduleuses ou échappant à la règle des marchés publics, etc.

Différentes affaires ont été connues du public. Ainsi, celle du Carrefour du développement, en 1983, a fortement ébranlé l'opinion, avec la découverte de véritables malversations financières (fausses factures, faux en écriture, etc.).

Les scandales retentissants qui ont éclaté par la suite, parmi lesquels celui qui a concerné l'ARC, Association pour la recherche contre le cancer (dont seulement 27 % des fonds recueillis ont réellement été affectés à leur destination initiale, la recherche), ont amené les pouvoirs publics à s'interroger sur les mesures à prendre.

Le ministère de l'Intérieur, en particulier, sans vouloir remettre en cause le principe constitutionnel de la liberté d'association, a fait connaître sa volonté de mieux contrôler les associations, en particulier celles qui sont reconnues d'utilité publique, au nombre de 2000.

Par le biais de la direction centrale des Renseignements généraux, une surveillance accrue serait désormais effectuée sur celles des associations qui, sous couvert de générosité, utilisent la loi de 1901 à des fins intéressées ou détournées de leur objet déclaré.

Dans le même esprit l'ancien Premier ministe A. Juppé, tout en annonçant un train de mesures en faveur du monde associatif, a demandé que les textes en vigueur soient strictement appliqués, notamment la loi du 7 août 1991. Celle-ci impose aux organismes faisant appel à la générosité publique l'établissement d'un compte d'emploi annuel des ressources collectées, précisant notamment « l'affectation des dons par types de dépenses ».

De même, le gouvernement a demandé au Conseil national de la vie associative de réfléchir à la possibilité d'étendre à toutes les associations la charte de déontologie liant les principales associations collectant des dons. Par cette charte, les associations concernées se sont engagées à respecter des règles de bonne conduite en matière de transparence, qui vont au-delà des obligations légales faites aux associations. Celles-ci sont d'ailleurs de plus en plus nombreuses à souhaiter adhérer à cette charte, espérant ainsi regagner la confiance quelque peu entamée des donateurs.

Dans l'ensemble, les mesures gouvernementales proposées ont été bien comprises des intéressés mais une pointe d'inquiétude demeure néanmoins.

La question se pose de savoir s'il faut aller plus loin dans la voie des contrôles administratifs.

Pour F. Bloch-Lainé, président du Comité de la charte de déontologie, il ne faudrait pas que l'État, après des années de passivité, porte soudain atteinte, en multipliant les investigations formelles, à ce qui fait en France comme ailleurs l'efficacité des initiatives indépendantes, dans le domaine caritatif en particulier.

On peut penser, estime-t-il, que les dispositions actuellement en vigueur sont suffisantes si on les met activement en œuvre et que point n'est besoin d'imaginer de nouvelles mesures de contrôle.

Il est vrai, comme il le souligne lui-même, que la meilleure protection contre les abus reste la pratique de la transparence, qui permet à tous les donateurs et tiers de savoir et de juger en parfaite connaissance de cause.

En ce domaine, il ne fait pas de doute que les meilleurs garants du bon fonctionnement des associations sont à la fois les médias et l'opinion publique, comme l'a démontré de manière spectaculaire, en 1995, la révélation du scandale de l'ARC.

Bien que perfectibles, les associations restent indispensables à la vie sociale, si l'on en croit Tocqueville qui écrivit : *« Pour que les hommes restent civilisés ou le deviennent, il faut que parmi eux l'art de s'associer se développe et se perfectionne ».*

Note de synthèse 2
L'adoption en France

Catégorie B
Durée : trois heures

Le sujet qui suit est également, comme le premier, un sujet de société. Il présente une particularité, celle de contenir des documents chiffrés, tableaux statistiques et graphiques, afin que vous puissiez vous exercer à exploiter ce type de documents. Par ailleurs, nous vous proposons ici, à titre d'exemple, deux corrigés, un en deux parties et un en trois parties.

Énoncé du sujet

En vous appuyant sur les données du dossier ci-dessous, il vous est demandé de rédiger une note de synthèse sur l'adoption en France. Vous ferez ressortir en particulier la part croissante prise par l'adoption d'enfants nés à l'étranger.

Document 1

« Qui sont les pupilles de l'État ? » Extrait de *Adopter un enfant*, brochure éditée par le ministère des Affaires sociales, 1991.

Document 2

Articles 60, 61, 62, 63 et 63-1 du Code de la famille et de l'aide sociale (loi n° 96-604 du 5 juillet 1996 relative à l'adoption).

Document 3

Extraits du rapport du professeur Jean-François Mattei, *Enfant d'ici, enfant d'ailleurs, l'adoption sans frontière* (La Documentation française, 1995).

Document 4

Enquête sur la situation des pupilles de l'État au 31 décembre 1995 (ministère des Affaires sociales, direction de l'Action sociale), extraits.

Document 5

Statistiques de la Mission de l'adoption internationale (ministère des Affaires étrangères, 1996).

Document 6

Extraits de *Adopter ou parrainer un enfant*, Les Guides de Croissance, Hors-série n° 3, octobre 1996.

Document 7

Ministère de la Justice, « Les adoptions simples et plénières en 1992 », *Infostat justice*, n° 46, septembre 1996.

Document 1

Extrait de *Adopter un enfant*, brochure du ministère des Affaires sociales, 1991.

Qui sont les pupilles de l'État ?

Les pupilles de l'État sont les enfants dont la collectivité publique a la responsabilité totale parce qu'ils ont perdu tout lien avec leur famille.

Ils sont aujourd'hui environ 7 500, dont 1 500 placés en vue d'adoption, c'est-à-dire déjà dans leur future famille adoptive ; 38 % parmi ces pupilles sont âgés de 15 ans et plus, 80 % vivent depuis plusieurs années dans une famille d'accueil ; pour ceux-ci l'avenir, qu'ils soient ou non adoptés, est souvent dans cette famille.

Le meilleur accueil que notre société réserve aux mères célibataires et les moyens qu'elle leur offre pour les aider à élever leurs enfants ont raréfié les cas où les mères confient leur enfant à la naissance en vue de son adoption.

Environ 1 500 enfants sont confiés au cours de leur première année à l'aide sociale à l'enfance en qualité de pupilles et leur adoption se fait très rapidement, sauf dans quelques cas, l'enfant présentant un grand handicap.

D'autres enfants deviennent pupilles à un âge plus avancé – entre 7 et 15 ans – par déclaration judiciaire d'abandon. Cette expression signifie qu'au terme d'une procédure minutieuse et par conséquent souvent longue, un tribunal constate la disparition des liens entre l'enfant et sa famille.

Pour ces enfants devenus juridiquement adoptables, un projet d'adoption peut être envisagé mais pas systématiquement, ni sans une préparation importante, puisque ces enfants vivent déjà pour la plupart dans une famille d'accueil avec laquelle des liens se sont noués.

Néanmoins des candidats à l'adoption de plus en plus nombreux font le choix d'accueillir des enfants âgés, handicapés, ou des fratries, ce qui constitue une évolution positive de ces dernières années.

Toute personne soucieuse de l'intérêt des enfants ne peut que se réjouir de ces tendances qui prouvent la qualité de la protection sociale dans un pays comme le nôtre, à l'instar des pays occidentaux comparables.

Document 2

Extraits du *Code de la famille et de l'aide sociale* (articles 60, 61, 62, 63 et 63-1), Dalloz, 1997.

Section IV – Statut des pupilles de l'État

Art. 60. Les organes chargés de la tutelle des pupilles de l'État instituée par la présente section sont le représentant de l'État dans le département, qui exerce la fonction de tuteur et peut se faire représenter, et le conseil de famille des pupilles de l'État; la tutelle des pupilles de l'État ne comporte pas de juge de tutelle ni de subrogé tuteur.

Le tuteur et le conseil de famille des pupilles de l'État exercent les attributions conférées à ces organes selon le régime de droit commun. À cette fin, le conseil de famille doit examiner au moins une fois par an la situation de chaque pupille. Avant toute décision du président du conseil général relative au lieu et au mode de placement des pupilles de l'État, l'accord du tuteur et celui du conseil de famille doivent être recueillis, ainsi que l'avis du mineur dans les conditions prévues à l'article 58; le mineur capable de discernement est, en outre, entendu par le tuteur, ou son représentant, et par le conseil de famille, ou l'un de ses membres désignés par lui à cet effet.

Lorsque le mineur se trouve dans une situation de danger manifeste, le tuteur, ou son représentant, prend toutes les mesures d'urgence que l'intérêt de celui-ci exige.

Les décisions et délibérations de toute nature du conseil de famille des pupilles de l'État sont soumises aux voies de recours applicables au régime de la tutelle de droit commun.

Chaque conseil de famille comprend :

– des représentants du conseil général désignés par cette assemblée, sur proposition de son président;

– des membres d'associations à caractère familial, notamment issus de l'union départementale des associations familiales, d'associations d'assistantes maternelles et d'associations de pupilles et anciens pupilles de l'État choisis par le représentant de l'État dans le département sur des listes de présentation établies par lesdites associations;

– des personnalités qualifiées désignées par le représentant de l'État dans le département.

Le conseil de famille est renouvelé par moitié. Le mandat de ses membres est de six ans. Il est renouvelable une fois. Ses membres assurant la représentation d'associations peuvent se faire remplacer par leur suppléant.

Les membres du conseil de famille sont tenus au secret professionnel selon les prescriptions de l'article 378 du Code pénal.

Un décret en Conseil d'État précise la composition et fixe les règles de fonctionnement du ou des conseils de famille institués dans le département.

Art. 61. Sont admis en qualité de pupille de l'État :

1° Les enfants dont la filiation n'est pas établie ou est inconnue, qui ont été recueillis par le service de l'aide sociale à l'enfance depuis plus de deux mois;

2° Les enfants dont la filiation est établie et connue, qui ont expressément été remis au service de l'aide sociale à l'enfance en vue de leur admission comme pupilles de l'État par les personnes qui ont qualité pour consentir à leur adoption, depuis plus de deux mois;

3° Les enfants dont la filiation est établie et connue, qui ont expressément été remis au service de l'aide sociale à l'enfance depuis plus de six mois par leur père ou leur mère en vue de leur admission comme pupilles de l'État et dont l'autre parent n'a pas fait connaître au service, pendant ce délai, son intention d'en assumer la charge; avant l'expiration de ce délai de six mois, le service s'emploie à connaître les intentions de l'autre parent;

4° Les enfants orphelins de père et de mère pour lesquels la tutelle n'est pas organisée selon le chapitre II du titre X du livre Ier du Code civil et qui ont été recueillis par le service de l'aide sociale à l'enfance depuis plus de deux mois;

5° Les enfants dont les parents ont fait l'objet d'un retrait total de l'autorité parentale en vertu des articles 378 et 378-1 du Code civil et qui ont été recueillis par le service de l'aide sociale à l'enfance en application de l'article 380 dudit Code;

6° Les enfants recueillis par le service de l'aide sociale à l'enfance en application de l'article 350 du Code civil.

L'admission en qualité de pupille de l'État peut faire l'objet d'un recours, formé dans le délai de trente jours suivant la date de l'arrêté du président du conseil général devant le tribunal de grande instance, par les parents, en l'absence d'une déclaration judiciaire d'abandon ou d'un retrait total de l'autorité parentale, par les alliés de l'enfant ou toute personne justifiant d'un lien avec lui, notamment pour avoir assuré sa garde, de droit ou de fait, et qui demandent à en assumer la charge.

S'il juge cette demande conforme à l'intérêt de l'enfant, le tribunal confie sa garde au demandeur, à charge pour ce dernier de requérir l'organisation de la tutelle, ou lui délègue les droits de l'autorité parentale et prononce l'annulation de l'arrêté d'admission.

Dans le cas où il rejette le recours, le tribunal peut autoriser le demandeur, dans l'intérêt de l'enfant, à exercer un droit de visite dans les conditions qu'il détermine.

Art. 62. Lorsqu'un enfant est recueilli par le service de l'aide sociale à l'enfance dans les cas mentionnés aux 1°, 2°, 3° et 4° de l'article 61, un procès-verbal est établi.

Il doit être mentionné au procès-verbal que les père et mère, ou la personne qui a remis l'enfant, ont été informés :

1° Des mesures instituées, notamment par l'État, les collectivités territoriales et les organismes de sécurité sociale pour aider les parents à élever eux-mêmes leurs enfants ;

2° Des dispositions du régime de la tutelle des pupilles de l'État suivant la présente section ;

3° Des délais et conditions suivant lesquels l'enfant pourra être repris par ses père et mère ;

4° Sauf dans le cas mentionné au 4° de l'article 61, de la possibilité, lorsque l'enfant est âgé de moins d'un an, de demander le secret de leur identité ainsi que de donner des renseignements ne portant pas atteinte à ce secret. Ces renseignements sont recueillis dans des conditions précisées par décret en Conseil d'État pris après avis de la Commission nationale de l'informatique et des libertés.

Lorsqu'il y a demande de secret conformément au 4° ci-dessus, celle-ci doit être formulée expressément et mentionnée au procès-verbal. Le procès-verbal doit également mentionner que le demandeur a été informé de la possibilité de faire connaître ultérieurement son identité et de ce que pourront seuls être informés de la levée du secret de cette identité ainsi que de l'identité elle-même, sur leur demande expresse, le représentant légal de l'enfant, l'enfant majeur ou les descendants en ligne directe majeurs de ce dernier, s'il est décédé.

De plus, lorsque l'enfant est remis au service par ses père ou mère, selon les 2° et 3° de l'article 61, ceux-ci doivent être invités à consentir à son adoption ; le consentement est porté sur le procès-verbal ; celui-ci doit également mentionner que les parents ont été informés des délais et conditions dans lesquels ils peuvent rétracter leur consentement, selon les deuxième et troisième alinéas de l'article 348-3 du Code civil.

L'enfant est déclaré pupille de l'État à titre provisoire à la date à laquelle est établi le procès-verbal prévu ci-dessus. La tutelle est organisée à compter de la date de cette déclaration.

Toutefois, dans un délai de deux mois suivant la date à laquelle il a été déclaré pupille de l'État à titre provisoire, l'enfant peut être repris immédiatement et sans aucune formalité par celui de ses père ou mère qui l'avait confié au service. Ce délai est porté à six mois dans le cas prévu au 3° de l'article 61 ci-dessus pour celui des père et mère qui n'a pas confié l'enfant au service.

Au-delà de ces délais, la décision d'accepter ou de refuser la restitution d'un pupille de l'État est, sous réserve des dispositions de l'article 352 du Code civil, prise par le tuteur, avec l'accord du conseil de famille. En cas de refus, les demandeurs peuvent saisir le tribunal de grande instance.

(...)

Art. 63. Les pupilles de l'État peuvent être adoptés soit par les personnes à qui le service de l'aide sociale à l'enfance les a confiés pour en assurer la garde lorsque les liens affectifs qui se sont établis entre eux justifient cette mesure, soit par des personnes agréées à cet effet, soit, si tel est l'intérêt desdits pupilles, par des personnes dont l'aptitude à les recueillir a été régulièrement constatée dans un État autre que la France, en cas d'accord international engageant à cette fin celle-ci et ledit État.

L'agrément est accordé, pour cinq ans, dans un délai de neuf mois à compter du jour de la demande par le président du conseil général, après avis d'une commission. Celle-ci comprend, notamment, deux membres d'un conseil de famille des pupilles de l'État du département, l'un assurant la représentation de l'union départementale des associations familiales, et l'autre celle de l'association départementale d'entraide entre les pupilles et anciens pupilles de l'État. Les membres de cette commission assurant la représentation desdites associations peuvent se faire remplacer par leur suppléant. (...)

Elles peuvent demander que tout ou partie des investigations effectuées pour l'instruction du dossier soient accomplies une seconde fois et par d'autres personnes que celles auxquelles elles avaient été confiées initialement. Elles sont informées du déroulement de ladite instruction et peuvent prendre connaissance de tout document figurant dans leur dossier dans les conditions fixées aux articles 3, 4 et 6 bis de la loi n° 78-753 du 17 juillet 1978 portant diverses mesures d'amélioration des relations entre l'administration et le public et diverses mesures d'ordre administratif, social et fiscal.

Tout refus ou retrait d'agrément doit être motivé.

Après un refus ou un retrait d'agrément, le délai à partir duquel une nouvelle demande peut être déposée est de trente mois.

Lorsque les personnes agréées changent de département, leur agrément demeure valable sous réserve d'une déclaration préalable adressée au président du conseil général de leur nouveau département de résidence. Lorsque des personnes à qui un refus ou un retrait d'agrément a été notifié changent de département de résidence, ce refus ou retrait leur demeure opposable.

Les décisions relatives à l'agrément mentionné au deuxième alinéa sont transmises sans délai par le président du conseil général au ministre chargé de la famille.

Les conditions d'application du présent article sont fixées par décret en Conseil d'État.

Art. 63-1. Les enfants admis en qualité de pupille de l'État en application de l'article 61 doivent faire l'objet d'un projet d'adoption dans les meilleurs délais. Lorsque le tuteur considère que l'adoption n'est pas adaptée à la situation de l'enfant, il doit indiquer ses motifs au conseil de famille. Le conseil de famille, sur le rapport du service de l'aide sociale à l'enfance, s'assure de la validité de ces motifs qui doit être confirmée à l'occasion de l'examen annuel de la situation de l'enfant.

La définition du projet d'adoption, simple ou plénière suivant les circonstances particulières à la situation de l'enfant, ainsi que le choix des adoptants éventuels sont assurés par le tuteur, avec l'accord du conseil de famille; le mineur capable de discernement est préalablement entendu par le tuteur ou son représentant et par le conseil de famille ou l'un de ses membres désigné par lui à cet effet.

Les dossiers des enfants pour lesquels aucun projet d'adoption n'est formé plus de six mois après leur admission en qualité de pupille de l'État sont, sous forme non nominative, communiqués obligatoirement au ministre chargé de la famille par le tuteur qui indique les raisons de cette situation.

Document 3

Extraits du rapport du professeur Jean-François Mattei, *Enfant d'ici, enfant d'ailleurs, l'adoption sans frontières*, Mission de l'adoption internationale, Ministère des Affaires sociales, Ministère de la Justice, La Documentation française, 1995.

Les révolutions culturelles depuis 1966

Plusieurs phénomènes concomitants vont affecter durablement et profondément la conception de l'adoption.

Le nombre des enfants adoptables en France diminue progressivement; encore faut-il préciser que ce constat concerne les enfants en bas âge, de type européen, en bonne santé, que souhaitent adopter les candidats.

Après le *baby boom* des années 1945-55, la natalité baisse régulièrement, alors que les générations qui en sont issues accèdent peu à peu à l'âge légal pour adopter. La loi Neuwirth sur la contraception (1967), contemporaine de la loi réformant l'adoption et plus tard la loi légalisant l'interruption volontaire de grossesse (1975), contribuent également à faire diminuer le nombre de grossesses non désirées.

L'attitude de l'opinion publique vis-à-vis des mères célibataires se modifie radicalement. Le mouvement féministe a sa part dans cette évolution : des femmes choisissent d'avoir un enfant sans partager la vie du géniteur. La notion traditionnelle de la famille et les valeurs qui s'y attachent sont ébranlées par le mouvement de 1968 et les idées nouvelles qu'il véhicule. Les voyages dans les pays lointains ne sont plus exceptionnels.

La pénurie d'enfants dans les sociétés industrialisées va amener les candidats à l'adoption à se tourner vers l'étranger, alors que l'adoption internationale, à ses débuts, était essentiellement à caractère humanitaire et se faisait souvent alors que des enfants étaient déjà présents au foyer.

L'adoption internationale va contribuer à faire sortir l'institution de l'ombre et du non-dit pour les enfants. Désormais la question « savoir – ne pas savoir » ne peut plus se poser dans les mêmes termes. Celle des racines et des origines devient plus aiguë, en même temps que se profile une nouvelle conception des liens familiaux et de la notion d'abandon.

En outre, le petit nombre d'enfants adoptables va contraindre à réglementer la sélection des adoptants. À travers elle va se dessiner la définition de ce que devraient être de « bons parents » et, partant, d'une norme familiale, l'adoption devenant peut-être, comme l'a dit Françoise Rault[1], *« révélatrice de la compétence parentale »* : cela même alors que la famille revêt de multiples formes, se trouve déstructurée et recomposée au fil des unions.

Mais, subissant en retour le choc de cette déstructuration de la famille, l'adoption, telle qu'on la conçoit aujourd'hui, ne sera peut-être plus demain le seul modèle d'accueil familial de l'enfant, ou tout au moins un modèle de référence.

L'adoption s'internationalise

Les débuts de l'adoption internationale

Elle est née en France dans les années soixante. La première idée des pionniers était d'aider les enfants en détresse dans leur pays, enfants pour lesquels aucune solution de sauvetage autre que l'accueil dans les pays étrangers ne semblait possible.

Au départ, l'adoption n'était pas forcément envisagée, mais seulement l'accueil provisoire pour une hospitalisation ou une intervention chirurgicale, ou même l'accueil à vie.

Dans les pays d'origine sévissaient la guerre, la famine, les épidémies avec toutes leurs conséquences. Les premiers enfants placés en France venaient par exemple d'Algérie, de Colombie, mais, parallèlement à ces accueils, des orphelinats ou homes d'enfants faisaient l'objet de parrainages sur place.

En 1971-72, c'est le Vietnam qui a bénéficié de l'attention et d'une aide particulières pour ses orphelinats. Dans ce pays, comme par la suite en Corée, beaucoup d'enfants devaient être secourus, beaucoup d'enfants n'avaient pas d'avenir immédiat dans leur pays. Il s'agissait d'enfants métissés, d'enfants malades, handicapés, grands, orphelins ou abandonnés.

Lorsque l'accueil, à l'origine provisoire, devenait définitif, l'état civil des enfants n'était pas toujours déterminé, ni déterminable. Il n'était pas aisé d'éclaircir leur statut et de faire prononcer judiciairement une adoption.

Souvent, les parents candidats à l'accueil ne connaissaient pas complètement le handicap de l'enfant qu'ils attendaient. Les organismes intermédiaires préparaient les familles dans ce sens. L'un des meilleurs critères de sélection était la faculté d'adaptation des accueillants. Ces derniers devaient s'attendre à tout. Leur motivation principale devait être d'aider l'enfant sans solution d'avenir dans son pays.

Pour ces raisons, les familles ayant déjà des enfants étaient retenues comme candidates au même titre que les autres. Par exemple, 50 % des familles accueillantes, devenues adoptives ensuite, choisies par Terre des Hommes, avaient déjà des enfants biologiques à leur foyer. L'action de Terre des Hommes a sans aucun doute contribué à l'évolution de la législation pour faire admettre l'adoption en présence d'enfants biologiques. Elle a permis également de mieux connaître les possibilités et les difficultés d'intégration des enfants venus de l'étranger.

1. *L'adoption révélateur de la « compétence parentale »*, mémoire de DEA, Université René Descartes-Paris V, 1992.

L'idée qui s'impose alors est de trouver une famille pour un enfant malheureux et non pas un enfant pour une famille malheureuse. (...)

L'évolution contemporaine de l'adoption internationale

Très vite, l'adoption internationale change de nature et se présente comme une alternative à l'adoption d'enfants nés en France. D'autres œuvres d'adoption se créent, qui optent résolument pour l'international.

Avec l'adoption d'enfants venus d'ailleurs, il n'est plus question de faire «comme si» et de chercher la ressemblance, marque traditionnelle de la filiation biologique.

Au cas où on l'oublierait, le regard des autres à tout instant le rappelle, aussi bien aux parents qu'à l'enfant. À la mère, un inconnu dira : «J'aimerais bien voir le père», et après un quart de seconde, elle se demandera ce qui lui vaut cette remarque incongrue. À l'adolescente, le professeur posera la question de savoir pourquoi elle a un si beau bronzage toute l'année.

L'enfant d'une ethnie différente fait tâche, renvoie le corps social à ses doutes et à sa crainte de l'autre. La question du racisme, sans être omniprésente, traverse les esprits, ceux des adoptants, de l'adopté, de la famille élargie et de tous les autres qui se demandent s'ils auraient pu faire la même chose insensée : aller chercher un enfant au bout du monde. Ces personnes, non directement concernées, se montrent pourtant curieuses, quand elles ne font pas preuve d'une commisération apitoyée. «C'est beau ce que vous faites là» est une expression fréquemment entendue.

Le développement de l'adoption internationale n'a pas été sans répercussions sur l'adoption interne. Les enfants noirs et maghrébins, réputés difficilement adoptables dans les années quatre-vingt, le sont maintenant très rapidement.

L'adoption internationale représente maintenant les deux tiers des adoptions non familiales en France. Nous manquons encore de recul pour en mesurer tous les effets. Beaucoup de ces enfants sont de grands adolescents, certains sont parvenus à l'âge adulte. Il ressort de diverses enquêtes, en particulier celles de Terre des Hommes France, que ces enfants, dans leur majorité, ont bien vécu leur situation particulière. Encore convient-il de préciser que ces enquêtes ne concernent que des adoptés de la première génération (1968-1978).

L'adoption sort du non-dit

L'information circule dans les familles

Désormais tous les enfants adoptés, ou presque, sont informés de leur adoption. Cette nécessité s'est imposée peu à peu. Nous avons vu que dès le milieu des années cinquante, les psychiatres ont expliqué l'importance de l'effort de vérité de la part des adoptants. Des drames liés à une révélation inopinée, par des tiers ou par la délivrance de l'acte de naissance intégral lors d'une formalité administrative, ont aidé à la prise de conscience des adoptants. Il est arrivé en effet que l'enfant, trompé au plus intime de lui-même, refuse définitivement toute relation avec ceux qui, de bonne foi, l'ont élevé avec amour mais dans l'ignorance. Un tel traumatisme peut conduire un adolescent ou un adulte fragile à des gestes désespérés.

Le contact avec d'autres enfants adoptés est également un facteur d'équilibre pour l'enfant. Puisqu'il sait qu'il n'est pas seul dans son cas, il vit l'adoption comme un rapport de filiation normal, ce qu'il est dans la vie au quotidien. L'information rassure les parents tout aussi bien que l'enfant : eux aussi peuvent quasiment oublier l'adoption, puisqu'ils n'ont pas à la cacher.

Les enfants s'interrogent sur leurs racines et leurs origines. Les deux notions ne doivent pas être confondues.

La première est essentielle pour les enfants nés à l'étranger. Ils demandent parfois à connaître leur pays de naissance. Ce voyage de découverte (pour les enfants adoptés bébés) ou de retour (pour les enfants adoptés grands), quand il est possible, permet de lever des ambiguïtés, parfois insoupçonnées des parents. Ce voyage initiatique ouvre et renforce le dialogue avec les parents, permet de commencer sa vie d'adulte. Il faut cependant se garder de renforcer le particularisme de ces enfants, dont la plupart vivront dans la société française. Chacun de nous a des racines et des traditions, régionales et familiales, parfois désuètes, conservées par des grands-parents, des oncles et tantes, dans lesquelles il aime à se replonger de temps à autre avec nostalgie...

L'information circule dans l'opinion publique

L'adoption dans les médias

L'adoption est l'un des sujets de société les plus fréquemment traités dans la presse écrite et audiovisuelle. La plupart des dossiers parus ces dernières années constituent une bonne approche des difficultés de l'adoption.

Par le passé, l'adoption internationale a parfois été présentée sans nuance, comme un vaste trafic d'enfants. S'ils sont bien renseignés, les journalistes ont un rôle pédagogique important à jouer, en ce sens que leurs articles ou interventions peuvent mettre en garde les futurs adoptants contre les filières douteuses, les pièges à éviter, tout en leur donnant quelques adresses utiles.

Néanmoins, on constate que peuvent être énoncées, au détour d'une phrase, quelques idées fausses et parmi celles que nous avons recensées, quelques maladresses, comme celle consistant à dire *« Cet enfant a coûté tant à ses parents »*. Ce genre de raccourci (puisqu'en réalité ce sont les frais inhérents au voyage et à la procédure qui sont ainsi visés) provoque des réactions de l'enfant, lui-même interrogé par ses camarades de classe sur son «coût», puisque notre société a tendance à donner un prix à toute chose. Vient-il à l'idée de qui que ce soit de parler du coût d'un enfant biologique ? Et pourtant la grossesse en elle-même, le changement de vie parfois, entraînent à l'évidence des frais et des investissements. L'adoption a un coût, tout comme une grossesse. Pourquoi présenter les choses différemment ? Que faudrait-il dire alors des assistances médicales à la procréation ? Des traitements de la stérilité ? Cette approche économique est un grave contresens.

En ce qui concerne les enfants nés sur le territoire français, l'idée fausse la plus communément admise est que des milliers d'entre eux pourraient trouver une famille d'adoption, si la DDASS consentait à relâcher son étreinte.

Cette analyse montre néanmoins qu'un effort doit encore être fourni pour que l'opinion publique soit correctement informée.

L'adoption dans l'opinion publique

L'INED interroge régulièrement un ensemble de Français pour connaître l'état de l'opinion sur les grandes questions démographiques. Le démographe Yves Charbit a analysé les résultats de l'enquête réalisée en mai 1987 sur la politique démographique, la nuptialité et les nouvelles techniques de procréation. Cette enquête fait ressortir que les opinions relatives aux nouvelles techniques de procréation *« sont cohérentes et traduisent un glissement dans l'idée d'une maîtrise de la fécondité : éviter d'avoir plus d'enfants qu'on n'en désire s'est étendu à éviter d'avoir moins d'enfants qu'on n'en désire. Le contrôle de la fécondité s'est doublé d'un contrôle de la stérilité. »*

Certaines questions relatives à l'adoption ont été posées :

- 76 % des personnes interrogées considèrent que les vrais parents d'un enfant sont ceux qui l'élèvent et que la parenté du sang est moins importante.
- L'adoption est préférée à l'insémination artificielle avec donneur (59 %) et à la mère porteuse (71 %), mais non à la fécondation *in vitro* (41 %).

Yves Charbit souligne que *« C'est le problème de la parenté qui est au cœur des préférences. À difficulté d'adoption égale, seule la méthode qui ne remet pas en cause la parenté est préférée. (...) La tierce personne, anonyme (don de sperme) ou non (mère porteuse), semble au contraire constituer une menace ultérieure pour le couple stérile qui veut un enfant. »* (...)

Les pupilles de l'État

Le statut des pupilles de l'État

Les enfants admis en qualité de pupilles de l'État sont placés sous la tutelle du préfet, lequel peut se faire représenter. Il est assisté par le conseil de famille des pupilles de l'État, composé de deux représentants du conseil général désignés par cette assemblée, de deux membres d'associations à caractère familial – dont une association de familles adoptives –, d'un membre de l'Association d'entraide des pupilles et anciens pupilles de l'État, d'un membre d'une association d'assistantes maternelles et de deux personnalités qualifiées en raison de l'intérêt qu'elles portent à la protection de l'enfance et la famille.

Le statut des pupilles de l'État est défini par les articles 60 à 63 du Code de la famille et de l'aide sociale, le décret n° 85-937 du 23 août 1985 définissant la composition et le fonctionnement du conseil de famille.

Quant à la garde des enfants, elle est assumée par les services départementaux de l'Aide sociale à l'enfance, les enfants étant placés soit chez des assistantes maternelles salariées, soit en établissement.

Le conseil de famille a l'obligation d'examiner chaque année la situation des pupilles ; il le fait sur rapport du référent social de l'Aide sociale à l'enfance, gardienne de l'enfant. Le conseil de famille a la possibilité d'entendre l'assistante maternelle et le représentant de l'Aide sociale à l'enfance. Il entend parfois le pupille et notamment à sa demande. Ce dernier peut prendre connaissance des procès-verbaux des délibérations du conseil le concernant, s'il a plus de 13 ans.

Aux termes de l'article 63 du Code de la famille et de l'aide sociale, *« Les enfants admis en qualité de pupilles de l'État doivent faire l'objet d'un projet d'adoption dans les meilleurs délais. Lorsque le tuteur considère que cette mesure n'est pas adaptée à la situation de l'enfant, il doit indiquer ses motifs au conseil de famille. La validité de ces motifs doit être confirmée à l'occasion de l'examen annuel de la situation de l'enfant. »*

La loi du 6 juin 1984 ne fait donc plus référence à l'état de santé de l'enfant comme étant un obstacle à son adoption et désormais tous les pupilles peuvent être placés en vue de leur adoption.

Il ressort du rapport et des données statistiques sur les pupilles de l'État, établis les années impaires par le ministère des Affaires sociales, de la Santé et de la Ville, que le nombre des pupilles de l'État diminue régulièrement[2].

Il était de :

- 7 693 au 31 décembre 1987 ;
- 5 825 au 31 décembre 1989 ;
- 4 341 au 31 décembre 1991 ;
- 3 911 au 31 décembre 1993.

Au 31 décembre 1993, sur le total, 1 327 pupilles, soit 34 % étaient placés en vue de leur adoption et 2 584, soit 66 % ne l'étaient pas. Les motifs les plus fréquents d'absence de projet d'adoption sont, dans l'ordre d'importance :

- l'état de santé et le handicap : 32,5 %
- la bonne insertion en famille d'accueil : 18,5 %
- la qualité de pupille à titre provisoire : 10 % (avant l'expiration du délai de rétractation ou de reprise de l'enfant)
- l'existence d'une fratrie : 7,5 %
- l'âge : 6,5 %
- le maintien des liens familiaux : 6,0 % (avec la famille élargie parfois)
- un projet différé : 3,0 %
- autre motif, non explicité : 16 % (soit 423 pupilles).

Les motifs sont eux-mêmes regroupés et classés en 4 rubriques :

- adoption ne répondant pas à la situation du pupille, en raison du maintien des liens familiaux, de la bonne insertion dans la famille d'accueil, ou de la situation de pupille provisoire ;
- absence de famille adoptante convenant à la situation de l'enfant, en raison de l'état de santé ou de handicap, de l'âge, ou de l'existence d'une fratrie ;
- projet différé en raison de recours ou de situation conflictuelle ;
- autre motif.

Il convient de remarquer que des données statistiques antérieures faisaient ressortir que les 5 premiers motifs

2. Les pupilles de l'État étaient 63 000 en 1949, 46 000 en 1959, 24 000 en 1977, 10 400 en 1985, chiffres cités par Mme Girard dans son discours au Conseil économique et social le 6 décembre 1989, Document du ministère des Affaires sociales, de la Santé et de la Ville.

d'absence de projet d'adoption étaient, dans l'ordre : la bonne insertion dans la famille d'accueil, l'état de santé ou le handicap, l'existence d'une fratrie, l'âge, la situation de pupille provisoire. L'état de santé ou le handicap est donc maintenant le principal motif de non placement en vue d'adoption. Les enfants les plus âgés sont devenus majeurs; ils ne sont pas remplacés en totalité aux mêmes tranches d'âge. Pour ceux d'entre eux nés après 1982, l'âge n'est plus qu'exceptionnellement un motif de non-projet d'adoption. Il y a là une évolution importante à souligner.

Ces chiffres sont à rapprocher de l'analyse des effets de la déclaration judiciaire d'abandon et démontrent qu'il n'est pas formé de projet d'adoption pour l'enfant si celui-ci maintient des liens avec sa famille, pas obligatoirement avec ses parents, mais parfois avec ses grands-parents ou des proches, ou s'il est bien inséré dans sa famille d'accueil. (...)

Les enfants nés à l'étranger

Depuis 4 ou 5 ans, les deux tiers des enfants mineurs adoptés par des Français sont nés à l'étranger, soit environ 2700 par an (2418 en 1992, 2778 en 1993 et 3098 en 1994). Au total 33667 enfants, originaires de 72 pays, ont été adoptés par des familles françaises de 1979 à 1994. La France est ainsi le deuxième pays du monde pour le nombre d'adoptions internationales, après les États-Unis où il en est réalisé environ 10000 par an. Certes, la plupart des pays d'accueil sont, outre les États-Unis et le Canada, des pays de l'Europe occidentale. Mais parmi ces derniers, certains sont peu tournés vers l'adoption internationale telle l'Allemagne, au contraire des pays scandinaves ou de l'Italie.

Les pays d'origine

Les évolutions géographiques

Le nombre des pays d'origine a augmenté : 7 pays en 1979, 73 en 1993. L'évolution par continent est également sensible. Par exemple, l'adoption dans les pays d'Afrique a augmenté depuis 1987. En fait, tandis que certains pays s'ouvrent à l'adoption, d'autres se ferment peu à peu. L'adoption internationale est une adoption à « géographie variable ».

La plupart des pays d'origine ont tenté ces dernières années de mener une politique en matière d'adoption internationale pour à la fois garantir l'intérêt des enfants et lutter contre les trafics. Parfois des événements de politique interne ont beaucoup influé sur le flux des adoptions. Ainsi la chute de Ceaucescu en Roumanie a-t-elle permis la sortie d'enfants déjà en contact avec leurs familles, mais aussi de beaucoup d'autres dans des conditions plus anarchiques. Pour la Corée, la baisse du nombre des adoptions à compter de 1987 s'explique par l'organisation des jeux de Séoul et le souci de ne pas donner l'image d'un pays abandonnant ses enfants. Le Sri Lanka, lui aussi, s'est fermé brutalement à l'adoption internationale en 1987, suite à la découverte par les autorités du pays d'un important trafic. Le nombre des enfants adoptés en Colombie a beaucoup diminué en 1986 et 1987, suite à l'inculpation en France, pour mauvais traitements à enfant, d'un couple français ayant adopté un petit Colombien. Répercutée par les journaux colombiens, cette affaire avait beaucoup ému l'opinion publique et alerté les autorités.

Dans l'avenir, il est probable que la géographie de l'adoption internationale se modifiera encore sous l'influence de divers facteurs. Parmi ceux-ci, la démographie sans doute et notamment un meilleur contrôle des naissances, mais aussi le développement de l'adoption interne qui connaît généralement un essor quelques années après l'apparition de l'adoption internationale. L'adoption interne est ainsi favorisée par les autorités du pays d'origine qui appliquent en cela le principe de subsidiarité défini par la Convention internationale des Droits de l'enfant et repris par la Convention de La Haye.

Document 4

Note du ministère des Affaires sociales, direction de l'Action sociale, sous-direction Développement social, famille et enfance.

Enquête sur la situation des pupilles de l'État au 31 décembre 1995

Évolution générale

L'effectif des pupilles de l'État tend à se stabiliser depuis les années 1990.

Au 31.12.1995, 3 659 enfants sont pupilles contre 3911 au 31.12.1993, soit une baisse de 6 % de l'effectif contre 10 % entre 1991 et 1993.

Si l'on se réfère à la structure par âge des pupilles, en 1995, 32 % des enfants ont plus de 12 ans (dont 16 % d'enfants âgés de plus de 16 ans), contre 36 % en 1993.

Pour l'ensemble des départements, la répartition des pupilles est la suivante :

– 0 pupille de l'État dans 3 départements (Ariège, Lot, Lozère);

– de 1 à 50 pupilles dans 77 départements;

– de 50 à 100 pupilles dans 14 départements;

– de 100 à 200 pupilles dans 4 départements;

– plus de 200 pupilles dans 2 départements (Nord et Paris).

On peut remarquer que cette répartition est sensiblement la même que celle de 1993.

Au 31.12.95, le nombre d'enfants placés en vue d'adoption est à peine supérieur à celui de 1993 : 1397 enfants en 1995, contre 1327 en 1993, soit 38 % des enfants placés en vue d'adoption en 1995, contre 34 % en 1993. Ceci indique la poursuite de la mise en place systématique d'un projet d'adoption constatée depuis les années 1990, à chaque fois que cette situation est la mieux adaptée pour l'enfant.

La réalisation des projets d'adoption

En 1995, sur 3659 pupilles, 1397 sont placés en vue d'adoption, soit un chiffre plus élevé qu'en 1993 et qui représente 38 % de l'effectif, contre 34 % en 1993.

Ce taux varie fortement suivant les classes d'âge :

– pupilles de l'État âgés de 0 à moins de 2 ans : 78 % sont placés en vue d'adoption;

– pupilles de l'État âgés de 2 ans à moins de 6 ans : 52 %;

– pupilles de l'État âgés de 6 ans à moins de 12 ans : 27 % ;

– pupilles de l'État âgés de 12 ans et plus : 5 %.

Comme en 1993, on remarque que plus les pupilles sont âgés, plus rare est le projet d'adoption. Néanmoins, on peut constater une légère croissance des placements en vue d'adoption pour les enfants âgés de 2 ans à moins de 6 ans (52 % en 1995, contre 43 % en 1993), ainsi que pour les enfants âgés de 6 ans à moins de 12 ans (27 % en 1995 contre 25 % en 1993).

Types de familles adoptantes

En 1995, sur 1 397 pupilles de l'État placés en vue d'adoption, 81 % le sont auprès de familles agréées et 19 % auprès de leurs familles d'accueil. Parmi l'ensemble des placements en vue d'adoption auprès des familles agréées, 89 % ont lieu auprès de familles agréées du département et 11 % auprès de familles agréées qui n'y résident pas.

On remarque là encore que le type de famille adoptante diffère selon la classe d'âge de l'enfant :

– pour les moins de 2 ans, les placements en vue d'adoption se font à 96 % auprès de familles agréées ;

– pour les enfants de 12 ans ou plus, 75 % des adoptions se font dans les familles d'accueil.

Au vu des pourcentages ci-dessus, on peut constater que chacune de ces classes d'âges bénéficie d'une légère augmentation du nombre de placements en vue d'adoption.

Les motifs d'absence de projet d'adoption

En 1995, 2 262 des enfants ne sont pas placés en vue d'adoption, contre 2 584 en 1993, soit une diminution de 14 %.

La part respective des différents motifs d'absence de projets d'adoption se situe comme indiqué dans le tableau ci-contre.

En 1995, l'état de santé ou de handicap est le motif le plus important d'absence de projet d'adoption et concerne toutes les classes d'âges confondues. Ceci indique que bien qu'une meilleure coordination ait été mise en place entre les départements pour rechercher une famille adoptive convenant plus particulièrement à ces enfants, il s'avère toujours difficile de les faire bénéficier d'un projet d'adoption.

(en %)

	Pour l'ensemble des pupilles non placés en vue d'adoption	**Pour les pupilles admis en 1994 et 1995 et non placés en vue d'adoption**
Maintien des liens familiaux	7	11
Bonne insertion en famille d'accueil	18	9
Pupille à titre provisoire	8	23
Refus de l'adoption par l'enfant	0,02	0,22
État de santé ou de handicap	39	18
Âge	12	15
Appartenance à une fratrie	8	10
Projet différé en raison de recours ou de situations conflictuelles	4	8
Autre motif	4	5
Échec de l'adoption	0,04	0,78
Total	100	100

On remarque également que la part relative des enfants non placés en vue d'adoption en raison de leur âge est en augmentation (12 % en 1995, contre 8 % en 1993) et ne concerne que les enfants âgés de plus de 12 ans.

Document 5

ETAT DES VISAS ACCORDES A DES ENFANTS ADOPTES PAR DES FRANCAIS

PAYS	1979	1980	1981	1982	1983	1984	1985	1986	1987	1988	1989	1990	1991	1992	1993	1994	1995	1996	TOTAL
ALBANIE													2			0	0	8	10
ANGOLA															1	0	0	4	5
ARGENTINE																3	0	0	3
ARMENIE																2	2	1	5
BENIN														2	16	12	6	5	41
BIELORUSSIE														3		2	1	1	7
BOLIVIE				10	8	10	2	4	0	1	7	6	2	10	5	1	2	3	71
BRESIL			10	23	50	129	225	289	312	539	488	683	504	449	476	292	208	234	4911
BULGARIE													6	15	39	53	97	110	320
BURKINA-FASO												6	10	12	4	23	37	39	131
BURUNDI															3	0	3	15	21
CAMBODGE													3	5	5	20	34	41	108
CAMEROUN														2	3	4	6	9	24
CANADA															2	0	0	0	2
CAP-VERT												8		2	10	5	8	15	48
CASTRIES													1			0	0	0	1
CENTRAFRIQUE													1	4	3	19	13	12	52
CHILI			19	48	103	90	101	108	138	164	193	151	118	73	31	27	31	25	1420
CHINE													3	2		0	3	0	8
COLOMBIE	118	151	171	175	166	231	173	137	107	280	339	332	288	386	334	328	321	303	4340
COMORES														2		4	2	0	8
CONGO															5	10	9	14	38
COREE	639	531	478	815	889	822	944	736	242	398	220	167	93	89	89	95	96	70	7413
COSTA RICA			7	6	2	7		7	8	2	3		2	2		0	0	3	49
COTE D'IVOIRE													5	12	17	14	15	24	87
DJIBOUTI										59	38	58	58	78	61	51	54	48	505
EL SALVADOR			8	26	48	82	10	19	21	26	26	19	22	11	11	10	1	0	340
EQUATEUR			6	4	1		4	3	7	6	1		3	3	4	3	5	12	62
ESTONIE															1	0	0	1	2
ETATS-UNIS														1	2	0	2	0	5
ETHIOPIE								16	22	40	29	78	70	89	97	112	121	76	750
GABON															1	0	3	1	5
GAMBIE															2	0	0	0	2
GHANA																0	0	2	2
GRENADE																0	0	2	2
GUATEMALA			2	7	15	4	4	11	4	24	19	20	23	38	64	64	80	108	487
GUINEE														1	1	7	2	3	14
GUINEE EQUAT.																0	1	0	1
HAITI			25	53	88	47	58	35	82	60	71	61	85	65	80	45	52	79	986
HONDURAS				2	4	2	5	16		1	3	5	3	6	2	2	0	1	52
HONG-KONG																0	0	3	3
HONGRIE													2	6	6	8	7	6	35
ILE MAURICE		1	10	31	38	60	29	98	118	43	29	14	2	5	7	8	6	8	507
INDE	168	173	256	186	161	180	147	155	121	170	116	108	122	89	97	100	69	64	2482
INDONESIE		4	21	55	133										1	3	0	2	219
ISRAEL														1	1	0	0	2	4
JAPON														2	1	0	0	0	3
LAOS													5	17	22	20	1	0	65
LETTONIE														1	9	18	32	60	120
LIBAN	34	25	17	15	15	16		16		25	13	20	18	20	21	20	11	13	299
LITUANIE															3	5	4	9	21
MACEDOINE																0	0	1	1
MADAGASCAR			3	3	6	8	12	56	147	259	259	123	58	59	98	104	125	161	1481
MALAISIE															2	0	0	0	2
MALI									1	6	29	69	20	32	61	66	70	102	456
MAURITANIE																1	0	0	1
MEXIQUE			1	3	5	15	6	26	17	28	56	55	61	52	34	40	40	35	474
MONGOLIE																0	0	1	1
NEPAL			6	6	5	4	2	4	1			11	12	21	43	68	4	19	206
NICARAGUA																0	2	0	2
NIGER															3	2	1	7	13
NIGERIA																4	3	2	9
PANAMA																0	2	0	2
PARAGUAY													2	2	3	2	1	2	12
PEROU		27	34	13		1	3	32	45	61	103	85	55	46	21	2	0	0	528
PHILIPPINES			13	18	21	16	9	19	15	25	22	14	13	10	13	10	7	7	232
POLOGNE	8	11	13	16	19	20	18	66	103	148	178	209	177	165	140	88	64	67	1510
PORTUGAL														6		0	0	0	6
REP. DOMINICAIN															1	2	0	0	3
ROUMANIE	3	7	145	102	92	70	41	51	30	85		311	688	21	51	77	123	175	2072
RUSSIE														17	40	160	42	145	404
RWANDA							2	13	9	8	16	36	44	65	121	57	6	4	381
SENEGAL											15	15	15	18	15	7	6	5	96
SERBIE															5	3	1	4	13
SIERRA LEONE																0	1	0	1
SRI LANKA	1		7	20	72	126	193	297	153	1	88	198	154	106	86	33	20	4	1559
TAIWAN													1			1	0	0	2
TCHAD															2	5	3	2	12
THAILANDE		5	4	7	5	7		13	16	27	14	35	40	26	46	47	52	48	392
TOGO													3	3	8	4	3	6	27
TUNISIE													6	7	5	20	32	31	101
TURQUIE											16		1	1	2	2	2	0	24
U.R.S.S.													2				0	0	2
UKRAINE																2	0	0	2
VENEZUELA																0	0	1	1
VIETNAM									4	10	16	57	65	258	446	877	1069	1393	4195
YOUGOSLAVIE										3	1	2	5			0	0	0	11
ZAIRE																1	4	8	13
TOTAL	971	935	1256	1644	1946	1947	1988	2227	1723	2499	2408	2956	2873	2418	2783	3075	3028	3666	40343

Source : Ministère des Affaires Etrangères

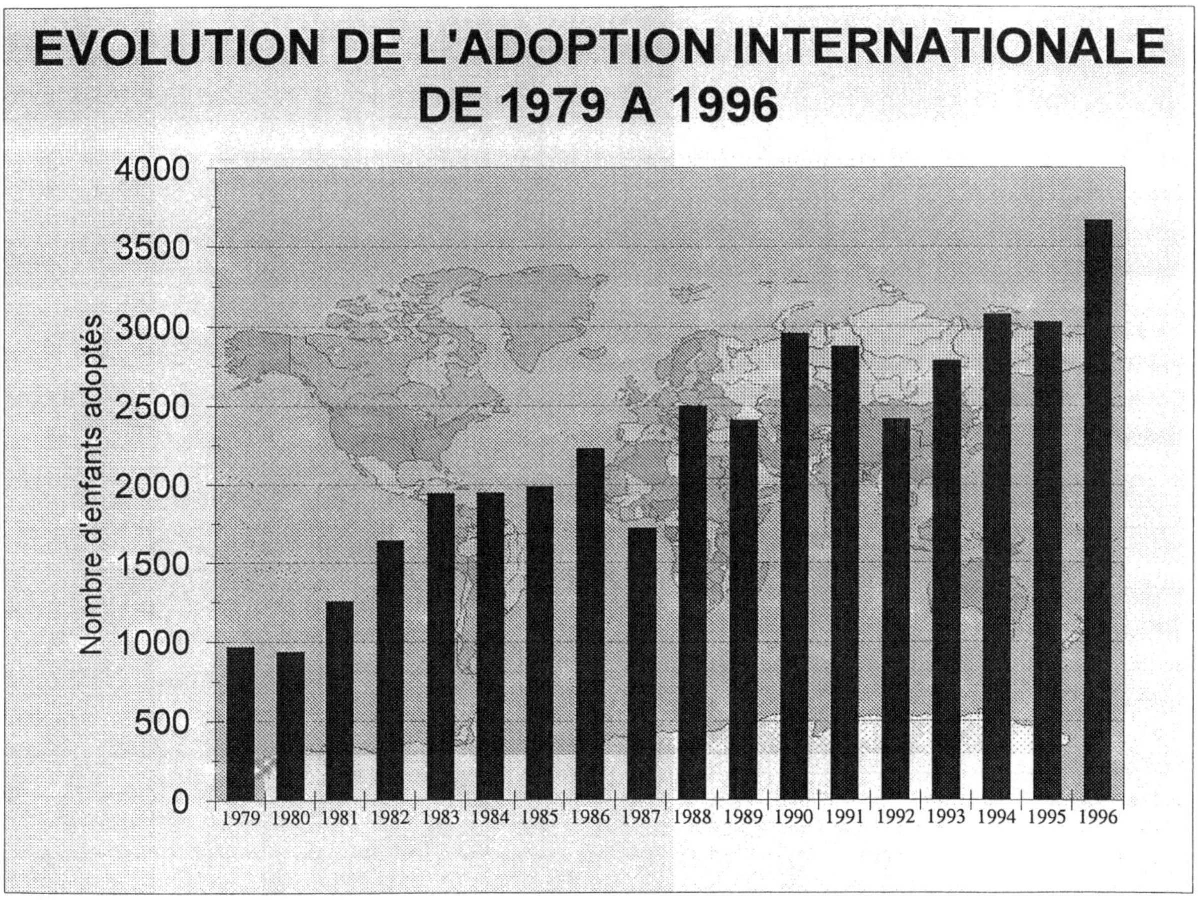

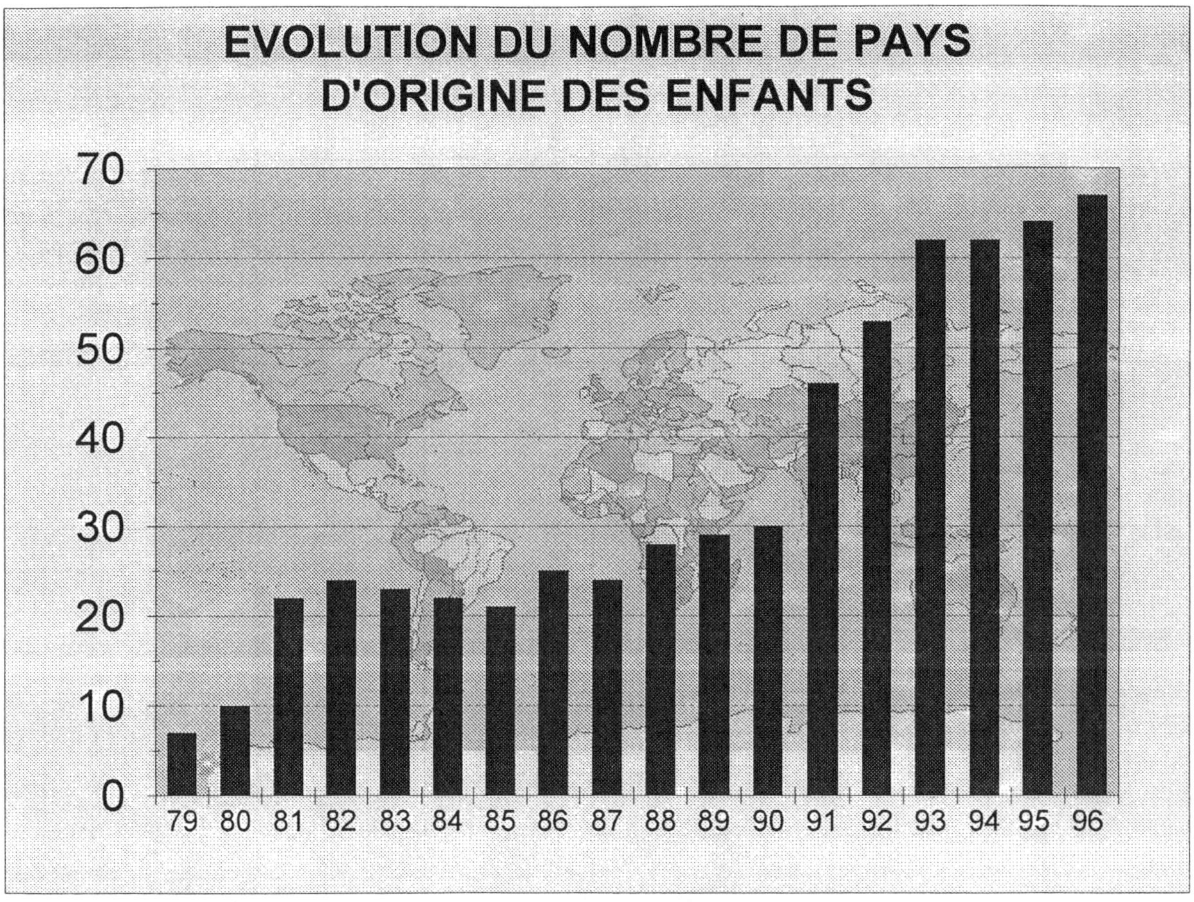

Sources : Ministère des Affaires étrangères

EVOLUTION DES ADOPTIONS PAR CONTINENT de 1979 à 1996

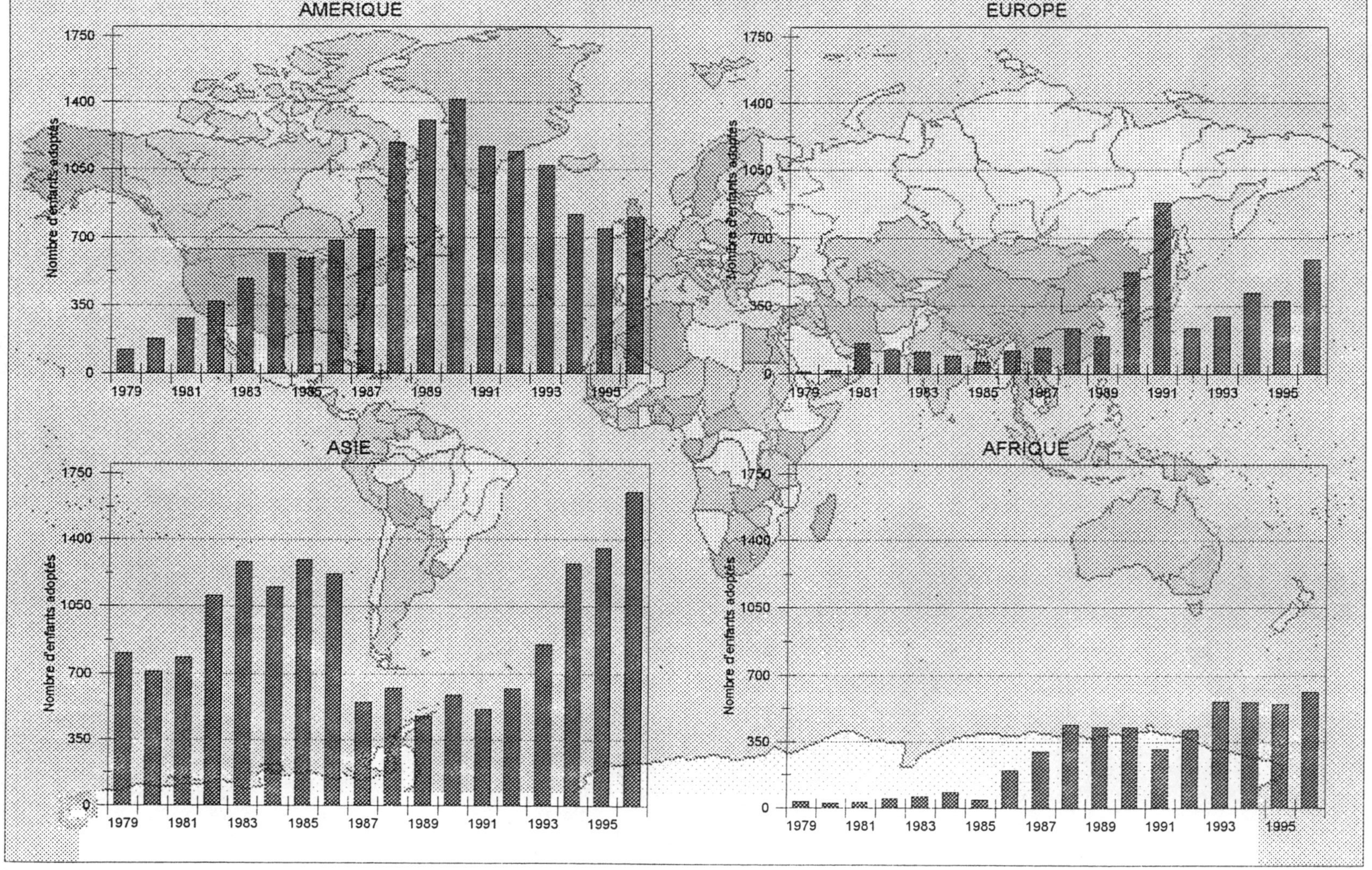

Sources : Ministère des Affaires étrangères

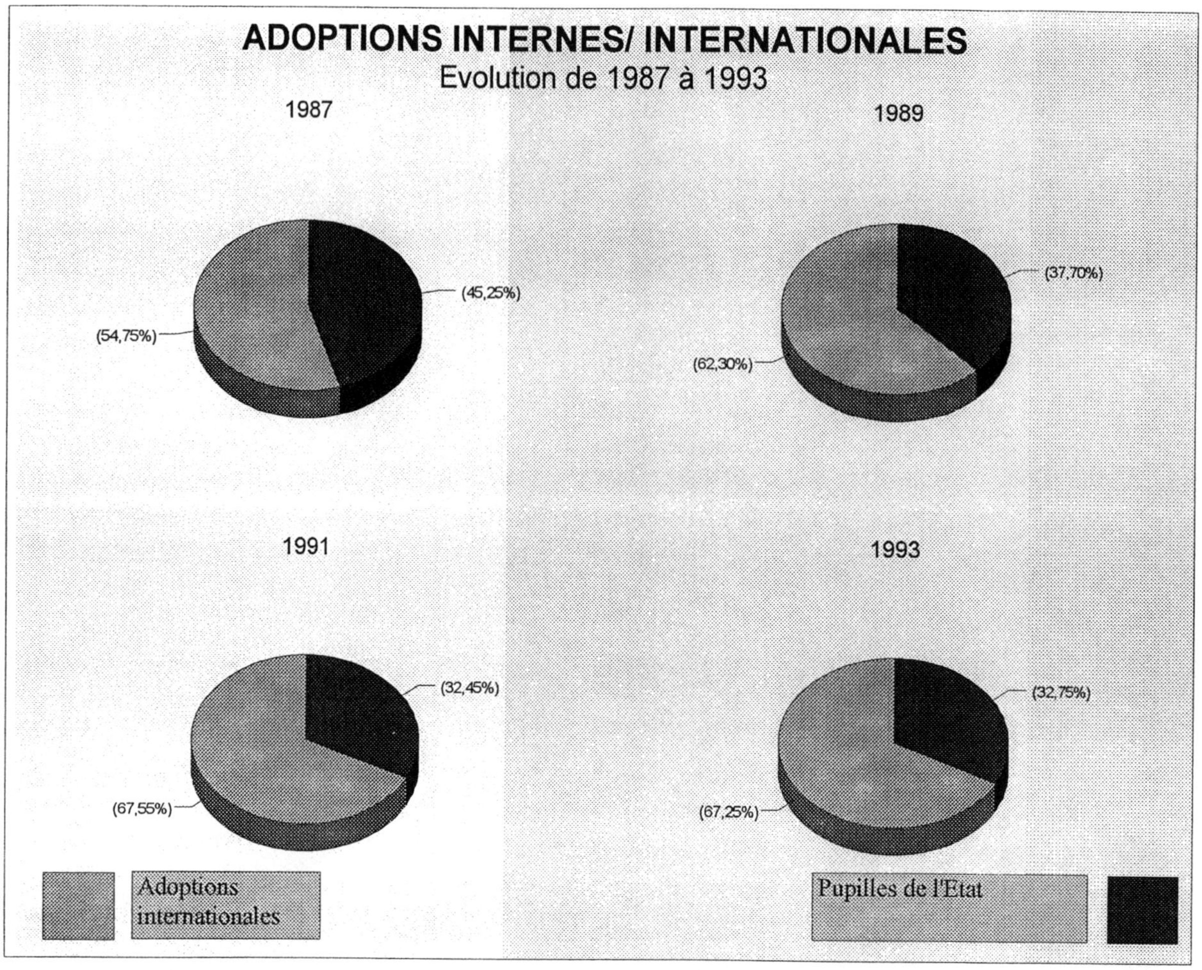

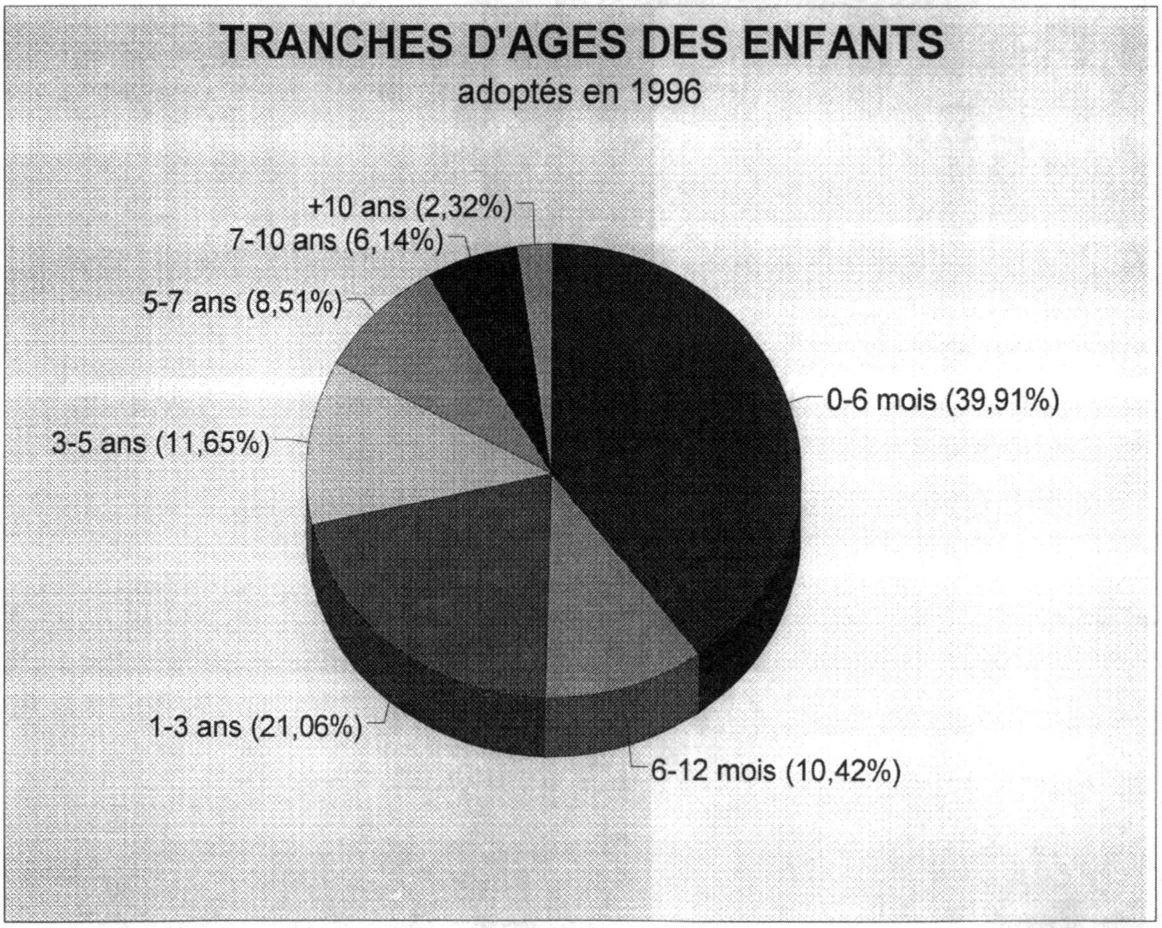

Sources : Ministère des Affaires étrangères

Document 6

Extraits de *Adopter ou parrainer un enfant*, Les Guides de Croissance, Hors-série n° 3, octobre 1996.

La législation en France

L'adoption, cette filiation élective, est une « institution » récente, même si ses racines plongent dans le droit romain. Son évolution législative a suivi, avec de vives résistances, les transformations des mentalités et celles de la société. Depuis tout juste trente ans, une lente évolution de la législation s'est en effet esquissée en faveur de l'intérêt de l'enfant. Le passage qui se fait jour entre « un enfant pour une famille » et « une famille pour un enfant » suppose, pour son épanouissement, qu'il ait des conditions d'accueil voisines de celles des enfants légitimes et requiert un contrôle des futurs parents…

Il rejoint en cela les recommandations de la Convention de La Haye, entrée en vigueur le 1er mars 1995, qui définissent les garanties fondamentales octroyées à l'enfant dans le cadre de l'adoption internationale.

L'adoption en cinq dates

Inscrite dans le Code civil de 1804, l'adoption est alors très restrictive, réservée à des hommes mariés de plus de cinquante ans sans descendants légitimes. Il s'agit de transmettre un nom et un héritage. L'adopté doit avoir plus de vingt-cinq ans et consentir à son adoption.

1923 : conséquence de la première guerre mondiale, l'adoption s'ouvre aux mineurs, qui peuvent être adoptés par des couples de quarante ans, sans enfants.

1939 : avec le décret-loi du 29 juillet, un pas de plus est franchi. La « légitimation adoptive » consacre la rupture des liens avec la famille d'origine. L'adopté acquiert définitivement la qualité d'enfant légitime, en prenant le nom de l'adoptant.

1966 : la loi du 11 juillet crée véritablement l'institution d'aujourd'hui. Elle témoigne que l'intérêt de l'enfant est désormais primordial. Elle distingue deux modes d'adoption : l'adoption plénière et l'adoption simple. L'adoption plénière substitue la nouvelle filiation à la filiation d'origine de manière irrévocable et définitive, garantie nécessaire pour protéger l'enfant en cas de conflit entre les deux familles.

Elle introduit dans le Code civil l'article 350 qui permettra au tribunal de déclarer abandonné – donc adoptable – l'enfant dont les parents se sont désintéressés depuis plus d'un an. Par ailleurs, l'adoption n'est plus réservée aux couples mariés : toute personne de plus de trente-cinq ans peut la demander.

1976 : la loi du 22 décembre élargit encore les conditions d'accès à ce mode de parenté : les candidats à l'adoption gagnent cinq ans. Il est demandé quinze ans d'écart entre eux et les adoptés.

1996 : dans ses principales mesures, la loi du 5 juillet garantit de meilleures conditions d'adoption pour l'enfant, qu'il soit français ou étranger.

– Le délai de rétractation du consentement à l'adoption est réduit à deux mois.

– L'âge minimal pour adopter est ramené à vingt-huit ans et, pour un couple, la durée du mariage est ramenée à deux ans contre cinq auparavant, ce qui répond aussi au souhait des pays d'origine d'attribuer des enfants à des parents jeunes.

– Si la famille le souhaite, un suivi post-adoption peut être effectué par l'aide sociale à l'enfance au cours des premiers mois, avant le prononcé du jugement d'adoption.

Les modes d'adoption en France

L'adoption plénière

L'adoption plénière n'est permise qu'en faveur des enfants âgés de moins de quinze ans accueillis au foyer du ou des adoptants depuis au moins six mois. Elle est irrévocable et donne à l'enfant une nouvelle filiation qui se substitue à sa filiation d'origine, avec pour corollaire les mêmes droits et obligations qu'un enfant légitime.

L'adoption simple

L'adoption simple est possible quel que soit l'âge de l'enfant. Elle ne rompt pas les liens de l'enfant avec sa famille d'origine, dont il garde le nom en y ajoutant celui de l'adoptant. Mais celui-ci est seul investi des droits d'autorité parentale. En cas d'échec d'une adoption plénière, justifié par des « motifs graves », une adoption simple peut être prononcée.

Selon le ministère de la Justice, l'adoption simple ne concerne que 15 % des enfants mineurs, qui sont plus âgés que les adoptés pléniers (9 ans contre 3).

Adoption plénière ou adoption simple ?

La plupart des adoptants, surtout lorsqu'ils accueillent de jeunes enfants, optent pour la première, dont le caractère irrévocable les rassure. Pour un enfant déjà traumatisé par un abandon, l'irréductibilité de cette inscription dans une nouvelle famille est structurante.

A l'inverse, il peut paraître regrettable de gommer la filiation biologique de l'enfant, de faire « comme si » elle n'avait jamais existé. Dans cette perspective, l'adoption simple semble plus juste. Elle corrrespond bien à la réalité de l'enfant qui a eu une filiation biologique première et a maintenu une filiation sociale et affective.

L'adoption dans les textes internationaux

L'adoption internationale est née de la prise de conscience de la détresse des enfants des pays du Sud. Cet accueil, principalement humanitaire, sera vite relayé par une adoption d'une autre nature, alternative à l'adoption d'enfants nés en France. L'ampleur du phénomène – quelque quatre-vingt pays concernés – a suscité la mise au point d'une réglementation internationale.

Les principes de Leysin

Les principes fondateurs ont été énoncés à Leysin, en 1960, à l'issue d'un cycle d'études européen organisé sous les auspices de l'ONU. Ses douze principes fondamentaux, repris dans les conventions ultérieures, ont pour critère de référence l'intérêt supérieur de l'enfant. Tel le principe de subsidiarité : l'adoption à l'étranger ne peut intervenir qu'une fois épuisées toutes les possibilités d'adoption interne ou d'accueil familial.

Autres principes :

– Les parents naturels doivent être informés sur les implications de l'adoption, étant entendu que « les facteurs psychologiques du bien de l'enfant et de la famille doivent prévaloir sur les facteurs matériels et sociaux ».

– Le sens de l'adoption doit être expliqué à l'enfant.

– Le choix de la famille adoptive, enfin, doit se faire sous la responsabilité partagée de l'organisme de protection de l'enfance qui a procédé à l'étude du foyer des adoptants et de l'institution responsable de l'enfant.

La Convention des droits de l'enfant

Une deuxième étape est franchie avec la Convention internationale des droits de l'enfant, adoptée par l'ONU le 20 novembre 1989, qui définit les objectifs assignés aux États. Dans ses articles 20 et 21, elle réitère les obligations :

– d'obtenir le « consentement à l'adoption en connaissance de cause des parents » ;

– de veiller à ce que le placement des enfants « soit effectué par des autorités ou des organes compétents ».

Elle insiste sur la nécessité de respecter les origines de l'enfant et son droit à être adopté selon la loi de son pays. Les conditions de mise en œuvre de cette coopération seront établies par la Convention de La Haye.

La Convention de La Haye

La Convention de La Haye du 29 mai 1993 sur la protection des enfants en matière d'adoption internationale est l'aboutissement de travaux effectués dans le cadre de la conférence de droit international privé de La Haye, où 67 pays étaient représentés. Entrée en vigueur le 1er mai 1995, 26 pays l'ont signée et 11 l'ont ratifiée[3]. La France devait le faire fin 1996.

Mise en place pour affiner le statut juridique de l'enfant, elle définit la coopération internationale pour prévenir les trafics d'enfants. Sa première fonction est de faire respecter les garanties fondamentales et de prévoir les procédures et instruments pour y parvenir. Elle répartit la responsabilité de ce contrôle entre les autorités centrales du pays d'origine et celles du pays d'accueil. Celles-ci auront également un rôle d'impulsion de la politique nationale en matière d'adoption. La Convention affirme la reconnaissance de plein droit des décisions d'adoption prononcées à l'étranger, ce qui offre une garantie supplémentaire tant aux adoptants qu'aux enfants.

3. Ont ratifié la Convention de La Haye : Burkina Faso, Chypre, Costa Rica, Équateur, Espagne, Mexique, Pérou, Pologne, Roumanie, Sri Lanka et Philippines (liste établie en juillet 1996).

Document 7

INFOSTAT JUSTICE

Bulletin d'information de la sous-direction de la Statistique, des Études et de la Documentation

Septembre 1996
Numéro 46

Les adoptions simples et plénières en 1992

Zakia Belmokhtar *

Près de 9 000 personnes ont été adoptées en France en 1992 : 52 % par adoption plénière et 48 % par adoption simple.

L'adoption plénière, réservée aux enfants de moins de 15 ans, s'effectue selon trois schémas. Dans l'adoption internationale (62 % des cas), les enfants étrangers viennent surtout d'Amérique latine (Brésil, Colombie, ...) ou d'Europe (Roumanie, Pologne, ...). Dans l'adoption nationale (29 % des cas), la plupart des enfants sont pupilles de l'État. Dans ces deux cas, l'adoption est en général le fait d'un couple, âgé d'une quarantaine d'années et trois fois sur quatre sans enfant. La moitié des enfants étrangers et les trois quarts des français sont accueillis avant l'âge de 10 mois dans leur futur foyer adoptif.

Dans l'adoption intrafamiliale (9 % des cas), l'enfant est en général adopté par le conjoint de sa mère biologique, vers l'âge moyen de 10 ans.

L'adoption simple est plus souvent prononcée en faveur de personnes majeures (85 %) que d'enfants mineurs (15 %). Elle est surtout le fait d'une personne qui adopte l'enfant de son conjoint. Plus rare, l'adoption simple par un couple (8 % des adoptés majeurs et 14 % des mineurs), échappe au cadre intrafamilial : elle vient concrétiser, parfois tardivement, un lien affectif formé dès l'enfance entre l'adopté et la famille qui s'en est occupé.

Un peu moins de 9 000 personnes ont été adoptées en 1992 : 52 % ont fait l'objet d'une adoption plénière et 48 % d'une adoption simple.

L'adoption plénière ne peut être prononcée qu'en faveur d'un mineur, en principe de moins de 15 ans. Elle entraîne la rupture totale des liens entre l'adopté et sa famille biologique. En revanche, l'adoption simple, possible quel que soit l'âge de l'adopté, n'efface pas la parenté selon le sang - **encadré 1** -. Du fait de ces logiques distinctes, adoptés pléniers et adoptés simples présentent des caractéristiques différentes.

Les enfants légalement adoptables, de façon simple ou plénière, sont ceux dont les père et mère ou le conseil de famille ont valablement consenti à l'adoption, les pupilles de l'État et les enfants qui ont fait l'objet d'une déclaration judiciaire d'abandon. Il faut y ajouter les enfants étrangers adoptés par des parents français, en vertu du jugement d'adoption ou de la décision d'adoptabilité émanant d'une autorité étrangère.

Trois schémas d'adoption plénière

En 1992, plus de 62 % des adoptions plénières ont été réalisées sur le fondement d'une décision ou d'un jugement prononcés à l'étranger. Les pupilles de l'État français représentaient 23 % des adoptés pléniers et les enfants adoptés sur consentement de leurs parents près de 15 % - **tableau 1** -.

L'adoption plénière peut être demandée conjointement par un couple marié, ou par une seule personne indépendamment de son statut matrimonial. Les adoptions plénières sont prononcées à la demande d'un couple dans 85 % des cas. Les personnes adoptant seules un enfant se répartissent également entre hommes (8 %) et femmes (7 %).

Trois schémas d'adoption plénière se dégagent, en considérant la situation juridique de l'enfant et la qualité de l'adoptant : l'adoption internationale, nationale et intrafamiliale.

Tableau 1. Les adoptions plénières en 1992 : situation juridique de l'enfant et qualité de l'adoptant

(Unité : enfant adopté)

Qualité de l'adoptant / Situation juridique de l'enfant	Tous adoptants		Couple adoptant		Père seul adoptant		Mère seule adoptante	
	Nombre	%	Nombre	%	Nombre	%	Nombre	%
Ensemble des enfants adoptés pléniers	**4 531**	**100.0**	**3 831**	**100.0**	**379**	**100.0**	**321**	**100.0**
Jugement ou décision d'une autorité étrangère	2 819	62.2	2 571	67.1	14	3.7	234	72.9
Statut de pupille de l'État	1 035	22.8	999	26.1	20	5.3	16	5.0
Consentement du (ou des) parent(s)*	663	14.6	251	6.6	344	90.8	68	21.2
Déclaration judiciaire d'abandon	14	0.3	10	0.3	1	0.3	3	0.9

* ou à défaut du conseil de famille

Sources : enquête "Adoption en 1992" et Répertoire général civil, ministère de la Justice (SDSED)

* Statisticienne à la Sous-direction de la Statistique, des Études et de la Documentation

Dans **l'adoption internationale**, les enfants étrangers, sans lien préexistant avec l'adoptant, sont entrés en France dans le cadre de l'adoption. C'est le schéma le plus fréquent pour les adoptions effectuées par un couple (67 % des cas) ou par une mère seule (73 %).

L'adoption nationale se rapporte aux enfants pupilles de l'État ou déclarés judiciairement abandonnés et, dans une moindre mesure, aux enfants adoptés par un couple avec le consentement de parents biologiques qui n'ont pas de lien familial avec les adoptants. Elle représente au total le tiers des adoptions par un couple.

Enfin, **l'adoption intrafamiliale** est caractérisée par l'existence d'un lien préalable entre le (ou les) parent(s) qui consentent à l'adoption de l'enfant et le (ou les) adoptant(s). La situation la plus fréquente est celle où l'adoptant adopte l'enfant de son conjoint. L'adoption par un père seul est massivement de nature intrafamiliale (96 %), alors que l'adoption par une mère seule ne l'est que dans 16 % des cas.

Prédominance de l'adoption plénière internationale

L'adoption internationale étant prédominante, les adoptés pléniers sont originaires de plus de 80 pays. En 1992, les enfants étrangers viennent surtout d'Amérique latine (26 % des adoptés) ou d'Europe (16 %), en particulier du Brésil (12 %) et de Roumanie (10 %) - **tableau 2** -. Moins de 11 % des enfants sont originaires d'Asie (Inde, Sri Lanka, Vietnam) et moins de 8 % d'Afrique sub-saharienne. Les enfants venus du Maghreb, du Proche et Moyen-Orient, d'Amérique du Nord et d'Océanie représentent ensemble moins de 2 % des adoptions plénières.

Deux voies s'ouvrent aux parents pour obtenir la reconnaissance en France d'une adoption prononcée à l'étranger. Dans un quart des adoptions internationales (710), le parquet de Nantes confère directement à un jugement étranger valeur d'adoption plénière en France, en ordonnant sa transcription sur les registres d'état civil -**encadré 1**-. Dans les trois quarts des cas (2 109), les enfants venus de l'étranger font l'objet d'une procédure d'adoption classique devant le tribunal de grande instance.

Tableau 2. Les adoptions plénières en 1992 : nationalité et origine géographique des enfants

(Unité : enfant adopté)

Procédure	Toutes adoptions plénières		Jugements du TGI		Transcriptions du parquet de Nantes	
Nationalité et origine	Nombre	%	Nombre	%	Nombre	%
Toutes nationalités	**4 531**	**100.0**	**3 821**	**100.0**	**710**	**100.0**
Français	1 625	35.9	1 625	42.5	///	///
Étrangers	2 906	64.1	2 196	57.5	710	100.0
Adoptions nationales ou intrafamiliales	87	1.9	87	2.3	///	///
Adoptions internationales	**2 819**	**62.2**	**2 109**	**55.2**	**710**	**100.0**
Amérique latine*	1 196	26.4	693	18.1	503	70.8
dont Brésil	*548*	*12.1*	*259*	*6.8*	*289*	*40.7*
Colombie	*274*	*6.0*	*66*	*1.7*	*208*	*29.3*
Chili	*102*	*2.3*	*100*	*2.6*	*2*	*0.3*
Europe (hors France)	722	15.9	673	17.6	49	6.9
dont Roumanie	*477*	*10.5*	*471*	*12.3*	*6*	*0.8*
Pologne	*166*	*3.7*	*148*	*3.9*	*18*	*2.5*
Asie	479	10.6	400	10.5	79	11.1
dont Inde	*121*	*2.7*	*107*	*2.8*	*14*	*2.0*
Sri Lanka	*106*	*2.3*	*53*	*1.4*	*53*	*7.5*
Vietnam	*93*	*2.1*	*87*	*2.3*	*6*	*0.8*
Afrique sub-saharienne	350	7.7	277	7.2	73	10.3
Autres zones géographiques**	72	1.6	66	1.7	6	0.8

* L'Amérique latine regroupe l'Amérique du sud, l'Amérique centrale et les Caraïbes
** Maghreb, Proche et Moyen-Orient, Amérique du Nord, Océanie

Sources : enquête "Adoption en 1992" et Répertoire général civil, ministère de la Justice (SDSED)

La procédure suivie diffère selon la nationalité de l'enfant. Lorsqu'il est roumain, polonais, indien ou chilien, 90 % des adoptions sont prononcées par jugement du tribunal de grande instance. Lorsqu'il est colombien, les trois quarts sont obtenues par transcription du jugement étranger. L'adoption des enfants brésiliens et sri-lankais passe aussi souvent par une voie que par l'autre. Des facteurs juridiques, liés notamment au problème de la compatibilité des législations française et étrangères, contribuent à expliquer ces différences[1].

Alors que l'ensemble des enfants adoptés (français et étrangers) se répartissent de façon égale entre filles et garçons, des écarts apparaissent pour certaines nationalités d'origine. Pour le Brésil, la Colombie ou la Pologne, trois adoptés sur cinq sont des garçons. A contrario, pour le Sri Lanka et l'Inde, respectivement trois et quatre adoptés sur cinq sont des filles.

Dans l'adoption plénière internationale ou nationale, le couple adoptant est composé en moyenne d'un père âgé de 40 ans et d'une mère âgée de 39 ans. Si ce couple est près de trois fois sur

Figure 1. Les temps de l'adoption plénière : délais moyens en 1992

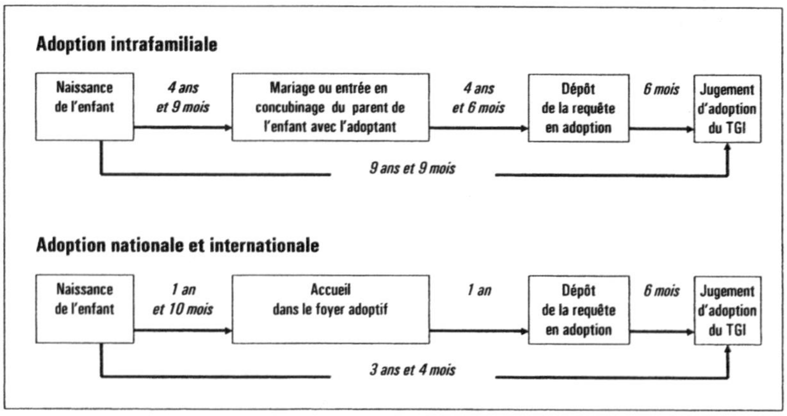

Sources : enquête "Adoption en 1992" et Répertoire général civil, ministère de la Justice (SDSED)

1. Certains États (Chili, ...) délivrent aux parents étrangers des décisions de garde, en vue d'une adoption qui sera prononcée dans l'État d'accueil. D'autres prononcent l'adoption. Mais si leur droit interne prévoit des clauses susceptibles de faire obstacle à la transcription en adoption plénière en France (ex. révocabilité), les adoptants peuvent préférer engager une procédure devant le TGI.

quatre sans enfant, plus d'un quart des enfants adoptés s'insèrent dans une fratrie. La mère qui adopte seule un enfant étranger est en moyenne plus âgée (43,5 ans) et presque toujours célibataire.

Dans le cadre intrafamilial, le père qui adopte l'enfant de sa conjointe est en moyenne plus jeune (35,5 ans) que la mère adoptant l'enfant de son conjoint (41 ans).

Des enfants d'âge différent selon le schéma d'adoption

Trois dates jalonnent le déroulement d'une adoption plénière : l'accueil de l'enfant, le dépôt de la requête en adoption et le prononcé du jugement[2]. L'âge auquel l'enfant est accueilli et la durée de chaque étape diffèrent selon le schéma d'adoption.

Dans l'adoption intrafamiliale, l'enfant du conjoint a en moyenne près de 5 ans lors du mariage ou, à défaut, du concubinage du couple - **figure 1** -. La requête en adoption est déposée quatre ans et demi plus tard, et le jugement intervient six mois après. L'enfant du conjoint est donc adopté entre 9 et 10 ans.

Dans l'adoption nationale et internationale, l'enfant est beaucoup plus jeune : il est accueilli dans son foyer adoptif à l'âge moyen de 1 an et 10 mois. Les parents déposent leur requête en adoption un an plus tard. Le jugement est prononcé six mois après. Comme il prend effet à la date de la requête, l'enfant entre de plein droit dans sa famille adoptive avant l'âge de 3 ans.

Si les enfants français et étrangers sont adoptés au même âge, les premiers sont accueillis plus tôt que les seconds dans leur futur foyer : en moyenne à 1 an et 3 mois, contre 2 ans et 3 mois. Mais le dépôt de la requête est plus tardif dans l'adoption nationale (18 mois après l'accueil) que dans le schéma international (9 mois). Enfin, du dépôt de la requête au jugement, la procédure prend en moyenne 4 mois dans le schéma national et 7 mois dans l'international.

L'âge moyen à l'accueil recouvre cependant un éventail de situations diverses. Si certains enfants sont déjà grands à leur arrivée dans le foyer adoptif, un quart sont des bébés de moins de trois mois. Environ la moitié des enfants étrangers et les trois quarts des enfants français sont accueillis par leurs parents adoptifs avant l'âge de 10 mois - **figure 2** -.

Figure 2. L'âge des adoptés pléniers de 1992 au moment de l'accueil dans leur foyer adoptif

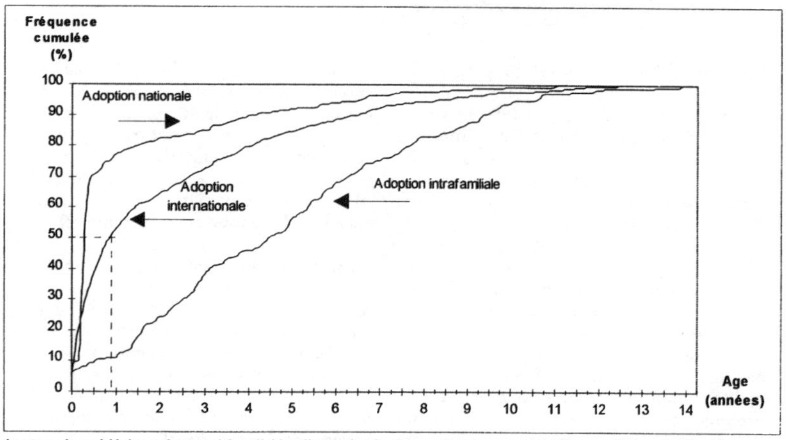

Lecture : la moitié des enfants qui font l'objet d'une adoption internationale sont accueillis avant l'âge de 10 mois

L'adoptant, qui donne son nom à l'adopté plénier, peut aussi demander la modification de son prénom. Deux pratiques apparaissent. Six fois sur dix, le ou les prénoms d'origine de l'enfant subsistent (26 % des parents ne demandent aucun changement, 29 % inversent l'ordre des prénoms ou modifient l'un d'eux, 5 % francisent le prénom étranger). En revanche, quatre fois sur dix, les parents adoptifs choisissent pour l'enfant un nouveau prénom, qui fait disparaître toute trace de son état civil antérieur.

L'adoption simple : 15 % seulement d'enfants mineurs

Si l'adoption internationale d'un jeune enfant par un couple est le mode dominant de l'adoption plénière, l'adoption simple est essentiellement celle d'un majeur, adopté par une seule personne, dans un cadre intrafamilial.

Les adoptés simples sont en moyenne âgés de 33 ans. L'adoption simple concerne 15 % seulement d'enfants mineurs et 85 % de personnes majeures -**tableau 3**-. Ces personnes sont de tous âges, avec cependant une part notable de jeunes adultes (18 à 30 ans) et de personnes entre 40 et 50 ans.

L'adoption simple des mineurs peut être rapprochée de l'adoption plénière, dans la mesure où les critères d'adoptabilité des enfants sont les mêmes, ainsi que les conditions requises des adoptants, et où l'exercice de l'autorité parentale échoit à ces derniers.

L'adoption simple des mineurs est plus souvent prononcée à la requête d'une seule personne (86 %) que d'un couple

Tableau 3. Les adoptions simples en 1992 : situation juridique de l'adopté et qualité de l'adoptant

(Unité : personne adoptée)

Qualité de l'adoptant / Situation de l'adopté	Tous adoptants		Couple adoptant		Père seul adoptant		Mère seule adoptante	
	Nombre	%	Nombre	%	Nombre	%	Nombre	%
Ensemble des adoptés simples	**4 146**	**100.0**	**387**	**100.0**	**2 479**	**100.0**	**1 280**	**100.0**
Adoptés mineurs	**641**	**15.5**	**92**	**23.8**	**459**	**18.5**	**90**	**7.0**
Jugement ou décision d'une autorité étrangère.	40	1.0	25	6.5	0	0.0	15	1.2
Pupille de l'État ou enfant déclaré abandonné	11	0.3	9	2.3	0	0.0	2	0.2
Consentement du (ou des) parent(s)*	590	14.2	58	15.0	459	18.5	73	5.7
dont enfants adoptés par le conjoint du parent naturel	*431*	*10.4*	*///*	*///*	*372*	*15.0*	*59*	*4.6*
Adoptés majeurs	**3 505**	**84.5**	**295**	**76.2**	**2 020**	**81.5**	**1 190**	**93.0**
dont adoptés par le conjoint du parent	2 451	59.1	///	///	1 649	66.5	802	62.7

* ou à défaut du conseil de famille

Sources : enquête "Adoption en 1992" et Répertoire général civil, ministère de la Justice (SDSED)

2. Le déroulement de l'adoption n'est étudié que pour les procédures devant le TGI, en raison de l'absence de données disponibles sur l'accueil de l'enfant et le dépôt de la requête pour les transcriptions de décisions étrangères.

1. Les deux formes de l'adoption

Les principes fondamentaux de l'adoption, posés par la loi du 11 juillet 1966[1], viennent d'être confirmés par celle du 5 juillet 1996. Le Code civil distingue ***l'adoption plénière***, permise en faveur des enfants de moins de 15 ans[2] accueillis au foyer de l'adoptant depuis au moins six mois, et ***l'adoption simple***, possible quel que soit l'âge de l'adopté *(art. 343 à 370)*.

L'adoption plénière, irrévocable, confère à l'enfant une filiation qui se substitue à celle d'origine. Sa transcription sur les registres de l'état civil ne comporte aucune indication de la filiation d'origine et tient lieu d'acte de naissance à l'enfant. L'adopté cesse d'appartenir à sa famille par le sang (sous réserve des prohibitions au mariage). Dans la famille de l'adoptant, il a les mêmes droits et obligations qu'un enfant légitime. L'adoption plénière de l'enfant du conjoint laisse toutefois subsister la filiation d'origine à l'égard de ce conjoint.

L'adoption simple, révocable pour motifs graves, permet à l'adopté de conserver tous ses droits dans sa famille d'origine. Dans sa famille adoptive, il a les mêmes droits successoraux qu'un enfant légitime (sans être héritier réservataire à l'égard des ascendants de l'adoptant). L'autorité parentale à l'égard de l'adopté mineur revient à l'adoptant.

Si les deux formes de l'adoption diffèrent par leur portée, la procédure et les conditions requises sont similaires. L'adoption est prononcée, à la requête de l'adoptant, par le tribunal de grande instance. Le jugement prend effet à la date de la requête.

L'adoption peut être demandée par deux époux après 5 ans de mariage, ou par toute personne de plus de 30 ans (sans condition d'âge pour adopter l'enfant du conjoint). Le consentement personnel de l'adopté est nécessaire à partir de 13 ans. L'adoptant doit avoir au moins 15 ans de plus que l'enfant adopté (10 ans si l'enfant est celui du conjoint).

En matière d'adoption internationale, la loi du pays d'origine de l'enfant détermine les règles de l'adoptabilité, tandis que la loi française régit les conditions et les effets de l'adoption. Contrairement à l'adoption plénière, l'adoption simple ne confère pas de plein droit la nationalité française à l'adopté (l'enfant mineur peut cependant l'acquérir sur déclaration de ses parents).

Les jugements étrangers rendus en matière d'état des personnes sont en principe reconnus de plein droit en France, sous réserve de leur régularité. Les parents français qui adoptent un enfant étranger dans son pays d'origine peuvent adresser la décision étrangère au parquet du tribunal de grande instance de Nantes, en vue de sa transcription comme adoption plénière sur les registres d'état civil des Français nés à l'étranger. Le parquet de Nantes détermine à quelle forme d'adoption - plénière ou simple - est assimilable l'adoption étrangère, notamment au regard de ses effets (caractère irrévocable ou non, rupture ou maintien des liens avec la famille, ...). Les parents peuvent aussi déposer une requête en adoption devant le tribunal de grande instance, comme pour un enfant français.

1. La loi n° 96-604 du 5 juillet 1996 relative à l'adoption assouplit certaines conditions : requête ouverte aux couples après 2 ans de mariage ou aux personnes âgées de 28 ans, ...
2. Sauf exception légale pour des mineurs de plus de 15 ans, recueillis ou adoptés simples avant cet âge.

2. Sources et méthodes

Cette étude repose sur le dépouillement et l'exploitation statistique de la moitié des jugements d'adoption (ainsi que des requêtes correspondantes) prononcés par les tribunaux de grande instance en 1992, et de la moitié des transcriptions de jugements étrangers ordonnées par le parquet de Nantes. Le Répertoire général civil (RGC) a servi de base de sondage pour l'échantillon de jugements. Une fois le RGC 1992 définitivement stabilisé, à la fin de 1993, les textes des requêtes et jugements d'adoption en provenance de toutes les juridictions ont été centralisés pour analyse, saisie et exploitation. La lourdeur inhérente à ce type d'investigation (transformation en données chiffrées d'informations qualitatives) explique la publication à ce jour des résultats.

Cette étude est la seule qui ait été réalisée sur l'ensemble des adoptions. Ses principaux enseignements, relatifs notamment aux schémas d'adoption et au lien entre profil de l'adoptant et de l'adopté, dressent un tableau complet de l'adoption, phénomène de société que l'on peut présumer, dans ses grandes lignes, assez stable sur quelques années.

(14 %). L'adoption par une personne est massivement de nature intrafamiliale. L'adoptant - en général un homme - adopte neuf fois sur dix l'enfant de son conjoint. Comme pour l'adoption plénière, l'enfant est adopté vers l'âge de 10 ans.

L'adoption simple d'un mineur par un couple est, près de sept fois sur dix, de type national. Elle concrétise l'attachement qui s'est formé entre l'enfant et la famille qui l'a recueilli dès son jeune âge, ou qui s'est vu confier sa garde par le service de l'aide sociale à l'enfance. Enfin, l'adoption par un couple est trois fois sur dix internationale. Dans les deux cas, les mineurs adoptés simples sont plus âgés que les adoptés pléniers (9 ans en moyenne contre 3 ans).

L'adopté simple majeur est souvent l'enfant du conjoint

Les personnes majeures sont massivement adoptées par un seul requérant (92 % des cas) et plus rarement par un couple (8 %).

Le requérant seul est six fois sur dix un homme. Âgé de 61 ans en moyenne, il est marié (88 %) ou parfois veuf (8 %). Il sollicite toujours une adoption intrafamiliale, neuf fois sur dix en faveur de l'enfant de sa conjointe ou de son épouse défunte. L'adopté est âgé de 36 ans en moyenne.

Avec quelques nuances, ce portrait reste valable pour la femme requérante. Plus âgée en moyenne (67 ans), elle est en général mariée (56 %), mais aussi très souvent veuve (37 %). S'il arrive que l'adopté n'appartienne pas à la famille, l'adoption reste neuf fois sur dix intrafamiliale. L'adopté, âgé de 42 ans en moyenne, est alors huit fois sur dix l'enfant du conjoint, et deux fois sur dix un autre membre de la famille (neveu, petit-fils, ...). Ce dernier cas est plus fréquent si l'adoptante est veuve.

Le couple adoptant, âgé d'environ 63 ans, adopte une personne assez jeune (30 ans en moyenne) et sept fois sur dix sans lien de parenté avec lui. L'adoption vient alors renforcer un lien affectif entre le couple et un jeune adulte qui lui avait été confié mineur, parfois très jeune. Enfin, quand un lien de parenté existe avec l'un des requérants, l'adopté est en général un neveu (ou une nièce) élevé par le couple. ■

Directeur de la publication : Alain Saglio
Rédacteur en chef : Marie-Laure Monteil
Maquette : Denis Toussaint
Le numéro : 12 Francs, l'abonnement (11 numéros) : 100 Francs
Chèque libellé à l'ordre de la "Régie du ministère de la Justice"
ISSN 1252 - 7114

Direction de l'Administration générale et de l'Équipement
13, place Vendôme - 75 042 Paris CEDEX 01

Commentaire

Phase 1 : lecture et analyse des documents

Découverte du sujet

Le sujet est *a priori* très vaste. L'adoption peut être abordée sous des angles différents : aspects juridiques, sociologiques, internationaux, etc.

C'est le contenu même des documents qui va déterminer le cadre à retenir.

D'ores et déjà, dans le libellé du sujet, une indication est donnée sur l'orientation générale : vous devez faire ressortir dans votre texte la part croissante prise par l'adoption d'enfants nés à l'étranger.

Survol des documents

Les sept documents sont de nature très différente : dispositions législatives extraites du Code de la famille, extraits de notes et de rapports, d'ouvrages spécialisés et de statistiques.

Un rapide survol vous permet de détecter que certains documents concernent exclusivement les pupilles de l'État, adoptables en France (documents 1, 2, 4 et, partiellement, document 3).

Les documents 3, 6 et 7 comprennent des informations générales à la fois sur l'adoption interne et l'adoption internationale.

Le document 5 concerne uniquement l'adoption internationale, avec des statistiques, tableaux et graphiques qu'il va falloir interpréter. Les documents 4 et 7 comprennent, eux aussi, mêlés au texte, des documents chiffrés, mais seul le document 5 est constitué, en totalité, de tableaux et graphiques sans le moindre commentaire.

Ce même survol vous permet de constater que le document 3 (extraits du rapport du professeur Mattei) est de loin le plus riche : il comprend de nombreuses informations vous permettant, presque à lui seul, de traiter la quasi-totalité du sujet. C'est donc à celui-ci que vous consacrerez le plus de temps, c'est celui-ci que vous lirez, de manière plus approfondie, en premier. Ce sera le document-pivot.

Les autres documents apportent des précisions, un éclairage, mais ne suffisent pas, en eux-mêmes, à appréhender tout le sujet.

Lecture approfondie, document par document

Document 1

Ce document court est précieux car il indique, en termes simples, ce qu'est un pupille de l'État, *« un enfant dont la collectivité publique a la responsabilité totale parce qu'il a perdu tout lien avec sa famille »*.

Ces pupilles de l'État ont vocation à être adoptés en France, mais tous les projets d'adoption n'aboutissent pas.

Le document montre que l'on peut être pupille de l'État très jeune, dès la naissance, et que dans ce cas les chances d'adoption sont importantes.

Mais d'autres enfants deviennent pupilles de l'État à un âge plus avancé (entre 7 et 15 ans), par déclaration

Comment exploiter les documents chiffrés

Il n'existe pas de méthode universelle pour exploiter ce qu'on appelle les *documents chiffrés*, souvent compris dans le dossier fourni pour la rédaction d'une note de synthèse, à savoir des tableaux de statistiques, schémas, graphiques, etc.

Cependant il existe une technique de lecture qui permet d'éviter le hors sujet.

L'analyse d'un tableau ou d'un graphique consiste à repérer, trier puis exploiter les informations en relation avec le sujet de la note de synthèse.

Prenons l'exemple du document 5, *Statistiques de la Mission de l'adoption internationale, 1996*. Quels sont ses différents éléments ?

– « État des visas accordés à des enfants adoptés par des Français » : ce tableau récapitule, pays par pays, le nombre de visas accordés à des enfants adoptés de 1979 à 1996.

– Trois graphiques présentent :

- l'évolution de l'adoption internationale de 1979 à 1996 ;
- l'évolution du nombre de pays d'origine des enfants de 1979 à 1996 ;
- l'évolution des adoptions par continent de 1979 à 1996.

– Une série de graphiques en forme de « fromage » proposent d'une part la répartition entre adoptions internes et adoptions internationales de 1987 à 1993 et d'autre part les tranches d'âge des enfants adoptés en 1996.

Ces documents ne sont assortis d'aucun commentaire mais vous devez bien sûr faire le lien entre eux et le sujet de la note, en vous aidant au besoin des informations recueillies par ailleurs.

Soyez très attentifs, tout d'abord, en lisant ces documents. Leurs titres sont importants : ils vous guident et vous aident à cerner rapidement le contenu de chacun.

Repérez les grandeurs, les unités, les échelles. Il ne s'agit pas d'un exercice de mathématiques mais vous devez néanmoins faire preuve d'esprit de logique.

Ainsi, dans le tableau général des visas accordés depuis 1979, votre attention doit être très vite attirée par la colonne de droite qui totalise les adoptions réalisées, pays par pays, de 1979 à 1996, ainsi que par la dernière ligne au bas du tableau qui totalise les adoptions année par année.

Inutile de vous perdre dans un examen minutieux du reste du tableau ; vous devez au contraire repérer très vite l'essentiel, à savoir que le chiffre total de visas accordés aux enfants adoptés ne cesse d'augmenter et a quasiment quadruplé entre 1979 et 1996, tous pays cumulés, et que les pays les plus concernés sont le Brésil, le Chili, la Colombie, la Corée, l'Inde, Madagascar, la Pologne, la Roumanie, le Sri Lanka et le Vietnam.

Une fois que vous avez parcouru les documents, vous pouvez passer à leur analyse et à leur interprétation, sans entrer dans les détails.

Ainsi, concernant le graphique décrivant « l'évolution de l'adoption internationale de 1979 à 1996 », il saute aux yeux que le nombre d'enfants adoptés à l'étranger a connu une progression considérable en 15 ans. Il suffit de retenir que, de moins de 1 000 en 1979, le nombre de ces enfants a franchi la barre des 3 500 en 1996 (l'évolution, avec ses hauts et ses bas entre ces deux dates, n'a pas d'intérêt).

Ainsi encore, les quatre graphiques décrivant « l'évolution des adoptions par continent de 1979 à 1996 » permettent de voir très rapidement que les deux premiers continents concernés sont l'Amérique (en baisse) et l'Asie (en hausse), l'Europe et l'Afrique venant loin derrière. C'est ce qu'il importe de retenir.

Sachez, pour terminer sur ce point, que toutes les notes de synthèse ne comportent pas de documents chiffrés mais que certaines, en revanche, sont constituées en grande partie de tels documents.

Selon le bon vieux principe selon lequel « un dossier vaut parfois mieux qu'un long discours », ces documents chiffrés peuvent, s'ils sont correctement lus, analysés et retranscrits en bon français, se révéler autant sinon plus importants que les textes rédigés. Ils synthétisent souvent ce qu'expliquent en développements plus ou moins longs des documents rédigés et peuvent être, à ce titre, fort utiles.

judiciaire d'abandon. Pour ces enfants, les projets d'adoption sont plus difficiles à réaliser.

Quelques chiffres figurent dans le document, à considérer toutefois avec prudence, compte tenu de sa date de publication un peu ancienne (1991).

Document 2

Ces quatre articles extraits du Code de la famille et de l'aide sociale et issus de la loi du 5 juillet 1996 relative à l'adoption portent sur le statut des pupilles de l'État. Ces articles sont précis, détaillés, et décrivent à la fois les institutions chargées de suivre les pupilles (article 60), les conditions et formalités d'admission au statut de pupille (articles 61 et 62) ainsi que les conditions dans lesquelles les pupilles peuvent être adoptés (articles 63 et 63-1).

Le sujet de la note portant sur l'adoption et non, *stricto sensu*, sur les pupilles de l'État, qui n'ont pas tous vocation à être adoptés, c'est surtout les articles 63 et 63-1 qui retiennent l'attention.

On note ainsi que *« les enfants admis en qualité de pupille de l'État (...) doivent faire l'objet d'un projet d'adoption dans les meilleurs délais »* : adoption par les personnes à qui le service de l'aide sociale à l'enfance les a confiés pour en assurer la garde lorsque des liens affectifs sont tissés, ou adoption par des personnes agréées à cet effet.

Pour le reste, il est surtout intéressant de relever, à l'article 61, l'énumération des différentes catégories d'enfants admis en qualité de pupilles de l'État : enfants dont la filiation est inconnue, enfants remis par leurs parents au service de l'aide sociale à l'enfance en vue de leur adoption, enfants dont les parents ont fait l'objet d'une mesure de retrait de l'autorité parentale, etc.

Document 3

Ce texte est, de loin, le plus utile et le plus important pour la compréhension du sujet et pour son traitement.

Il brosse un tableau général de l'adoption en France et de son évolution récente.

Les **principales idées** qui se dégagent sont les suivantes :

– le nombre d'enfants adoptables en France (pupilles de l'État) ne cesse de diminuer ;

– l'adoption internationale est apparue dans les années soixante : conçue au départ surtout comme une démarche humanitaire, elle a très vite changé de nature pour devenir une alternative à l'adoption d'enfants nés en France ;

– l'adoption d'enfants étrangers de toutes origines a bouleversé les mentalités : les adoptants ne cherchent plus à cacher les origines de leurs enfants ;

– l'idée est encore néanmoins très répandue selon laquelle beaucoup d'enfants français ne sont pas adoptés du fait de l'attitude restrictive des services de l'aide sociale à l'enfance ;

– cette idée est fausse, comme le démontrent les statistiques du ministère chargé de la famille : si des pupilles ne sont pas adoptés, c'est le plus souvent parce qu'ils présentent des handicaps sérieux, sont trop âgés ou encore ont gardé des liens avec leur famille ;

– désormais, les deux tiers des enfants mineurs adoptés par des Français sont nés à l'étranger.

Document 4

Cette enquête chiffrée donne des informations sur le nombre des pupilles de l'État et leur devenir.

On retient que l'effectif des pupilles de l'État tend à se stabiliser depuis les années quatre-vingt-dix : 3 659 enfants sont pupilles au 31 décembre 1995.

Parmi eux, 1 397 (soit 38 %) ont été placés en vue d'adoption.

Pour les autres, non adoptés, la principale raison invoquée est l'état de santé ou l'existence d'un handicap.

Document 5

Ce document est composé exclusivement de statistiques du ministère des Affaires étrangères qui complètent et actualisent utilement le document 3.

Il illustre la part croissante prise, en France, par l'adoption d'enfants en provenance de l'étranger : 3 666 en 1996 contre 935 en 1980.

Alors qu'en 1987, les Français adoptaient presque autant d'enfants en France qu'à l'étranger, l'écart s'est creusé depuis au détriment de l'adoption interne et au profit de l'adoption internationale.

La majorité des enfants adoptés à l'étranger en 1996 avait moins de un an (ce qui n'est pas le cas des pupilles de l'État, plus âgés).

Autre phénomène méritant d'être signalé : le nombre croissant des pays d'origine des enfants (plus d'une soixantaine depuis 1993) et l'extrême fluctuation d'un pays à l'autre.

Les continents asiatique et américain sont les plus gros «pourvoyeurs» mais, à l'intérieur de ceux-ci, certains pays s'ouvrent à l'adoption (par exemple, le Vietnam depuis 1987) et d'autres se ferment progressivement (la Corée).

Document 6

Extraites d'un guide à l'usage du public, les informations figurant dans ce document retracent de manière schématique les grandes lignes de la législation française en matière d'adoption, issue notamment des lois de 1966 à 1996, en distinguant les deux modes possibles – adoption simple et adoption plénière –, la première pouvant concerner aussi bien les mineurs que les adultes.

Pour l'adoption internationale, il est indiqué que celle-ci obéit à des principes «fondateurs» repris dans la Convention des droits de l'enfant et dans la Convention de La Haye du 29 mai 1993.

Document 7

Ce document est d'un abord un peu plus difficile que le précédent et doit être utilisé avec précaution.

Il s'agit d'une étude du ministère de la Justice couvrant toutes les catégories d'adoptions, y compris les adoptions d'adultes, ce qui a pour effet de «gonfler» les statistiques rappelées par ailleurs.

Le temps qui vous est imparti pour l'épreuve de note de synthèse ne vous permet pas de prendre en considération toutes les subtilités ni les multiples cas de figure passés en revue dans ce document. Il faut surtout retenir que la forme d'adoption la plus répandue en France est l'adoption plénière qui, tout en créant un nouveau lien de filiation, supprime définitivement tous les liens avec la famille biologique. 52 % des adoptions sont des adoptions plénières, en grande majorité prononcées à l'étranger. Ce pourcentage doit être revu à la hausse si on ne considère que les adoptions d'enfants : l'adoption simple est, à 85 %, prononcée en faveur de personnes majeures.

Phase 2 : construction du plan

La note, tout en rappelant les grandes règles de l'adoption (adoption simple, plénière, pupilles de l'État...), doit faire ressortir que celle-ci se développe en France, mais principalement grâce à l'essor de l'adoption internationale.

Elle doit montrer que l'adoption d'enfants, sur le territoire français, a tendance à diminuer du fait de l'amélioration de la protection de l'enfance et de la baisse du nombre d'abandons; les pupilles de l'État sont moins nombreux et plus difficilement adoptables. En revanche, les adoptions d'enfants en provenance de l'étranger se développent et concernent désormais de très nombreux pays.

À partir de ces différentes données, il vous est parfaitement possible de bâtir indifféremment un plan en deux ou trois parties.

Pour vous montrer comment procéder, les deux options vont être successivement examinées.

Premier exemple : plan en deux parties

Un plan en deux parties peut très bien se concevoir avec une première partie consacrée à l'adoption interne et une deuxième partie consacrée à l'adoption internationale.

L'introduction, qui doit être conçue dès cette phase, est rédigée en même temps que le plan.

Introduction

L'adoption en France est désormais un fait de société, qui a connu de profonds bouleversements depuis les années soixante. L'opinion publique et les médias s'y intéressent beaucoup.

L'adoption, qui peut être simple ou plénière, crée un véritable et nouveau lien de filiation entre parents adoptifs et enfants adoptés; elle n'est plus tenue cachée comme autrefois.

Les enfants adoptables en France, c'est-à-dire essentiellement les pupilles de l'État, étant de moins en moins nombreux, c'est vers l'adoption internationale que se tournent désormais, de plus en plus, les candidats à l'adoption.

Première partie : Les caractéristiques de l'adoption en France : vers une réduction de l'adoption des pupilles de l'État.

– Rappel de l'évolution des dispositions législatives (adoption simple, adoption plénière) et définition des pupilles de l'État.

– Les dispositions du Code de la famille et de l'aide sociale concernant les pupilles de l'État et leur adoptabilité.

– Les statistiques des ministères concernés.

– Les raisons pour lesquelles de nombreux pupilles ne sont pas adoptés en France.

Deuxième partie : L'essor de l'adoption internationale.

– Les données statistiques.

– Le bouleversement des mentalités.

– Les conséquences.

Corrigé proposé

Sujet : *Il vous est demandé de rédiger une note de synthèse sur l'adoption en France. Vous ferez ressortir en particulier la part croissante prise par l'adoption d'enfants nés à l'étranger.*

L'adoption en France est désormais un fait de société, qui a connu de profonds bouleversements depuis les années soixante. L'opinion publique et les médias s'y intéressent beaucoup.

L'adoption, qui peut être simple ou plénière, crée un véritable et nouveau lien de filiation entre parents adoptifs et enfants adoptés; elle n'est plus tenue cachée comme autrefois.

Les enfants adoptables en France, c'est-à-dire essentiellement les pupilles de l'État, étant de moins en moins nombreux, c'est vers l'adoption internationale que se tournent désormais, de plus en plus, les candidats à l'adoption.

1. Les caractéristiques de l'adoption en France : vers une réduction de l'adoption des pupilles de l'État

Si l'adoption est inscrite dans le Code civil depuis 1804, ce n'est qu'au XXe siècle qu'elle prend la forme que nous lui connaissons aujourd'hui. Elle s'ouvre en effet aux mineurs au lendemain de la première guerre mondiale et peut être, depuis la loi du 11 juillet 1966, soit une adoption simple, soit une adoption plénière.

Ces deux formes d'adoption créent l'une et l'autre un nouveau lien de filiation entre adoptés et parents adoptifs mais l'adoption plénière, qui ne concerne que les mineurs, a pour effet, en outre, de rompre définitivement et irrévocablement tous les liens avec la famille d'origine.

En France, ce sont les enfants pupilles de l'État qui ont vocation à être adoptés, soit sous la forme simple, soit, plus souvent, sous la forme plénière. La collectivité a la responsabilité totale de ces enfants parce qu'ils ont perdu tout lien avec leur famille.

Les organes chargés de la tutelle des pupilles de l'État sont le représentant de l'État dans le département, qui exerce la fonction de tuteur, et le conseil de famille composé de représentants du conseil général et d'associations familiales, ainsi que de personnalités qualifiées.

L'article 61 du Code de la famille et de l'aide sociale énumère les différentes catégories d'enfants admissibles comme pupilles : enfants dont la filiation est inconnue, enfants remis par leurs parents au service de l'aide sociale à l'enfance en vue de leur adoption, enfants dont les parents ont fait l'objet d'une mesure de retrait de l'autorité parentale ou qui ont été « déclarés judiciairement abandonnés », etc.

L'article 63 précise que tous ces enfants, admis en qualité de pupilles de l'État en application de l'article 61, doivent faire l'objet d'un projet d'adoption dans les meilleurs délais.

Ils peuvent être adoptés, soit par les personnes à qui les services de l'aide sociale à l'enfance les avaient confiés pour en assurer la garde, soit par des personnes dûment agréées à cet effet.

À partir de là, deux observations s'imposent.

Tout d'abord, il ressort des dernières statistiques du ministère des Affaires sociales que le nombre des pupilles de l'État diminue régulièrement : il était de 7693 au 31 décembre 1987, de 3 911 au 31 décembre 1993 et de 3659 au 31 décembre 1995.

Ce phénomène est lié à l'amélioration de la protection de l'enfance; le meilleur accueil que notre société réserve, notamment, aux mères célibataires et les moyens qu'elle leur offre pour les aider à élever leurs enfants ont raréfié les cas où les mères confient leur enfant à la naissance en vue de son adoption.

Ensuite, tous les pupilles de l'État ne peuvent pas être adoptés.

Ainsi au 31 décembre 1993, sur un total de 3 911 pupilles, 1327, soit 34 %, ont été placés en vue de leur adoption contre 2584, soit 66 % qui ne l'ont pas été.

Les motifs les plus fréquemment invoqués pour expliquer l'absence de projet d'adoption sont :

– l'état de santé et le handicap important;

– la bonne insertion en famille d'accueil;

– l'existence d'une fratrie (d'où l'impossibilité de séparer les enfants);

– l'âge.

Il est vrai que les pupilles de l'État sont souvent âgés ou handicapés et que de nombreuses personnes hésitent à entreprendre une démarche d'adoption « à risque ».

Parallèlement et par voie de conséquence, la demande d'adoption est devenue si forte en France que de plus en plus de personnes se tournent vers l'étranger.

2. L'essor de l'adoption internationale

La pénurie d'enfants dans nos sociétés a amené les candidats à l'adoption à se tourner vers l'étranger. À ses début, l'adoption internationale était essentiellement à caractère humanitaire et se faisait souvent alors que des enfants étaient déjà présents au foyer. Désormais, c'est la solution que recherchent d'emblée de nombreux postulants à l'adoption sans enfant.

Si en 1987 encore, les Français adoptaient presque autant d'enfants en France qu'à l'étranger, l'écart s'est creusé depuis, au détriment de l'adoption interne qui ne représente plus qu'un tiers des adoptions.

De 935 en 1980, le nombre d'adoptions d'enfants en provenance de l'étranger est passé à 3666 en 1996. La barre des 2000 a été franchie en 1986 et celle des 3000 en 1994.

Au total, 40343 enfants ont été adoptés à l'étranger entre 1979 et 1996.

Pour l'essentiel, il s'agit d'enfants très jeunes (moins de un an pour 53 % d'entre eux), ce qui est une condition requise par de nombreux adoptants.

Parallèlement, l'origine des enfant s'est beaucoup diversifiée.

Alors qu'en 1980, les enfants ne provenaient que d'une dizaine de pays, en 1996 plus de 60 pays étaient recensés.

Les deux principaux continents concernés sont l'Asie (Vietnam surtout et Inde) et l'Amérique (Brésil, Colombie), suivis de plus loin par l'Afrique (Madagascar, Éthiopie...) et l'Europe (Pologne, Roumanie, ex-Yougoslavie...).

On observe de grandes fluctuations d'une période à l'autre à l'intérieur des mêmes pays, certains s'ouvrant brusquement à l'adoption, d'autres se fermant plus ou moins progressivement.

L'ampleur du phénomène – plus de 80 pays concernés dans le monde – a suscité la mise au point d'une réglementation internationale. Les principes fondateurs, énoncés à Leysin en 1960 (défense de l'intérêt supérieur de l'enfant, interdiction de la recherche de tout profit, principe de subsidiarité selon lequel « l'adoption à l'étranger ne peut intervenir qu'une fois épuisées toutes les possibilités d'adoption interne », etc.), ont été repris par la Convention des droits de l'enfant dans ses articles 20 et 21 et dans la Convention de La Haye du 29 mai 1993 sur la protection des enfants et la coopération en matière d'adoption internationale.

Le développement de l'adoption internationale a par ailleurs profondément bouleversé les mentalités, comme l'a souligné le professeur Jean-François Mattei dans un rapport publié en 1995. Avec l'adoption d'enfants « venus d'ailleurs », il n'est plus question de faire « comme si » et de chercher la ressemblance avec les parents, marque traditionnelle de la filiation biologique.

L'adoption n'est plus cachée, « dissimulée » comme autrefois et par un effet d'entraînement les enfants noirs et maghrébins, réputés à tort difficilement adoptables jadis, le sont maintenant sans peine.

Grâce à cette internationalisation les enfants adoptés, même en France, ne sont plus maintenus dans l'ignorance de leurs origines, ce qui constitue un progrès considérable.

On le voit, l'adoption a connu une forte évolution en quelques années.

Tournée de plus en plus vers l'étranger, elle prend la forme en majorité de l'adoption plénière, comme l'a montré une étude du ministère de la Justice publiée en 1996.

Il est permis d'espérer que les idées fausses encore fortement ancrées dans les mentalités finiront par disparaître, et parmi elles, celle selon laquelle des milliers d'enfants nés en France ne pourraient trouver une famille d'adoption du fait des restrictions imposées par les services de l'aide sociale à l'enfance.

Deuxième exemple : plan en trois parties

Un plan en trois parties est également concevable, quoique peut-être moins commode : un tel plan accentue en effet les risques de répétitions, si l'on n'y prend garde.

Avec la même introduction que précédemment, on peut ainsi imaginer trois parties s'articulant de la façon suivante.

Première partie : L'adoption, une institution en plein essor.

– Les lois sur l'adoption : adoption simple, adoption plénière.

– Le statut des pupilles de l'État : définition et conditions d'admission des pupilles de l'État à l'adoption.

Deuxième partie : L'adoption interne est marquée par une réduction du nombre des pupilles de l'État.

– Les statistiques du ministère des Affaires sociales : diminution du nombre des pupilles de l'État.

– Parmi ces pupilles, les enfants adoptables sont de moins en moins nombreux.

– Causes et conséquences.

Troisième partie : L'essor de l'adoption internationale.

– Les données statistiques.

– Les principes posés par les conventions internationales.

– Le bouleversement des mentalités et les conséquences de l'adoption internationale, notamment en droit interne.

Corrigé proposé

L'adoption en France est désormais un fait de société, qui a connu de profonds bouleversements depuis les années soixante. L'opinion publique et les médias s'y intéressent beaucoup.

L'adoption, qui peut être simple ou plénière, crée un véritable et nouveau lien de filiation entre parents adoptifs et enfants adoptés ; elle n'est plus tenue cachée comme autrefois.

Les enfants adoptables en France, c'est-à-dire essentiellement les pupilles de l'État, étant de moins en moins nombreux, c'est vers l'adoption internationale que se tournent désormais, de plus en plus, les candidats à l'adoption.

1. L'adoption, une institution en plein essor

L'adoption est une institution en plein essor, qui a connu une profonde mutation au cours de ces dernières années.

Inscrite dans le Code civil dès l'origine (1804), ce n'est qu'au XXe siècle qu'elle prend la forme que nous lui connaissons aujourd'hui. Elle s'ouvre aux mineurs au lendemain de la première guerre mondiale et peut être, depuis la loi du 11 juillet 1966, soit une adoption simple, soit une adoption plénière.

Ces deux formes d'adoption créent l'une et l'autre un nouveau lien de filiation entre adoptés et parents adoptifs mais l'adoption plénière, qui ne concerne que les mineurs, a pour effet, en outre, de rompre définitivement et irrévocablement tous les liens avec la famille d'origine.

En France, ce sont les enfants pupilles de l'État qui ont vocation à être adoptés, soit sous la forme simple, soit, plus souvent, sous la forme plénière. La collectivité a la responsabilité totale de ces enfants parce qu'ils ont perdu tout lien avec leur famille.

Les organes chargés de la tutelle des pupilles de l'État sont le représentant de l'État dans le département, qui exerce la fonction de tuteur, et le conseil de famille composé de représentants du conseil général et d'associations familiales, ainsi que de personnalités qualifiées.

L'article 61 du Code de la famille et de l'aide sociale énumère les différentes catégories d'enfants admissibles comme pupilles : enfants dont la filiation est inconnue, enfants remis par leurs parents au service de l'aide sociale à l'enfance en vue de leur adoption, enfants dont les parents ont fait l'objet d'une mesure de retrait de l'autorité parentale ou qui ont été « déclarés judiciairement abandonnés », etc.

L'article 63 précise que tous ces enfants, admis en qualité de pupilles de l'État en application de l'article 61, doivent faire l'objet d'un projet d'adoption dans les meilleurs délais.

Ils peuvent être adoptés, soit par les personnes à qui les services de l'aide sociale à l'enfance les avaient confiés pour en assurer la garde, soit par des personnes dûment agréées à cet effet.

En pratique, ces projets d'adoption sont de plus en plus difficiles à réaliser, alors même que la demande est, paradoxalement, très forte.

2. L'adoption interne est marquée par une réduction du nombre des pupilles de l'État

Il ressort des statistiques du ministère des Affaires sociales que le nombre des pupilles de l'État diminue régulièrement : il était de 7693 au 31 décembre 1987, 3911 au 31 décembre 1993 et 3659 au 31 décembre 1995.

Ce phénomène est lié à l'amélioration de la protection de l'enfance : le meilleur accueil que notre société réserve, notamment, aux mères célibataires et les moyens qu'elle leur offre pour les aider à élever leurs enfants ont rendu plus rares les cas où les mères confient leur enfant à la naissance en vue de leur adoption.

Par ailleurs, tous les pupilles de l'État ne sont pas adoptables, contrairement à une idée reçue.

Ainsi au 31 décembre 1993, sur un total de 3911 pupilles, 1327, soit 34 %, ont été placés en vue de leur adoption contre 2584, soit 66% qui ne l'ont pas été.

Les motifs les plus fréquemment invoqués pour expliquer l'absence de projet d'adoption sont :

- l'état de santé et le handicap important;
- la bonne insertion en famille d'accueil;
- l'existence d'une fratrie (d'où l'impossibilité de séparer les enfants) ou le maintien du lien avec la famille d'origine;
- l'âge.

Il est vrai malheureusement que, s'agissant de pupilles de l'État âgés ou handicapés, de nombreuses personnes hésitent à entreprendre une démarche d'adoption « à risque ».

Il faut donc combattre une idée fausse selon laquelle les services départementaux de l'aide sociale à l'enfance seraient peuplés d'enfants français adoptables et non adoptés. C'est précisément parce que ces derniers sont de moins en moins nombreux que beaucoup de personnes se tournent vers l'adoption internationale.

Si, en 1987 encore, les Français adoptaient presque autant d'enfants en France qu'à l'étranger, l'écart s'est creusé depuis, au détriment de l'adoption interne qui ne représente désormais plus qu'un tiers du total.

3. L'essor de l'adoption internationale

De 935 en 1980, le nombre d'adoptions d'enfants en provenance de l'étranger est passé à 3666 en 1996. La barre des 2000 a été franchie en 1986 et celle des 3000 en 1994. Au total, 40343 enfants ont été adoptés à l'étranger entre 1979 et 1996.

Pour l'essentiel, il s'agit d'enfants très jeunes (moins de un an pour 53 % d'entre eux), ce qui est une condition requise par de nombreux adoptants.

Parallèlement, l'origine des enfant s'est beaucoup diversifiée. Alors qu'en 1980, les enfants ne provenaient que d'une dizaine de pays, en 1996 plus de 60 pays étaient recensés.

Les deux principaux continents concernés sont l'Asie (Vietnam surtout et Inde) et l'Amérique (Brésil, Colombie), suivis de plus loin par l'Afrique (Madagascar, Éthiopie...) et l'Europe (Pologne, Roumanie, ex-Yougoslavie...).

On observe de grandes fluctuations d'une période à l'autre à l'intérieur des mêmes pays, certains s'ouvrant brusquement à l'adoption, d'autres se fermant plus ou moins vite.

L'ampleur du phénomène – plus de 80 pays concernés dans le monde – a suscité la mise au point d'une réglementation internationale. Les principes fondateurs, énoncés à Leysin en 1960 (défense de l'intérêt supérieur de l'enfant, interdiction de la recherche de tout profit, principe de subsidiarité selon lequel « l'adoption à l'étranger ne peut intervenir qu'une fois épuisées toutes les possibilités d'adoption interne », etc.), ont été repris par la Convention des droits de l'enfant dans ses articles 20 et 21 et dans la Convention de La Haye du 29 mai 1993 sur la protection des enfants et la coopération en matière d'adoption internationale.

Le développement de l'adoption internationale a par ailleurs profondément bouleversé les mentalités, comme l'a souligné le professeur Jean-François Mattei dans un rapport publié en 1995. Avec l'adoption d'enfants « venus d'ailleurs », il n'est plus question de faire « comme si » et de chercher la ressemblance avec les parents, marque traditionnelle de la filiation biologique.

L'adoption n'est plus cachée, « dissimulée » comme autrefois, et par un effet d'entraînement les enfants noirs et maghrébins, réputés à tort difficilement adoptables jadis, le sont maintenant sans peine.

Grâce à cette internationalisation, les enfants adoptés, même en France, ne sont plus maintenus dans l'ignorance de leurs origines, ce qui constitue un progrès considérable.

Au-delà de cet impact sur les mentalités, il est permis de dire que l'adoption internationale a radicalement transformé l'institution même de l'adoption, comme l'a par exemple montré une étude du ministère de la Justice publiée en 1996 : les enfants adoptés à l'étranger bénéficiant pour l'essentiel d'une adoption plénière, c'est désormais ce type d'adoption qui est largement majoritaire en France, l'adoption simple concernant plutôt des enfants plus grands ou des adoptions intrafamiliales.

Note de synthèse 3
L'Agence de l'environnement et de la maîtrise de l'énergie

Catégorie B
Durée : trois heures

Ce sujet, par son intitulé et par la nature des documents qui le compose, est de nature plus juridique que les précédents. Il n'est pas plus difficile à traiter pour autant et doit vous permettre de mieux prendre conscience des spécificités de ce type de note.

Énoncé du sujet

À partir des documents suivants, vous rédigerez une note de synthèse sur l'Agence de l'environnement et de la maîtrise de l'énergie.

Vous ferez en particulier ressortir les traits originaux du statut et du rôle de cet établissement public à caractère industriel et commercial.

Document 1

Jean-Luc Pissaloux, « L'Agence de l'environnement et de la maîtrise de l'énergie : un établissement public de type nouveau ? », article de *La Revue du Trésor*, n° 5, mai 1995.

Document 2

Loi n° 90-1130 du 19 décembre 1990 portant création de l'Agence de l'environnement et de la maîtrise de l'énergie, publiée au *Journal officiel* du 22 décembre 1990.

Document 3

Décret n° 91-732 du 26 juillet 1991 relatif à l'Agence de l'environnement et de la maîtrise de l'énergie, publié au *Journal officiel* du 28 juillet 1991.

Document 4

Décret n° 93-1206 du 2 novembre 1993 modifiant le décret n° 91-732 relatif à l'Agence de l'environnement et de la maîtrise de l'énergie, publié au *Journal officiel* du 3 novembre 1993.

Document 1

Extrait de *La Revue du Trésor*, n° 5, mai 1995.

L'Agence de l'environnement et de la maîtrise de l'énergie : un établissement public de type nouveau ?

Jean-Luc Pissaloux*

Il y a déjà plus de deux décennies, un haut-fonctionnaire de l'Administration des finances a pu *« souligner l'intérêt que peut offrir une étude du fonctionnement administratif et financier de ces structures intermédiaires et décentralisées, qui jouent sous des noms divers (agences, aux USA ; établissements publics nationaux, en France) un rôle souvent essentiel d'impulsion ou de coordination dans l'organisation économique des nations modernes »* (1).

L'établissement public est toujours d'actualité.

Il s'agit pourtant d'une institution ancienne, même si autrefois cette notion n'avait certes pas la précision terminologique qu'elle a aujourd'hui.

Ainsi, sous l'Ancien Régime, l'autorité royale a-t-elle utilisé ce procédé pour créer des établissements d'enseignement ou d'assistance ainsi que des institutions savantes qui bénéficiaient de l'autonomie budgétaire : tel fut le cas par exemples du Collège de France créé par François Ier en 1530, du Jardin du Roi créé en 1626 par Louis XIII, ou encore de l'Académie française créée par Richelieu en 1635. La personnalité morale accordée à ces services leur permettait d'attirer et de recevoir les libéralités, et de disposer ainsi d'une indépendance par rapport à l'autorité centrale.

Le concept perdra, on le sait, de sa spécificité au cours de la Révolution et des régimes qui lui succéderont ; le Code civil est du reste lui-même le reflet du flou conceptuel qui existait alors, en particulier entre la notion d'*établissement public* et celle d'*établissement d'utilité publique*.

Mais ce flou sera définitivement dissipé par la Cour de Cassation dans un arrêt du 5 mars 1856 (*Caisse d'épargne de Rouen, D.* 1856.1.121), à partir duquel l'expression *établissement public* sera réservée aux personnes morales de droit public, et celle d'*établissement d'utilité publique* aux personnes morales de droit privé.

Implicitement était donc déjà sinon dégagée du moins admise la définition générale donnée aujourd'hui par le Conseil d'Etat, selon laquelle les établissements publics sont *« des personnes morales de droit public assumant une mission spéciale et disposant pour cela d'une certaine autonomie administrative et financière »* (2).

A partir de là, vont véritablement se développer et se multiplier les établissements publics, car, en cette seconde moitié du XIXe siècle, période de la seconde révolution industrielle, *« le recours à l'établissement public répond(ait) à une double finalité »* (3) : il était – et demeure – en effet à la fois *« un procédé de gestion du service public »* permettant une décentralisation administrative à caractère technique jugée plus efficace, et *« un procédé de rassemblement d'un groupe humain »* (4) permettant à ses membres d'exercer en commun certaines activités ou de défendre leurs intérêts.

Cependant, c'est avec la Première Guerre mondiale et le développement de l'interventionnisme économique, que la notion d'établissement public va prendre son essor et connaître une très grande vogue ; c'est à partir de cette période qu'elle va aussi s'enrichir d'une nouvelle notion, officiellement reconnue dans notre droit, celle *d'établissement public industriel et commercial.*

Il existait certes auparavant de tels établissements : les chemins de fer de l'Etat et les ports autonomes (5). Mais le recours à l'établissement public, et en particulier à l'établissement public industriel et commercial, va se multiplier, voire devenir systématique, à partir de la guerre de 1914-1918. Il s'agissait alors de faire face aux besoins nouveaux nés de la guerre ; il s'agissait aussi d'essayer d'introduire dans le service public industriel et commercial des caractères permettant de le rapprocher autant que possible des entreprises privées, et sinon d'éliminer du moins de diminuer l'infériorité de celui-là par rapport à celles-ci. Cette modalité connut alors une grande fortune, sous le nom d'*offices* (Office de l'azote, Office du Niger, Office du blé, etc.). A l'expérience, cependant, la formule des offices devait se révéler décevante, et susciter bien des critiques, relatives aussi bien au recrutement pour le moins laxiste de leur personnel qu'à leurs faiblesses dans le domaine financier en raison des atténuations du contrôle financier ; une « commission des offices » fut alors créée, dont la mission était d'examiner la possibilité de réduire le nombre des offices et de les doter d'un statut : un effort fut effectivement mené dans cette double direction.

(*) Docteur en droit, avocat à la Cour.

(1) G. Sallerin, « Un secteur mal connu de l'Administration : les établissements publics nationaux », *Bulletin de liaison et d'information de l'Administration centrale de l'Economie et des Finances*, n° 66, avril-juin 1974, et n° 67, juillet-septembre 1974.

(2) Conseil d'Etat, « Les établissements publics nationaux : catégories et spécificités », Documentation française, 1985, NED, n° 4784.

(3) O. Dugrip, L. Saidj, « Les établissements publics nationaux », LGDJ, coll. Systèmes, 1992, p. 15.

(4) *Idem.*

(5) Ces derniers n'existaient en fait que sur le papier, faute d'adhésion à la loi du 5 janvier 1912 qui les avaient créés.

Néanmoins, depuis les nationalisations de 1946, et en dehors de toute opération de nationalisation, de nombreux établissements publics industriels et commerciaux ont été de nouveau créés, parfois du reste sous le nom d'*offices* (6), mais sans que cette appellation ait désormais une signification particulière, la meilleure preuve étant du reste qu'il existe des établissements publics appelés *offices* et qui sont non point des EPIC (établissement public industriel et commercial) mais des EPA (établissement public administratif) [7].

Depuis quelques années, une nouvelle appellation semble désormais rencontrer la faveur du législateur et des pouvoirs publics : il s'agit de celle d'*agences*.

Par ordre chronologique, ont ainsi été successivement créées (8) : l'Agence nationale de valorisation de la recherche (ANVAR) [9], l'Agence centrale des organismes de Sécurité sociale (ACOSS) [10] ; l'Agence nationale pour l'indemnisation des Français d'outre-mer (ANIFOM) [11] ; l'Agence nationale pour l'amélioration de l'habitat (ANAH) [12] ; l'Agence nationale pour l'emploi (ANPE) [13] ; l'Agence nationale pour la récupération et l'élimination des déchets (ANRED) [14] ; l'Agence pour la qualité de l'air (AQA) [15] ; l'Agence française pour la maîtrise de l'énergie (AFME) [16] ; l'Agence nationale pour les chèques-vacances (ANCV) [17] ; l'Agence centrale des organismes d'intervention dans le secteur agricole (ACOSA) [18] ; les Agences financières de bassin (19) ; l'Agence de l'environnement et de la maîtrise de l'énergie (ADEME) [20] ; l'Agence du médicament (ADM) [21] ; l'Agence française du sang (AFS) [22].

Faut-il y voir la naissance sinon d'une nouvelle catégorie de personnes morales de droit public, du moins d'un nouveau type d'établissement public, un peu comme les *offices* créés au début du siècle ? *A priori*, cette hypothèse apparaît immédiatement contestable, dans la mesure où l'on peut tout de suite faire observer que ces *agences* se partagent en EPIC et en EPA, et ne constituent donc point à l'évidence une catégorie homogène (23).

Dès lors, s'agit-il en fait d'une mode linguistique, voire plus simplement encore d'une habitude langagière copiée sur la terminologie anglo-saxonne ? Cela ne semble pas non plus être le cas : le vocable ne répond pas uniquement à un besoin de changement de vocabulaire ; il n'a pas, semble-t-il, dans l'esprit des créateurs de ces nouveaux établissements, *une vertu simplement syntaxique*, mais correspond à *un contenu sémantique* qu'ils souhaitent différent (à défaut qu'il le soit réellement).

Le mieux est donc d'aller voir de plus près de quoi il retourne !

Mais avant de s'essayer à une vision synthétique des *agences à la française*, à supposer du reste qu'elles le permettent, il apparaît plus raisonnable, à la manière de l'entomologiste, de décrire et d'analyser avec le plus de précision possible les espèces, en l'occurrence les principales agences existantes (24), de sorte que la présente contribution n'est que la première d'une série.

A cet égard, l'étude de l'ADEME, qui est certainement parmi les agences les plus récemment créées la plus connue du grand public, est emblématique à plus d'un titre.

Ne concerne-t-elle pas d'abord un domaine sensible, la protection de l'environnement, auquel tout le monde est attaché, au moins en paroles ?

La création pour le moins mouvementée de la *Grande Agence de l'environnement*, au terme de nombreuses péripéties politiques, parlementaires et administratives, n'est-elle pas ensuite elle-même révélatrice des enjeux encourus, des préoccupations à résoudre et des objectifs poursuivis ?

Son succès, ou à tout le moins le régime de croisière qu'elle a d'ores et déjà, semble-t-il, atteint dans son fonctionnement et ses résultats, n'incite-t-il pas enfin, en dehors de toute autre considération, à s'y intéresser (25) ?

Par ailleurs, l'ADEME fonctionne maintenant depuis plus de trois ans ; rappelons, en effet, qu'il a fallu une année entière pour mettre en œuvre les dispositions de la loi n° 90-1130 du 19 décembre 1990, les décrets d'application s'étant fait attendre (26) : l'ADEME est officiellement dotée d'une existence juridique depuis le 1er janvier 1992. Deux rapports d'activité ont déjà été publiés. Il n'est donc pas prématuré de faire une analyse en forme de premier bilan.

Il apparaît alors que l'ADEME, si elle présente nombre des caractéristiques classiques de l'EPIC, est cependant originale par sa vocation opérationnelle et son fonctionnement abordé non plus d'un point de vue purement juridique mais plutôt de science administrative.

---

(6) Citons, par exemple : l'Office français de coopération pour les chemins de fer et les matériels d'équipement (D. du 14 novembre 1960 et du 14 décembre 1975) ; l'Office national des forêts (L. du 23 décembre 1964, D. du 7 décembre 1965) ; l'Office national d'études et de recherches aérospatiales, ONERA (D. n° 63-386 du 10 avril 1963) ; l'Office national interprofessionnel des vins (D. n° 83-244 du 18 mars 1983) ; l'Office national interprofessionnel des viandes, de l'élevage et de l'aviculture (L. du 6 octobre 1987 et du 30 décembre 1986).

(7) Citons, à cet égard : l'Office français de protection des réfugiés et apatrides (D. n° 85-81 du 23 janvier 1985, D. n° 86-992 du 27 août 1986) ; l'Office national de la chasse (D. n° 72-334 du 27 avril 1972) ; l'Office d'information sur les enseignements et les professions (D. n° 70-238 et 239 du 19 mars 1970) ; l'Office national à l'action sociale, éducative et culturelle pour les rapatriés (D. n° 84-596 du 11 juillet 1984).

(8) On s'en tient ici aux agences les plus connues.

(9) L. du 3 janvier 1967, D. n° 68-647 du 10 juillet 1968, D. n° 84-448 du 14 juin 1984, D. n° 85-1139 du 23 octobre 1985.

(10) Ord. n° 67-706 du 21 août 1967, D. n° 67-1230 et n° 67-1231 du 22 décembre 1967.

(11) L. du 15 juillet 1970, D. n° 70-982 du 27 octobre 1970.

(12) D. n° 71-806 du 29 septembre 1971.

(13) Ord. n° 73-137 du 13 février 1973.

(14) L. du 16 juillet 1975 ; agence supprimée par l'article 5 de la loi n° 90-1130 du 19 décembre 1990 portant création de l'ADEME.

(15) L. n° 80-513 du 7 juillet 1980 ; agence supprimée par l'article 5 de la loi n° 90-1130 du 19 décembre 1990 portant création de l'ADEME.

(16) D. n° 82-404 du 13 mai 1982, D. n° 84-357 du 19 mai 1984, D. n° 84-498 du 22 juin 1984 ; agence supprimée par l'article 5 de la loi n° 90-1130 du 19 décembre 1990 portant création de l'ADEME.
Rappelons que l'AFME avait elle-même remplacé l'Agence pour les économies d'énergie créée par un décret du 29 novembre 1974.

(17) D. n° 82-719 du 16 août 1982.

(18) D. n° 83-623 du 7 juillet 1983.

(19) D. n° 86-1059 du 19 décembre 1986.

(20) D. n° 90-1130 du 19 décembre 1990.

(21) D. n° 93-295 du 8 mars 1993 relatif à l'ADM créée par l'article L. 567-1 du Code de la santé publique.

(22) D. n° 93-312 du 9 mars 1993 relatif à l'organisation et au fonctionnement de l'AFS créée par l'article L. 667-4 du Code de la santé publique.

(23) Sont ainsi des EPA l'ACOSS, l'ADM, l'AFS, l'ANAH, l'ANPE, ainsi que les agences financières de bassin, alors que sont – ou ont été – des EPIC l'ANIFOM, l'ANVAR, l'ANVC ainsi que l'AFME, l'ANRED, l'AQA « intégrées » dans l'ADEME elle-même qualifiée d'EPIC dans son texte constitutif.

(24) Il convient de rendre à César ce qui est à César, et d'indiquer que l'idée de cette étude a été lancée par le professeur Claude Goyard dans le cadre de son cours de doctorat consacré aux institutions administratives.

(25) D'autant qu'il existe peu d'études qui lui sont consacrées. On peut en effet citer : Y. Faberon, « L'Agence de l'environnement et de la maîtrise de l'énergie », *RJE*, 1991, n° 2 ; R. Romi, « Les réformes de l'administration de l'Environnement en 1990 : des « grands mots » aux « petits remèdes » ? », *RDP*, 1991, p. 1089-1107.

(26) Il s'agit du décret n° 91-732 du 26 juillet 1991 relatif à l'Agence de l'environnement et de la maîtrise de l'énergie, et des décrets n° 91-997 du 27 septembre 1991 et n° 93-1206 du 2 novembre 1993 modifiant le précédent.

Les caractéristiques classiques des EPIC

L'ADEME a été créée par la loi n° 90-1130 du 19 décembre 1990 (*J.O.* du 22 décembre 1990) portant création de l'Agence de l'environnement et de la maîtrise de l'énergie.

Elle se substitue à trois agences antérieures : l'Agence française pour la maîtrise de l'énergie (AFME), l'Agence nationale pour la récupération et l'élimination des déchets (ANRED), et l'Agence pour la qualité de l'air (AQA) qui, en vertu de l'article 5, alinéa premier de la loi précitée, ont été supprimées et ont vu leurs biens, droits et obligations dévolus à la nouvelle agence (art. 5, al. 2).

L'article premier, alinéa premier du texte institutif de celle-ci précise aussitôt qu'elle est *« un établissement public de l'Etat à caractère industriel et commercial »*, en d'autres termes un EPIC national.

Il n'y a donc pas de difficultés sur la nature de ce nouvel établissement public, puisque la loi elle-même a pris la peine de le qualifier d'EPIC.

Rappelons cependant, qu'*« un établissement public a, en principe, un caractère industriel et commercial lorsqu'il exerce des activités analogues à celles des entreprises privées, consistant par conséquent en des opérations de production ou de commercialisation de biens ou de services, dans des conditions techniques inspirées de la comptabilité privée »* (27).

En d'autres termes, la qualification d'EPIC est justifiée, lorsqu'un établissement public exerce, à titre principal, une mission de caractère industriel et commercial, ce qui n'exclut donc pas l'exercice d'activités accessoires de caractère administratif, lesquelles cependant ne remettront point en cause la qualification d'EPIC (28).

En l'espèce, la qualification d'EPIC de l'ADEME est-elle vraiment totalement légitime ?

L'article 1er, alinéa 2 de la loi du 19 décembre 1990, repris par l'article 2 du décret n° 91-732 du 28 juillet 1991 (dont l'art. 1er rappelle la qualification d'EPIC du nouvel établissement), prévoit que l'ADEME *« exerce des actions, notamment d'orientation et d'animation de la recherche, de prestation de services, d'information et d'incitation dans chacun des domaines suivants :*

– la prévention et la lutte contre la pollution de l'air ;

– la limitation de la production de déchets, leur élimination, leur récupération et leur valorisation et la prévention de la pollution des sols ;

– la réalisation d'économies d'énergie et de matières premières et le développement des énergies renouvelables, notamment d'origine végétale ;

– le développement des technologies propres et économes ;

– la lutte contre les nuisances sonores. »

Le moins que l'on puisse dire est que l'activité proprement économique, au sens d'activité analogue à celle d'entreprises privées, de la nouvelle agence n'est ni manifeste, ni principale.

La mission de l'ADEME, même si elle est tout à fait spécifique (29), apparaît en fin de compte largement administrative : de là à dire que l'ADEME serait un « faux EPIC » pour reprendre la terminologie d'un auteur (30), nous ne franchirons point ce pas.

De toute façon, le législateur étant intervenu, et sa volonté s'imposant à tous, y compris bien évidemment aux juridictions administratives qui – on le sait – n'hésitent pas à sanctionner les qualifications injustifiées édictées par le pouvoir réglementaire, la qualification d'EPIC attribuée à l'ADEME par le législateur ne peut être remise en question.

Même si incontestablement de ce point de vue le recours à une loi pour créer la nouvelle agence a présenté un intérêt certain, eu égard aux missions attribuées à l'ADEME *« dans le cadre de la politique définie par le Gouvernement »* (31), on peut cependant s'interroger sur la nécessité juridique en l'espèce d'un tel recours.

Rappelons que l'article 34 de la Constitution réserve à la loi le soin de fixer *« les règles concernant (...) la création de catégories d'établissements publics »*, de sorte que s'il faut une loi pour créer des catégories nouvelles d'établissements publics, et même pour être parfaitement précis pour simplement fixer les règles concernant leur création, il suffit d'un texte réglementaire pour créer un établissement public entrant dans une catégorie préexistante (32).

C'est pourquoi du reste, l'AFME, qui relevait du secteur « Protection et mise en valeur des biens publics ou d'intérêt public », dans lequel existaient déjà des établissements, a été créée par un simple décret (33).

Par conséquent, de ce point de vue, le recours à une loi pour créer l'ADEME n'apparaissait pas nécessaire, puisque celle-ci entrait dans une catégorie déjà connue.

Mais l'ADEME se substitue également à l'AQA et à l'ANRED, qui ont été supprimées du fait de sa création. Or ces deux agences avaient été créées par une loi : dès lors, en vertu du principe du parallélisme des formes, une loi était nécessaire pour les supprimer.

En fin de compte, eu égard à la genèse de la nouvelle agence, le recours au législateur s'imposait effectivement.

Observons immédiatement que, si l'ADEME se substitue à l'AFME, l'ANRED et l'AQA, elle ne limite pas ses compétences à la maîtrise de l'énergie, aux déchets et à l'air : ses domaines d'intervention et de compétence s'étendent au-delà de ceux des agences originaires, à des secteurs par conséquent jusque-là « hors agences », à savoir les sols (plus précisément, la prévention de la pollution des sols), le développement des technologies propres et économes, et enfin le bruit par la lutte contre les nuisances sonores (34) ; ainsi, aux domaines des trois agences absorbées, ont été ajoutés de nouveaux champs d'intervention.

Comme l'a fait observer avec finesse un auteur (35), la pollution des sols ne se limite pas aux problèmes des déchets, et il est en outre évident, et

---

(27) Cf. O. Dugrip, L. Saidj, *op. cit.*, p. 102.

(28) Cf. CAA Paris, 18 décembre 1990, SA « Saumon Pierre Chevance », *Rec.* T., p. 816.

(29) Cf. *infra*.

(30) J.-P. Theron, « Etablissements publics », *Juris-classeur administratif*, fasc. 135.

(31) Pour reprendre la formule particulièrement explicite employée à l'article 2 du décret du 28 juillet 1991. Ce qui conduit également à rappeler que le juge administratif est parfaitement conscient que la qualification d'EPIC peut être utilisée à la seule fin de permettre une gestion plus souple d'une activité relevant d'un service administratif et de faciliter la mise en place par un service personnalisé de la politique gouvernementale dans un domaine donné (cf. Rapport du Conseil d'Etat de 1985, voir note n° 2).

(32) Conseil d'Etat, « Les établissements publics : transformation et suppression », La Documentation française, 1989, NED, n° 4876.

(33) Voir note n° 15.

(34) Cf. article 1er de la loi et art. 2 du décret du 26 juillet 1991.

(35) Y. Faberon, *op. cit.*, voir *supra*.

cela a été vérifié, que l'ADEME ne se préoccupe pas seulement de la prévention de la pollution mais aussi de celle existant déjà malheureusement. En outre, il est peut-être regrettable que l'accent soit mis, à propos des énergies renouvelables, sur celles d'origine végétale, car il existe d'autres énergies renouvelables, et en particulier l'énergie solaire, étant cependant rappelé qu'il avait été interdit à l'ancienne AFME de s'intéresser à la biomasse, de sorte que cette précision concernant *« les énergies renouvelables, notamment d'origine végétale »* peut – voire doit – aussi être interprétée comme une invitation pour la nouvelle Agence à ne pas oublier des énergies renouvelables comme le bois ou les biocarburants.

D'ores et déjà, on peut faire observer que le législateur n'est pas allé *« jusqu'au bout de la logique globalisante d'une grande agence consacrée à tout l'environnement »* (36) en n'étendant pas la fusion aux agences financières de bassin chargées, en autres, de lutter contre la pollution des eaux.

Rappelons qu'à l'époque, le Gouvernement a fait valoir, en autres, que le mécanisme mis en place depuis un quart de siècle avec les agences de bassin pour lutter contre la pollution des eaux était, en dépit de sa complexité, un mécanisme bien rodé, qui risquait d'être déstabilisé par une tentative d'intégration des agences dans une structure différente, d'autant que ce mécanisme s'appuyait et s'appuie sur des circonscriptions géographiques différentes des régions administratives des délégations de l'ADEME, et qu'en outre, juridiquement, les agences financières de bassin constituent des EPA, et non des EPIC. Eu égard à ce qui a été rappelé, il apparaît que ce dernier argument n'était certes pas d'une rigueur exemplaire. Mais une autre raison, qui n'était pas formulée, est intervenue : le Gouvernement pressentait déjà que la nouvelle agence disposerait de beaucoup de poids et d'autorité ; il ne voulait certainement pas lui en donner davantage en la fusionnant avec les agences de bassin.

A posteriori cependant, après plus de trois années d'activité de la nouvelle agence, la position – au demeurant étayée mais qui pouvait sembler réductrice – du Gouvernement apparaît sinon justifiée, du moins sage.

L'eau est en effet un métier en soi ; les activités de l'ADEME et des agences financières de bassin sont effectivement différentes ; au surplus, les activités de l'ADEME sont déjà particulièrement larges, de sorte que les gens de l'ADEME ne sont pas – en tout cas pour l'instant – demandeurs des activités des agences de bassin (37). Au demeurant, la concertation avec ces dernières prévue à l'article 1er, dernier alinéa de la loi, et rappelée à l'article 3 du décret du 26 juillet 1991 semble bien fonctionner.

Ceci étant rappelé, il apparaît que l'ADEME, par son organisation et son régime financier et comptable, ne déroge point de façon significative au modèle classique de l'EPIC doté d'un agent comptable public ; tel est du moins ce qui ressort d'une analyse strictement juridique.

Les organes de l'ADEME

Comme dans tout EPIC, le pouvoir de direction est à l'ADEME partagé entre une autorité délibérante collégiale, le conseil d'administration et une autorité exécutive qui, en l'espèce, est le directeur général.

L'administration de la nouvelle agence fait l'objet de l'article 2 de la loi du 19 décembre 1990 (article consacré uniquement au conseil d'administration) et du titre II (« L'administration de l'agence ») du décret du 26 juillet 1991, qui traite non seulement de l'organe délibérant mais aussi du président du conseil d'administration, du directeur général, du directeur scientifique et du comité scientifique, étant aussitôt précisé que nombre d'articles de ce décret ont été modifiés par le décret n° 93-1206 du 2 novembre 1993, lequel a notamment élargi les pouvoirs et les fonctions du directeur général.

Aux termes de l'article 4 du décret du 26 juillet 1991, l'ADEME est administrée par un conseil d'administration de vingt-trois membres, répartis en cinq catégories :

– des représentants du Parlement, au nombre de deux, un par assemblée, et désignés par celle-ci ;

– des représentants de l'Etat, au nombre de sept, nommés par décret pris sur le rapport des ministres de tutelle (38) ;

– des représentants des collectivités locales, au nombre de trois, nommés par décret pris sur le rapport des ministres de tutelle, après avis du ministre chargé des Collectivités locales ;

– cinq personnalités qualifiées ou représentants d'associations de protection de l'environnement agréées au titre de l'article L. 252-1 du livre II (nouveau) du Code rural ou représentants de groupements professionnels intéressés, dont trois au titre de l'environnement et deux au titre de l'énergie nommés par décret pris sur le rapport des ministres de tutelle ;

– et enfin des représentants des salariés, au nombre de six, élus conformément aux dispositions du décret n° 83-1160 du 26 décembre 1983 portant application de la loi n° 83-675 du 26 juillet 1983, modifiée relative à la démocratisation du secteur public (39).

Cela fait donc un conseil d'administration, dans lequel l'Etat dispose d'une représentation inférieure au tiers, où le nombre de représentants du ministère de l'Environnement est en fin de compte fort restreint, et où – en pratique – les personnalités qualifiées jouent un rôle semble-t-il essentiel. A cet égard, on peut noter qu'elles ne comprennent actuellement aucun représentant des agences de bassin, contrairement à ce qu'avait annoncé le ministre de l'Environnement lors des débats parlementaires (40). L'actuel président de l'ADEME, qui – statutairement – est le président du conseil d'administration, est un parlementaire qui, il est vrai, est un ancien membre d'une agence financière de bassin.

(36) Cf. Y. Faberon, ibid.

(37) Ce serait même plutôt le contraire selon les gens de l'ADEME !

(38) Soit, plus précisément :
– un sur proposition du ministre chargé de l'Environnement ;
– un sur proposition du ministre chargé de l'Energie ;
– un sur proposition du ministre chargé de la Recherche ;
– un sur proposition du ministre des Transports ;
– un sur proposition du ministre chargé de la Santé ;
– un sur proposition du ministre chargé de l'Agriculture ;
– un sur proposition du ministre chargé du Budget.

Ainsi, chaque ministère de tutelle (Environnement, Industrie, Recherche) bénéficie d'un représentant, étant observé que le décret parle de ministre chargé de l'Energie et non de ministre chargé de l'Industrie. En dehors des Finances, qui dispose d'un représentant nommé par le ministre du Budget, les trois ministères bénéficiant d'un représentant sont ceux des Transports, de la Santé et de l'Agriculture, ce qui se conçoit aisément.

(39) A été ainsi repris l'ordre adopté par l'article 4 du décret du 26 juillet 1991, qui n'est pas celui de l'article 2 de la loi, qui mentionne successivement : les représentants de l'État, ceux du Parlement, ceux des collectivités territoriales (et non locales), les personnalités qualifiées et les représentants du personnel.

(40) Cf. *J.O.* Déb. S. CR, 16 novembre 1990, p. 3478.

La composition du conseil d'administration de l'ADEME n 'est donc pas tripartite, conformément aux dispositions générales de la loi précitée du 26 juillet 1983 relative à la démocratisation du secteur public selon lesquelles un établissement public national employant plus de deux cents salariés (cas de l'ADEME) [41] est doté d'un conseil d'administration composé à parts égales de représentants de l'Etat, de personnalités qualifiées et de représentants des salariés. L'article 2 *e)* de la loi du 19 décembre 1990 a en effet expressément placé l'agence dans le cadre de l'article 4 de la loi de démocratisation relatif aux cas particuliers.

En vertu de l'article 5 du décret du 26 juillet 1991, le mandat des membres du conseil d'administration a une durée de cinq ans et est renouvelable une fois. Fort logiquement, le décret prévoit que « *le mandat des membres désignés en raison des fonctions qu'ils exercent prend fin à l'expiration de celles-ci* », et que « *tout membre désigné pour remplacer un membre du conseil exerce son mandat jusqu'à l'expiration de celle-ci* » (42).

L'article 6 du décret du 26 juillet 1991 prévoyait, dans sa première mouture, que le président du conseil d'administration était nommé pour cinq ans sur proposition du conseil, et parmi les membres de celui-ci. Mais l'article 1er du décret du 2 novembre 1993 a ramené ce mandat à trois ans. Cette modification – sans doute prise pour des raisons de circonstances – de la durée du mandat de président ne nous paraît pas heureuse. En effet, si à l'issue d'un premier mandat, c'est-à-dire au bout de trois ans, un président n'est pas reconduit dans ses fonctions par le conseil d'administration, dont le mandat des membres est toujours maintenu à cinq ans, son successeur aura de fait un mandat d'une durée de deux ans, ce qui revient à rompre réglementairement et *a priori* l'égalité entre présidents successifs de l'organe délibérant : c'est pour le moins fâcheux (43)...

Quels sont les pouvoirs de ce conseil d'administration, qui se réunit quatre fois par an sur convocation de son président (44) ?

Conformément aux pouvoirs conférés classiquement à l'autorité délibérante des EPIC, les attributions du conseil d'administration de l'ADEME sont fort étendues ; l'article 9 du décret du 26 juillet 1991, qui en fait l'inventaire *indicatif,* ne vise pas moins de dix-sept objets différents, auxquels s'ajoutent deux autres types de décisions spécifiques au conseil. En droit, le conseil d'administration de l'Agence dispose de la plénitude des pouvoirs, puisqu'il « *règle par ses délibérations les affaires de l'agence* » (45).

Plus précisément, ses délibérations portent notamment sur l'organisation générale de l'agence (46), le programme d'activité de l'agence, l'état annuel des prévisions de recettes et de dépenses et les décisions modificatives, le rapport annuel d'activité, le compte financier et les bilans annuels, la détermination et l'affectation des résultats ; elles peuvent encore porter sur les prises, extensions ou cessions de participations financières, l'approbation des projets de construction, d'achat ou de vente d'immeubles, constitutions d'hypothèques ou de droits réels, projets de baux et locations d'immeubles dont la durée est supérieure à trois ans (47), le régime des contrats et conventions passés par l'agence, les conditions générales d'attribution de subventions ou d'avances remboursables aux personnes publiques ou privées, l'acceptation ou le refus des dons ou legs, les emprunts, les conditions générales de recrutement, d'emploi et de rémunération du personnel, ainsi que sur les actions en justice.

Pour compléter cet ensemble particulièrement vaste, mais au demeurant parfaitement classique, des compétences du conseil d'administration, l'article 9 du décret du 26 juillet 1991 prévoit encore que cette assemblée délibère sur « *toutes questions se rapportant à l'objet de l'agence qui lui sont soumises par l'un des ministres de tutelle* ».

Si le conseil d'administration de l'ADEME – dont les règles de fonctionnement relatives notamment à la fréquence des réunions, à l'autorité compétente pour les provoquer, aux modalités de convocation et de délibération sont définies à l'article 8 du décret du 26 juillet 1991 – dispose en droit de la plénitude des pouvoirs, et s'il est en charge des grandes orientations de la politique de l'agence, c'est une autre autorité, le directeur général, qui assure – en fait et en droit – la gestion quotidienne de celle-ci.

La question de la véritable autorité exécutive de l'ADEME pouvait certes, sous l'empire du seul décret du 26 juillet 1991, se discuter ; celui-ci, en effet, prévoyait en son article 11, alinéa 1er que « *dans le cadre des orientations arrêtées par le conseil d'administration, le président définit la politique générale et assure les relations de l'agence avec les ministères de tutelle* », tout en précisant dans son article 12, alinéa 7, que le directeur général « *assiste le président dans la préparation des délibérations du conseil d'administration et en assure l'exécution* ».

Mais le décret du 2 novembre 1993 a profondément modifié la donne.

Son article 4 a en effet réduit l'article 11 du décret du 26 juillet 1991 à la simple clause suivante :

« *Art. 11. – Le président du conseil d'administration soumet au conseil les orientations générales de la politique de l'agence : il veille à l'application de ces orientations.* »

Son article 5 a quant à lui modifié l'article 12 du décret, dont il redéfinit les attributions dans le sens d'une extension nette, et au détriment des pouvoirs initialement attribués au président. L'alinéa 1er du nouvel article 12 est en effet ainsi rédigé :

---

(41) Au 31 décembre 1992, l'ADEME employait 578 personnes représentant 554 postes en équivalent temps plein (*Source* : Rapport d'activité 1992, p. 119).

Au 31 décembre 1993, elle employait 636 personnes représentant 611,64 postes en équivalent temps plein (*Source* : Rapport d'activité 1993, p. 137).

L'ADEME emploie essentiellement des agents contractuels, mais aussi des agents détachés des administrations de l'Etat ou mis à disposition (respectivement, 92 %, 3 % et 5 % au 31 décembre 1993).

Rappelons enfin que l'AQA employait une trentaine de personnes, l'ANRED une centaine et l'AFME environ 470 fin 1990.

(42) Art. 5 du décret du 26 juillet 1991.

(43) D'autant que les présidents des établissements publics nationaux sont nommés pour cinq ans dans le cas des établissements publics entrant dans le champ d'application de la loi de démocratisation (cas de l'ADEME).

(44) Cf. art. 8 du décret du 26 juillet 1991.

(45) Cf. art. 9 du décret du 26 juillet 1991.

(46) Cependant, en vertu de l'article 2 du décret du 2 novembre 1993, qui a modifié l'article 9 *a)*, « la liste des emplois de direction » n'entre plus dans la compétence du conseil d'administration.

(47) Cette dernière précision a été ajoutée par l'article 2 du décret du 2 novembre 1993.

« *Art. 12. – Le directeur général prépare les réunions du conseil d'administration, met en œuvre ses décisions et rend compte de leur exécution. Il assure la direction des services de l'agence et a, à ce titre, autorité sur le personnel. Il représente l'agence dans tous les actes de la vie civile et dans ses rapports avec les tiers.* »

L'autorité exécutive de l'ADEME est donc désormais sans contestation possible son directeur général, qui est aussi l'ordonnateur principal de l'établissement (cf. art. 12 modifié du décret du 26 juillet 1991).

Ce n'est pas là en soi quelque chose de bien nouveau : il n'est pas rare en effet que dans un établissement public, le pouvoir exécutif soit attribué au directeur général de l'établissement (48), même s'il existe aussi des hypothèses dans lesquelles ce pouvoir est attribué au président de l'autorité délibérante ou encore partagé entre celui-ci et le directeur général (49) comme prévu initialement à l'ADEME.

Le conseil d'administration et le directeur général sont donc les deux principaux organes de l'ADEME ; l'organisation générale de celle-ci comporte cependant, à côté de cet organe délibérant et de cette autorité exécutive, d'autres organes, à compétence spécialisée, prévus dans ses textes constitutifs : il s'agit essentiellement du conseil scientifique (50) et du directeur scientifique.

Aux termes de l'article 3 de la loi, la nouvelle agence est en effet dotée d'un conseil scientifique, dont la composition est arrêtée conjointement par les ministres de l'Environnement, de la Recherche et de l'Industrie.

Cette composition, ainsi que le rôle de ce conseil, sont précisés à l'article 14 du décret du 26 juillet 1991.

Le conseil scientifique est composé de quinze membres au plus, nommés pour cinq ans tout comme les membres du conseil d'administration. Son président est nommé en son sein sur arrêté conjoint des ministres précités.

Le rôle de ce conseil est avant tout consultatif ; en effet, il « *est consulté sur les programmes d'études et de recherches entrepris par l'agence ou dans lesquels celle-ci intervient* », et « *il formule toutes propositions concernant la recherche* ».

Il convient de rappeler que l'instauration de cet organe résulte d'un amendement proposé à l'Assemblée nationale par un parlementaire de l'opposition de l'époque, M. Birraux : celui-ci estimait en effet nécessaire l'institution d'un conseil scientifique permettant « *de faire le lien avec le développement technologique et la recherche* » (51).

L'article 13 du décret du 26 juillet 1991 a par ailleurs introduit un nouvel organe : le directeur scientifique, nommé par le directeur général sur proposition du ministre de la Recherche (52). Le directeur scientifique a essentiellement un rôle de coordinateur : il veille à la définition et à la coordination des actions de l'agence en matière scientifique ; il assiste aux réunions du conseil scientifique, dont il assure le secrétariat ; il présente au conseil d'administration le rapport sur l'état des connaissances scientifiques et techniques qu'il a préparé et soumis au conseil scientifique.

La présence de ces deux organes à compétence spécialisée et limitée ne peut bien évidemment être considérée comme une atteinte au modèle organisationnel classique des EPIC, mais simplement comme une variation justifiée par l'objet général de l'établissement.

Le régime financier et comptable de l'ADEME

Le régime financier et comptable de l'ADEME, traité au titre IV (« Dispositions financières et comptables ») du décret du 26 juillet 1991, n'innove guère en la matière.

L'ADEME, en tant qu'EPIC doté d'un agent comptable, est donc soumis aux règles de la comptabilité publique, et donc au décret du 29 décembre 1962 portant règlement général de la comptabilité publique : cela est explicitement prévu à l'article 22 du décret du 26 juillet 1991.

Plus précisément encore, l'ADEME se voit appliquer les règles applicables aux établissements industriels et commerciaux, qui font l'objet des articles 190 à 225 du RGCP.

En vertu de l'article 23 alinéa 1er du décret du 26 juillet 1991, l'agent comptable de l'ADEME est nommé par arrêté conjoint des ministres de tutelle (Environnement, Industrie, Recherche) et du ministre chargé du Budget ; aux termes de l'alinéa 2 de l'article précité, « *il est placé sous l'autorité du directeur général* », ce qui – en dépit du principe de séparation des ordonnateurs et des comptables applicable aux EPIC soumis comme l'ADEME aux règles de la comptabilité publique – semble consacrer une certaine subordination du comptable principal qu'est l'agent comptable à l'égard de l'ordonnateur principal qu'est le directeur général, sans que cette subordination soit clairement circonscrite à un domaine particulier ; enfin, l'alinéa 3 de l'article 23 prévoit la possibilité de comptables secondaires (53), nommés par le ministre chargé du Budget après avis du directeur général.

Enfin, ce qui là encore est conforme au régime habituel des EPIC soumis à la comptabilité publique, l'ADEME, en vertu de l'article 26 alinéa 1er du décret du 26 juillet 1991, est soumise au contrôle économique et financier institué par le décret n° 55-733 du 26 mai 1955 relatif au contrôle économique et financier de l'Etat ; un contrôleur d'Etat est donc chargé d'assurer le contrôle de la gestion financière de l'agence, contrôle exercé sous forme d'avis simple le plus souvent donné *a posteriori*. Notons que l'alinéa 2 de l'article 26 prévoit encore la soumission de l'agence au décret n° 53-707 du 9 août 1953 relatif au contrôle de l'Etat dans les entreprises publiques nationales et certains organismes ayant un objet d'ordre économique et social : cette disposition n'est pour le moins pas très explicite.

Le régime financier et comptable de l'ADEME ne comporte, par conséquent, aucune singularité.

Observons qu'il aurait pu en être différemment si l'Assemblée nationale avait suivi le Sénat qui avait proposé l'instauration d'une commission de surveillance.

---

(48) A titre d'exemple, c'est ainsi le cas à EDF, à GDF, à l'INPI.

(49) Partage du pouvoir exécutif, qui aboutit souvent à une « confusion des pouvoirs entre ces deux hauts responsables », et qui peut se révéler préjudiciable à l'établissement, ainsi que l'a fait observer le Conseil d'Etat (cf. Rapport du Conseil d'Etat pour 1985, *EDCE* 1986, n° 37, p. 39).

(50) Cf. art. 3 de la loi du 19 décembre 1990 et art. 14 du décret du 26 juillet 1991.

(51) *J.O.A.N.* Déb. CR 30 novembre 1990, p. 6214.

(52) Art. 13 du décret du 26 juillet 1991 modifié par l'art. 6 du décret du 2 novembre 1993.

(53) Possibilité prévue par les articles 158 et 195 du RGCP.

Considérant en effet que la future agence serait dotée de compétences plus larges que les trois agences originaires et que son budget annuel de fonctionnement serait équivalent à celui du ministère de l'Environnement (de l'ordre d'un milliard de francs) [54], les sénateurs avaient estimé indispensable la mise en place d'un système de surveillance de l'activité de la nouvelle agence, et cela par la création d'une commission.

Celle-ci aurait été composée de sept membres (deux députés, deux sénateurs, un membre du Conseil d'Etat, un membre de la Cour des comptes et un membre de l'Inspection générale des finances), et aurait été chargée essentiellement d'examiner le rapport annuel de l'agence et le bilan des actions entreprises et de présenter un rapport annuel public au Président de la République et au Parlement.

Cette proposition sénatoriale n'a pas été retenue pour des raisons d'efficacité.

En conclusion, il est possible de dire que l'architecture institutionnelle de l'ADEME s'inscrit parfaitement dans le *type idéal* des établissements publics industriels et commerciaux.

Cependant, il nous semble perceptible que les hommes et les femmes de l'ADEME ont conscience d'appartenir, au sein du secteur public, à une entité nouvelle (55) et d'y accomplir des tâches non seulement utiles, mais spécifiques.

Il est temps par conséquent d'analyser le fonctionnement et la vocation opérationnelle de cette institution, bien qu'elle soit encore fort récente.

Une vocation opérationnelle et fonctionnelle originale

Si l'on examine d'un point de vue non plus seulement statique et formel l'ADEME, mais plutôt dans sa dynamique de fonctionnement, la nouvelle agence de l'environnement apparaît beaucoup plus originale, et cela par la spécificité de sa vocation opérationnelle et la marge d'autonomie dont elle dispose selon nous.

La spécificité de la vocation opérationnelle de l'ADEME

La vocation opérationnelle originale de l'ADEME apparaît et dans son objet et dans son action régionale.

L'objet de l'ADEME

En ce qui concerne son objet, l'article 2 du décret du 26 juillet 1991 prévoit que *« dans le cadre de la politique définie par le Gouvernement, l'agence a pour mission de susciter, animer, coordonner, faciliter et, le cas échéant, réaliser toutes opérations ayant pour objet :*

1. *la prévention et la lutte contre la pollution de l'air ;*

2. *la limitation de la production de déchets, leur élimination, leur récupération et leur valorisation et la prévention de la pollution des sols ;*

3. *la réalisation d'économies d'énergie et de matières premières et le développement des énergies renouvelables, notamment d'origine végétale ;*

4. *le développement des technologies propres et économes ;*

5. *la lutte contre les nuisances sonores ».*

L'objet général de l'ADEME est donc, dans le cadre de la promotion et de la mise en œuvre de la politique des pouvoirs publics, d'exercer des *missions* d'incitation, d'animation, de coordination et d'accompagnement dans les domaines d'activités précités.

Cet objet entre lui-même dans celui plus large de contribution au *développement durable* de l'environnement (56).

Pour atteindre son objet et pour accomplir ses missions, l'ADEME est habilitée à exercer des *actions*.

A cet égard, l'article 3 du décret donne une liste indicative des actions qu'est habilitée à entreprendre l'agence (57) dans ses domaines d'activités, et qui peuvent se résumer ainsi : actions d'orientation et d'animation de la recherche technologique et de diffusion des techniques ; actions d'orientation et d'animation en matière de formation (initiale et continue) ; actions de constitution de banques de données ; actions d'information et de conseil des personnes publiques et privées ; actions (activité !) de maître d'ouvrage en rapport avec son objet et, de façon générale, exécution de toutes études et recherches ainsi que de tous travaux en relation avec celui-ci ; actions de coopération technique internationale. L'article 3 précité prévoit *in fine* des actions plus originales, dans la mesure où l'agence peut non seulement attribuer des subventions et consentir des avances remboursables tant aux personnes privées que publiques mais peut même prendre des participations financières.

L'activité de l'ADEME est donc multiple : activités d'animateur, de formateur, de conseil, de centralisateur de

---

(54) Prévision exacte, cf. *infra*.

(55) A l'observateur extérieur que nous sommes, il semble, en effet, qu'après trois ans d'existence de la nouvelle agence, l'« intégration » des personnels des trois agences originaires se soit désormais opérée dans les têtes et dans les faits ; cette intégration a notamment été permise par la signature le 15 octobre 1993, après plus d'un an et demi de négociations, de la nouvelle convention de travail du personnel de l'ADEME et le positionnement de l'ensemble des agents dans la nouvelle grille de classification pendant le premier semestre 1994.

En somme, l'ADEME – en ce qui concerne ses personnels – est allée au-delà des dispositions de l'article 28 du décret du 26 juillet 1991, aux termes duquel « les obligations de l'Agence française pour la maîtrise de l'énergie, de l'Agence pour la récupération et l'élimination des déchets et de l'Agence pour la qualité de l'air, notamment à l'égard de leurs personnels respectifs, sont reprises par l'Agence de l'environnement et de la maîtrise de l'énergie ».

(56) Cette notion de développement durable, ou encore de développement sain et durable, du point de vue de l'environnement, est désormais classique en matière d'environnement. A titre d'exemple, elle est mentionnée à l'article 2 *vii* des statuts de la Banque européenne pour la reconstruction et le développement (BERD), première institution financière internationale à avoir été dotée d'un mandat « environnemental » exprès.

Concrètement, cette notion de développement durable se traduit, doit se traduire, par l'évolution du système technique à la base de l'économie, vers plus de sobriété (en énergie et matières premières) et plus de propreté (en termes d'atteintes à l'environnement ou de pollution).

(57) La liste purement indicative de ces actions est la suivante :
« *a)* l'orientation et l'animation de la recherche technologique ;
b) l'orientation et l'animation d'actions de formation initiale et continue ;
c) le développement, la démonstration et la diffusion de techniques applicables ;
d) l'exécution de tous travaux, la construction ou l'exploitation d'ouvrages se rapportant à son objet ;
e) le recueil de données ;
f) l'information et le conseil aux personnes publiques et privées ;
g) la participation à l'élaboration et à la mise en œuvre d'accords de coopération internationale. »

En outre, l'ADEME « peut effectuer toutes études et recherches et exécuter tous travaux se rapportant à son objet ou contribuer à de telles actions » ; elle peut également « attribuer des subventions et consentir des avances remboursables aux personnes publiques et privées ainsi que prendre des participations financières se rapportant à son objet ».

données, de maître d'ouvrage (rôle important), et même d'investisseur, voire – à la demande – de bureaux d'études, et cela aussi bien à l'échelon interne qu'au niveau international, aussi bien dans une optique de court terme que dans la préparation du moyen et long terme.

La vocation pluridisciplinaire de l'ADEME est donc manifeste, qui lui permet d'exercer à la fois un rôle de catalyseur (par ses actions d'orientation, d'animation et de diffusion notamment), de fédérateur (dans la mesure où elle se situe au centre de différents réseaux de compétences), d'expert impartial et neutre (dans l'intérêt du reste de tous les acteurs de l'environnement), et cela dans les domaines qui lui ont été impartis par ses textes constitutifs, mais qu'elle interprète à juste titre dans une vision dynamique comme autant d'objectifs :

– PRÉVENIR les pollutions et protéger la qualité de l'air ;

– LIMITER la production des déchets, les éliminer, les récupérer et les valoriser ;

– ÉVITER la pollution des sols ;

– MAÎTRISER l'énergie et économiser les matières premières ;

– PROMOUVOIR les technologies propres et les énergies renouvelables ;

– LUTTER contre les nuisances sonores (58).

L'objet général de l'ADEME est donc, c'est le moins que l'on puisse dire, un objet global, concret, parfaitement ancré sur le réel et l'avenir, qui s'exprime en termes d'objectifs précis, clairement définis : c'est pourquoi il apparaît particulièrement approprié de qualifier l'ADEME d'*agence d'objectifs*.

L'organisation interne de l'ADEME est du reste le parfait reflet de cette spécificité : on y retrouve, en effet, des directions sectorielles à vocation opérationnelle composées de départements en prise directe sur les problèmes concrets posés en matière d'environnement (59).

Les actions de l'ADEME se traduisent toujours dans et par des programmes concrets ; et à cet égard, les délégations régionales de l'agence jouent un rôle essentiel.

L'action régionale de l'ADEME

Aux termes de l'article 1er, dernier alinéa de la loi, en effet, « *pour accomplir ses missions, l'agence dispose d'une délégation dans chaque région* », formule reprise pratiquement mot pour mot à l'article 17 du titre III (« Action régionale de l'agence ») du décret du 26 juillet 1991.

La dimension régionale, et par voie de conséquence l'action régionale de l'ADEME, participent ainsi de l'identité et de la spécificité du nouvel établissement.

Ces délégations régionales, présentes dans les 26 régions de France métropolitaine et d'outre-mer (60), s'avèrent en effet un instrument essentiel dans la conduite effective et efficace de ses missions, même si elles ne constituent peut-être point en elles-mêmes une très grande innovation, puisque deux des trois agences originaires, l'ANRED et l'AFME, étaient présentes sur tout le territoire métropolitain et d'outre-mer (61).

D'une part, ces délégations régionales se situent au carrefour à la fois des préoccupations d'aménagement du territoire, des contraintes financières et techniques qui s'imposent tant aux collectivités territoriales qu'aux entreprises, et des attentes des citoyens en matière de cadre de vie. D'autre part, elles peuvent d'autant mieux intervenir auprès de tous les acteurs (62) qu'elles disposent du soutien (scientifique, technique, juridique...) des services centraux de l'ADEME, auquel s'ajoute leur expertise propre, liée notamment à leur connaissance et leur proximité du terrain.

Les délégations régionales sont du reste organisées par cibles : collectivités locales, entreprises et grand public ; elles doivent en outre tenir compte des spécificités de chaque région, pour permettre justement cette parfaite connaissance souhaitée et nécessaire du terrain.

En effet, comme le dit le rapport d'activité 1993, « *leur rôle étant d'amener les acteurs de la vie économique et sociale régionale à intégrer dans leurs projets, choix et décisions, les préoccupations de maîtrise de l'énergie et de protection de l'environnement, les agents de la délégation régionale doivent être en mesure de conduire l'ensemble des politiques de l'ADEME dans le cadre régional et local* » (63).

Nul doute, en tout cas, que cette synergie entre le centre (l'agence proprement dite) et la périphérie (les 26 délégations régionales) et cette action régionale de l'agence ne favorisent le succès de ses objectifs, tout en contribuant à lui donner une image spécifique et moderne en corrélation avec la décentralisation que connaît notre pays depuis 1982.

La marge d'autonomie selon nous grandissante de l'ADEME y contribue également.

La marge d'autonomie de l'ADEME

L'ADEME est, aux termes de l'article 1er du décret du 26 juillet 1991, un EPIC « *placé sous la tutelle des ministres chargés de la Recherche, de l'Environnement et de l'Energie* ».

Nous soutenons que cette tutelle multiple, triple en apparence, quadruple en vérité eu égard à la tutelle incontournable du ministère des Finances, est paradoxalement source d'autonomie pour la nouvelle agence, et que sa marge s'est même agrandie avec l'évolution significative de la structure de ses ressources financières.

Trop de tutelles : moins de tutelle ?

La question de la tutelle ou des tutelles de l'ADEME, qui n'était et n'est certes pas une question simple, n'a pas été résolue, en tout cas de façon expresse par la loi du 19 décembre 1990.

(58) Pour la définition de ces objectifs, nous avons repris la formulation de l'ADEME, mais en conservant l'ordre des articles 1er de la loi et 2 du décret.

(59) Au sein de l'ADEME, il est existe ainsi :
– une direction de l'industrie, comprenant un département « filières et produits » et un département « milieux et technologies » ;
– une direction de l'agriculture et des bioénergies, comportant un département « valorisation non alimentaire des cultures » et un département « agriculture et alimentation » ;
– une direction du bâtiment et des énergies renouvelables, avec un département « bâtiments et collectivités » et un département « énergies renouvelables » ;
– et une direction des transports, ayant un département « technologies des transports » et un département « organisation et système de transport ».

(60) Chaque délégué régional, nommé par le président de l'agence sur proposition du directeur général, exerce dans sa région et sous l'autorité de celui-ci les compétences qui lui ont été attribuées (cf. art. 18 du décret).

(61) En particulier, l'ANRED était ainsi représentée par 27 ingénieurs au sein des directions régionales de l'industrie.

Seule l'AQA ne disposait d'aucune antenne régionale.

(62) Le rapport de la commission du Sénat indique du reste clairement que les délégations régionales devront apporter « un soutien efficace aux élus, aux industriels et aux administrations ».

M. Souplet, « Rapport fait au nom de la commission des affaires économiques et du Plan sur le projet de loi portant création de l'Agence de l'environnement et des économies d'énergie », Document Sénat, n° 73, 1re session ordinaire 1990-1991, p. 17.

(63) Cf. Rapport d'activité 1993, p. 109.

Seul l'article 3 de celle-ci, consacré au conseil scientifique, « *dont la composition est arrêtée conjointement par les ministres de l'Environnement, de la Recherche et de l'Industrie* », laissait subodorer le recours à une triple tutelle desdits ministres.

Cela a donc été confirmé par l'article 1er du décret du 26 juillet 1991.

La solution adoptée n'était pas la seule possible, d'autant que les agences originaires connaissaient des situations fort différentes. Rappelons en effet :

– que l'AFME était soumise à la double tutelle des ministres chargés de l'Energie et de la Recherche (64) ;

– que l'ANRED était placée sous la double tutelle des ministres chargés de l'Environnement et de l'Industrie (65) ;

– alors que l'AQA était, quant à elle, sous la tutelle unique du ministre de l'Environnement (66).

Différentes solutions pouvaient être adoptées.

Il était d'abord possible de recourir à une tutelle unique qui, dès lors, n'aurait pu être que celle du ministre de l'Environnement. Mais cette solution, qui avait le mérite de la simplicité et de la logique, a été écartée : le Gouvernement fit en effet valoir que la source essentielle des moyens en crédits et en personnel de la nouvelle agence proviendrait du ministère de l'Industrie, dont la tutelle ne pouvait pas dès lors être écartée.

Cet argument conduisit le Gouvernement à défendre l'idée d'une double tutelle, du ministre de l'Environnement et du ministre de l'Industrie : c'était la deuxième solution possible.

Se posaient tout de même le problème de la tutelle du ministre de la Recherche et celui du ministre des Finances : celui-ci, pour des raisons évidentes (et au demeurant fort classiques), celui-là en raison tant des missions et des actions de la nouvelle agence que de son organisation interne caractérisée par la présence d'un conseil scientifique.

En fin de compte, une solution de compromis a donc prévalu, avec le refus d'une tutelle exclusivement attribuée au ministre de l'Environnement et l'adoption d'une triple tutelle des ministres de l'Environnement, de l'Industrie et de la Recherche.

En vérité, il n'était pas nécessaire de consacrer explicitement la tutelle du ministre des Finances, puisqu'en vertu de l'article 152 du règlement général de 1962 sur la comptabilité publique, auquel est soumise l'ADEME, celle-ci est placée non seulement sous la tutelle technique de ses ministères de rattachement, mais aussi sous la tutelle financière du ministère des Finances.

Qu'en est-il de l'exercice effectif de ces différentes tutelles sous lesquelles se trouve donc placée l'ADEME ?

A cet égard, deux remarques liminaires s'imposent.

En premier lieu, et cela ne se veut pas une simple précaution oratoire, il est toujours bien difficile d'avoir une vue précise et étayée sur les influences réelles et respectives de plusieurs tutelles : surtout lorsqu'un établissement est récent, et qu'il n'a sans doute pas encore atteint son *régime d'équilibre* pour utiliser une expression empruntée au domaine des sciences physiques ; surtout lorsque l'auteur du diagnostic est un observateur extérieur à l'institution, dont le point de vue – certes indépendant bien que nécessairement établi à partir de diverses opinions internes – est cependant par définition indirect !

Il faut rappeler en second lieu que, surtout lorsque les textes institutifs sont muets, la répartition des compétences n'est pas fondée sur des critères rigoureux et qu'elle peut obéir à des considérations d'opportunité, y compris des luttes d'influence entre administrations (67), ou encore des situations de fait.

En l'espèce, les conclusions suivantes semblent pouvoir être avancées.

Des trois tutelles prévues par les textes, la plus « douce » est de loin celle du ministère de la Recherche, et cela pour la raison simple que les objectifs de l'ADEME liés à la recherche *lato sensu* sont en parfait accord, en complète adéquation avec ceux du ministère ; on peut même dire que dans la mise en œuvre de sa politique, celui-ci trouve dans l'ADEME un relais exemplaire.

La tutelle du ministère de l'Industrie est en revanche plus « problématique » ; dans une certaine mesure, elle est sans doute le reflet des tensions régnant depuis toujours entre ce ministère et celui de l'Environnement.

Enfin, nous qualifierons d'« ambiguë » (68) la tutelle de ce dernier. Le ministère de l'Environnement doit en vérité naviguer entre deux pôles : d'une part, il ne peut avoir une attitude trop directrice et trop contraignante vis-à-vis d'une institution qui constitue le fer de lance de sa politique, sous peine de diminuer le rôle, l'influence et l'efficacité de celle-ci ; d'autre part, il ne peut également lui laisser trop de « libertés », car l'agence risquerait de devenir l'instance de référence en matière d'environnement, et cela à son propre détriment ; rappelons que c'est du reste l'une des raisons – non reconnues – qui ont conduit le Gouvernement à ne pas inclure les agences financières de bassin dans la nouvelle grande agence de l'environnement.

Par ailleurs, selon nous, les tutelles ne peuvent prendre le risque d'être contraignantes et de « s'entrechoquer », sinon aucune décision importante ne pourrait être prise, eu égard aux conditions d'approbation que doivent satisfaire – en vertu de l'article 10 du décret du 26 juillet 1991 – les délibérations les plus importantes du conseil d'administration pour être exécutoires : dans un tel contexte, l'établissement sous tutelles devient l'arbitre de la situation ; l'agence peut dans une certaine mesure « jouer » avec ses tutelles, voire à l'occasion exercer des marchandages pour éviter la paralysie.

En fin de compte, selon nous, l'ADEME dispose en pratique, de par l'importance de ses missions (importance reconnue comme telle par tous les acteurs auprès desquels elle intervient) et de par son magistère technique et intellectuel grandissant (l'ADEME se positionne comme un expert, c'est-à-dire comme une autorité neutre et impartiale), sinon d'une indépendance certaine, du moins d'une certaine autonomie : trop de tutelles aboutissent dans une certaine mesure par réduire la tutelle.

(64) Cf. décret n° 82-404 du 13 mai 1982 modifié par le décret n° 84-357 du 10 mai 1984.

(65) Cf. décret n° 76-473 du 25 mai 1973.

(66) Cf. décret n° 81-593 du 13 mai 1981.

(67) Cf. O. Dugrip, L. Saidj, *op. cit.*, p. 56.

(68) Il est bien difficile de trouver le mot juste, à supposer qu'il existe, pour tenter de synthétiser les points de vue de plusieurs interlocuteurs, points de vue eux-mêmes largement empreints de subjectivité.

D'autant que par ses ressources financières, l'agence devient de moins enmoins tributaire des ressources budgétaires.

Des ressources financières favorisant l'autonomie

La loi de création de l'ADEME dispose, en son article 4, qu'« *elle peut percevoir, notamment, des redevances sur les inventions et procédés nouveaux auxquels elle aura contribué, des redevances pour service rendu et le produit de taxes parafiscales* ».

Cette énumération indicative des recettes de la nouvelle agence a été complétée par la liste – exhaustive – de l'article 24 du décret du 26 juillet 1991, de sorte, qu'outre les trois ressources ci-dessus mentionnées, les recettes de l'ADEME comprennent :

– les versements de l'Etat et des personnes publiques et privées ;

– le produit des intérêts et du remboursement des prêts consentis par l'agence ;

– le revenu des biens meubles et immeubles de l'agence et le produit de leur aliénation ;

– le produit des emprunts et participations ;

– les dons et legs ;

– le produit des publications ;

– et d'une manière générale, toutes les recettes autorisées par les lois et règlements en vigueur.

En fait, les ressources de l'ADEME sont essentiellement constituées des crédits budgétaires et du produit de taxes parafiscales (l'ADEME joue un rôle de percepteur de taxes).

Les subventions budgétaires sont versées par les trois ministères de tutelle : Industrie, Recherche et Environnement.

En 1992, première année d'exercice de l'ADEME, l'agence a perçu le produit de deux taxes seulement : la taxe parafiscale sur la pollution atmosphérique (69) et celle sur les huiles de base (70).

Depuis 1993, elle perçoit la nouvelle taxe sur le stockage des déchets et la gestion du Fonds de modernisation de la gestion des déchets (71), ainsi que la taxe pour la mise en œuvre de l'atténuation des nuisances sonores au voisinage des aérodromes (72).

A ces ressources prélevées s'ajoutent quelques ressources propres, mobilisées grâce à des prestations de service.

Au cours des trois premières années d'exercice, la dotation pour intervention de l'agence s'est ainsi présentée en millions de francs (MF).

Ce tableau, s'il montre la relative stabilité des ressources d'intervention de l'ADEME au cours de ses trois premiers exercices, est cependant révélateur des évolutions très importantes de ses différentes natures de ressources.

On note en effet une croissance sensible du produit des taxes parafiscales par rapport aux ressources budgétaires, puisqu'en trois ans, leur part relative a pratiquement doublé en passant de 31 % à 61 % : l'essentiel des ressources d'intervention de l'ADEME est donc constitué du produit des taxes recouvrées par l'agence.

DOTATION POUR INTERVENTION

	1992	1993	1994
Ressources budgétaires			
Environnement	56	63	25
Industrie	332	198	150
Recherche	181	191	139
Autres	66	108	72
Total	635	560	386
Pourcent./total gén.	69	51	39
Taxes parafiscales			
Huile	70	108	19
Air	215	227	173
Déchets		173	371
Bruit		24	30
Total	285	532	593
Pourcent./total gén.	31	49	61
Total général	**920**	**1092**	**979**

(69) D. n° 90-389 du 11 mai 1990 (*J.O.* du 13 mai 1990) instituant une taxe parafiscale sur la pollution atmosphérique.

(70) D. n° 94-753 du 31 août 1994 (*J.O.* du 1er septembre 1994) portant création d'une taxe parafiscale sur les huiles de base au profit de l'Agence de l'environnement et la maîtrise de l'énergie.

(71) L. n° 92-646 du 13 juillet 1992 (*J.O.* du 14 juillet 1992) relative à l'élimination des déchets ainsi qu'aux installations classées pour la protection de l'environnement : son article 8 a en effet inséré, dans la loi n° 75-633 du 15 juillet 1975 relative à l'élimination des déchets et à la récupération des matériaux, un titre VI *bis* « Dispositions financières ».

(72) L. n° 92-1444 du 31 décembre 1992 (*J.O.* du 1er décembre 1993) relative à la lutte contre le bruit (cf. art. 16 et 18).

On note encore que l'argument avancé par le Gouvernement lors des débats parlementaires pour écarter la tutelle unique du ministère de l'Environnement est bien vérifié : les crédits de ce ministère représentent un pourcentage relativement faible (1/6) de ceux du ministère de l'Industrie, dont les crédits ont pourtant diminué de plus de moitié entre 1992 et 1994.

On note, en revanche, la part croissante des crédits du ministère de la Recherche, dont la dotation budgétaire est pratiquement égale à celle du ministère de l'Industrie.

Ces évolutions ne peuvent que conforter notre point de vue sur l'autonomie grandissante de l'ADEME.

L'argent étant le nerf de la guerre, comme l'a du reste reconnu implicitement le Gouvernement lors de la discussion du projet de loi, il est bien évident que l'agence, en dépendant beaucoup moins des ressources budgétaires, acquiert de ce fait une plus grande indépendance ; il est clair également, qu'eu égard à la faiblesse – absolue et relative – de sa dotation budgétaire, le ministère de l'Environnement ne peut pas exercer une tutelle très ou trop contraignante ; d'autant que dans le même temps, augmentent en part relative les crédits alloués par le ministère de la Recherche, dont au surplus – ainsi que cela a déjà été indiqué – la politique rejoint largement les objectifs de l'ADEME.

En somme, les chiffres tout à la fois expliquent l'évolution enregistrée et la traduisent (73).

A titre de conclusion provisoire, il nous apparaît qu'en fin de compte, le statut d'EPIC de l'ADEME est relativement bien adapté à son objet général et à ses objectifs particuliers. Eu égard à l'importance et à la nécessité d'atteindre ces objectifs, les diverses sujétions auxquels est soumise l'ADEME lui sont paradoxalement favorables, dans la mesure où l'ADEME – lieu géométrique des préoccupations du Gouvernement, des collectivités locales, des entreprises et des citoyens en matière d'environnement *lato sensu* et des tensions qu'elles suscitent – est amenée à jouer dans l'accomplissement de ses missions un rôle d'arbitre dans l'intérêt bien compris de tous : ne serait-ce pas là la principale originalité de l'ADEME ?

(73) Le tableau ci-dessus permet également de comprendre le recentrage des activités de l'Agence : en effet, dans la mesure où chaque source de financement est affectée à un objet précis et qu'aucune fongibilité entre ressources n'existe, l'activité liée à la maîtrise de l'énergie a sensiblement diminué, alors que celle liée aux déchets a connu un développement considérable et a même plus que doublé entre 1993 et 1994.

Document 2

Loi n° 90-1130 du 19 décembre 1990 portant création de l'Agence de l'environnement et de la maîtrise de l'énergie

L'Assemblée nationale et le Sénat ont adopté,

Le Président de la République promulgue la loi dont la teneur suit :

Article 1er

Il est créé un établissement public de l'État à caractère industriel et commercial dénommé « Agence de l'environnement et de la maîtrise de l'énergie ».

Cet établissement public exerce des actions, notamment d'orientation et d'animation de la recherche, de prestation de services, d'information et d'incitation dans chacun des domaines suivants :

– la prévention et la lutte contre la pollution de l'air;

– la limitation de la production de déchets, leur élimination, leur récupération et leur valorisation et la prévention de la pollution des sols;

– la réalisation d'économies d'énergie et de matières premières et le développement des énergies renouvelables, notamment d'origine végétale;

– le développement des technologies propres et économes;

– la lutte contre les nuisances sonores.

L'agence coordonne ses actions avec celles menées par les agences financières de bassin dans des domaines d'intérêt commun.

Pour accomplir ses missions, l'agence dispose d'une délégation dans chaque région.

Article 2

Le conseil d'administration de l'agence est composé :

a) De représentants de l'État;

b) De représentants du Parlement;

c) De représentants de collectivités territoriales;

d) De personnalités qualifiées, de représentants d'associations de protection de l'environnement agréées au titre de l'article L. 252-1 du livre II (nouveau) du Code rural et de représentants de groupements professionnels intéressés;

e) De représentants du personnel dans les conditions définies au deuxième alinéa de l'article 4 de la loi n° 83-675 du 26 juillet 1983 relative à la démocratisation du secteur public.

Article 3

L'agence est dotée d'un conseil scientifique dont la composition est arrêtée conjointement par les ministres de l'Environnement, de la Recherche et de l'Industrie.

Article 4

L'agence peut attribuer des subventions et consentir des avances remboursables. Elle peut percevoir, notamment, des redevances sur les inventions et procédés nouveaux auxquels elle aura contribué, des redevances pour service rendu et le produit de taxes parafiscales.

Article 5

L'Agence pour la qualité de l'air, l'Agence française pour la maîtrise de l'énergie et l'Agence nationale pour la récupération et l'élimination des déchets sont dissoutes.

Les biens, droits et obligations de ces trois établissements publics sont dévolus à l'Agence de l'environnement et de la maîtrise de l'énergie.

Article 6

I – L'article 9 de la loi n° 61-842 du 2 août 1961 relative à la lutte contre les pollutions atmosphériques et les odeurs et portant modification de la loi du 19 décembre 1917 est abrogé.

II – La loi n° 75-633 du 15 juillet 1975 relative à l'élimination des déchets et à la récupération des matériaux est ainsi modifiée :

1. Le dernier alinéa de l'article 14 est abrogé;

2. Le titre VI intitulé Agence nationale pour la récupération et l'élimination des déchets est abrogé;

3. Dans le dernier alinéa de l'article 26, les mots : « l'Agence nationale pour la récupération et l'élimination des déchets » sont remplacés par les mots : « l'Agence de l'environnement et de la maîtrise de l'énergie ».

Article 7

Il est procédé à l'harmonisation des conditions d'emploi et de rémunération de tous les personnels de l'agence avant le 31 décembre 1991.

Article 8

Un décret en Conseil d'État fixe les conditions d'application de la présente loi, notamment la date à laquelle les articles 5 et 6 prennent effet.

La présente loi sera exécutée comme loi de l'État.

Fait à Paris, le 19 décembre 1990.

Document 3

Ministère de l'Environnement

Décret n° 91-732 du 26 juillet 1991 relatif à l'Agence de l'environnement et de la maîtrise de l'énergie

Le Premier ministre,

Sur le rapport du ministre d'État, ministre de l'Économie, des Finances et du Budget, du ministre de la Recherche et de la Technologie, du ministre de l'Environnement et du ministre délégué à l'Industrie et au Commerce extérieur,

Vu la loi n° 83-675 du 26 juillet 1983 modifiée relative à la démocratisation du secteur public, ensemble le décret n° 83-1160 du 26 décembre 1983 portant application de cette loi;

Vu la loi n° 90-1130 du 19 décembre 1990 portant création de l'Agence de l'environnement et de la maîtrise de l'énergie;

Vu le décret n° 53-707 du 9 août 1953 modifié relatif au contrôle de l'État dans les entreprises publiques nationales et certains organismes ayant un objet d'ordre économique et social;

Vu le décret n° 55-733 du 26 mai 1955 portant codification, en application de la loi n° 55-360 du 3 avril 1955, et aménagement des textes relatifs au contrôle économique et financier de l'État;

Vu le décret n° 62-1587 du 29 décembre 1962 portant règlement général sur la comptabilité publique;

Vu le décret n° 64-486 du 28 mai 1964 relatif aux régies de recettes et aux régies d'avances des organismes publics, modifié par le décret n° 71-153 du 27 février 1971;

Vu le décret n° 89-649 du 31 août 1989 portant création d'une taxe parafiscale sur les huiles de base au profit de l'Agence nationale pour la récupération et l'élimination des déchets;

Vu le décret n° 90-389 du 11 mai 1990 instituant une taxe parafiscale sur la pollution atmosphérique;

Vu le décret n° 90-437 du 28 mai 1990 fixant les conditions et les modalités de règlement des frais de déplacement des personnels civils;

Le Conseil d'État (section des travaux publics) entendu,

Décrète :

Titre Ier Dispositions générales

Art. 1er. – L'Agence de l'environnement et de la maîtrise de l'énergie, ci-après dénommée l'agence, est un établissement public de l'État à caractère industriel et commercial, placé sous la tutelle des ministres chargés de la recherche, de l'environnement et de l'énergie.

Art. 2. – Dans le cadre de la politique définie par le gouvernement, l'agence a pour mission de susciter, animer, coordonner, faciliter et, le cas échéant, réaliser toutes opérations ayant pour objet :

1. La prévention et la lutte contre la pollution de l'air;

2. La limitation de la production de déchets, leur élimination, leur récupération et leur valorisation, et la prévention de la pollution des sols;

3. La réalisation d'économies d'énergie et de matières premières et le développement des énergies renouvelables, notamment d'origine végétale;

4. Le développement des technologies propres et économes;

5. La lutte contre les nuisances sonores.

Art. 3. – Dans les domaines d'activité énumérés à l'article 2 ci-dessus, l'agence est habilitée à entreprendre, notamment, les actions suivantes :

a) L'orientation et l'animation de la recherche technologique;

b) L'orientation et l'animation d'actions de formation initiale et continue;

c) Le développement, la démonstration et la diffusion de techniques applicables;

d) L'exécution de tous travaux, la construction ou l'exploitation d'ouvrages se rapportant à son objet;

e) Le recueil de données;

f) L'information et le conseil aux personnes publiques et privées;

g) La participation à l'élaboration et à la mise en œuvre d'accords de coopération internationale et la gestion de crédits de coopération internationale.

Elle peut effectuer toutes études et recherches et exécuter tous travaux se rapportant à son objet ou contribuer à de telles actions.

Elle peut attribuer des subventions et consentir des avances remboursables aux personnes publiques et privées ainsi que prendre des participations financières se rapportant à son objet.

Elle tient les administrations concernées, et notamment les agences financières de bassin, informées de ses projets et reçoit de leur part les informations nécessaires à son action, notamment celles recueillies en application des textes législatifs et réglementaires en vigueur.

Titre II Administration de l'Agence

Art. 4. – L'agence est administrée par un conseil d'administration de vingt-trois membres comprenant :

1. Un représentant du Sénat et un représentant de l'Assemblée nationale désignés par chacune de ces assemblées;

2. Sept représentants de l'État nommés par décret pris sur le rapport des ministres de tutelle, soit :

– un sur proposition du ministre chargé de l'environnement;

– un sur proposition du ministre chargé de l'énergie;

– un sur proposition du ministre chargé de la recherche;

– un sur proposition du ministre chargé des transports;

– un sur proposition du ministre chargé de la santé;

– un sur proposition du ministre chargé de l'agriculture;

– un sur proposition du ministre chargé du budget.

3. Trois représentants des collectivités locales nommés par décret pris sur le rapport des ministres de tutelle, après avis du ministre chargé des collectivités locales;

4. Cinq personnalités qualifiées ou représentants d'associations de protection de l'environnement agréées au titre de l'article L. 252-1 du livre II (nouveau) du Code rural ou représentants de groupements professionnels intéressés, dont trois au titre de l'environnement et deux au titre de l'énergie nommés par décret pris sur le rapport des ministres de tutelle;

5. Six représentants des salariés élus conformément aux dispositions du décret du 26 décembre 1983 susvisé.

Art. 5. – La durée du mandat des membres du conseil d'administration est de cinq ans. Ce mandat est renouvelable une fois. Le mandat des membres désignés en raison des fonctions qu'ils exercent prend fin à l'expiration de celles-ci. En cas de vacance par suite de démission ou pour toute autre cause, il est pourvu à la désignation du ou des nouveaux membres dans le délai de trois mois. Tout membre désigné pour remplacer un membre du conseil exerce son mandat jusqu'à l'expiration du mandat de son prédécesseur.

Art. 6. – Le président du conseil d'administration est nommé pour cinq ans sur proposition du conseil d'administration parmi les membres de celui-ci, par décret pris en conseil des ministres sur le rapport du ministre chargé de l'environnement.

Art. 7. – Les membres du conseil d'administration bénéficient du remboursement, dans les conditions fixées par le décret du 28 mai 1990 susvisé, des frais de déplacement ou de séjour effectivement supportés par eux dans l'exercice de leurs fonctions.

Art. 8. – Le conseil d'administration se réunit au moins quatre fois par an sur convocation de son président et examine toute question inscrite à l'ordre du jour par le président ou par le conseil statuant à la majorité simple. En outre, le président réunit le conseil sur la demande d'au moins un des ministres chargés de la tutelle de l'agence. Le conseil d'administration peut également être convoqué sur la demande du tiers de ses membres dans les conditions prévues au deuxième alinéa de l'article 8 de la loi du 26 juillet 1983 susvisée.

Le conseil ne délibère valablement que si la moitié au moins de ses membres sont présents ou représentés par un autre membre du conseil d'administration, un membre du conseil ne pouvant représenter qu'un seul autre membre et sous réserve que celui-ci appartienne à la même catégorie, définie par l'un des paragraphes 1 à 5 de l'article 4 ci-dessus. Si ce quorum n'est pas atteint, le conseil est à nouveau convoqué avec le même ordre du jour dans un délai de vingt jours : il délibère alors sans condition de quorum.

Les délibérations du conseil sont prises à la majorité des membres présents ou représentés ; en cas de partage égal des voix, celle du président est prépondérante.

Le directeur général, le directeur scientifique, le contrôleur d'État et l'agent comptable assistent en personne au conseil d'administration avec voix consultative. Le président peut appeler à participer aux séances, avec voix consultative, toute autre personne dont il juge la présence utile.

Le conseil d'administration arrête son règlement intérieur.

Art. 9. – Le conseil d'administration règle par ses délibérations les affaires de l'agence. Ses délibérations portent notamment sur les objets suivants :

a) L'organisation générale de l'agence et notamment la liste des emplois de direction ;

b) Le programme d'activité de l'agence ;

c) L'état annuel des prévisions de recettes et de dépenses et les décisions modificatives ;

d) Le rapport annuel d'activité ;

e) Le compte financier et les bilans annuels ;

f) La détermination et l'affectation des résultats ;

g) Les prises, extensions ou cessions de participations financières ;

h) L'approbation des projets de construction, d'achat ou de vente d'immeubles, constitutions d'hypothèques ou de droits réels, projets de baux et locations d'immeubles ;

i) Le régime des contrats et conventions passés par l'agence ;

j) Les conditions générales d'attribution de subventions ou d'avances remboursables aux personnes publiques ou privées ;

k) L'acceptation ou le refus des dons et legs ;

l) Les emprunts ;

m) Les conditions générales de recrutement, d'emploi et de rémunération du personnel ;

n) Les actions en justice ;

o) Toutes questions se rapportant à l'objet de l'agence qui lui sont soumises par l'un des ministres de tutelle.

Le conseil d'administration fixe également :

1. Les montants au-dessus desquels les contrats, conventions ou marchés, autres que ceux visés au *h*) et au *l*) ci-dessus, ne peuvent être passés qu'avec son autorisation ;

2. En ce qui concerne les concours financiers attribués par l'agence, les critères en vertu desquels la décision d'attribution est prise soit par le directeur général, soit par un délégué régional. Le conseil fixe en outre les seuils en fonction desquels est requis l'avis préalable soit de la commission nationale, soit de la commission régionale des aides, mentionnées aux articles 16 et 19 ci-dessous.

Art. 10. – Les délibérations du conseil d'administration sont transmises au contrôleur d'État et aux ministres de tutelle. Elles sont exécutoires.

Toutefois, lorsqu'elles portent sur l'organisation générale de l'agence, et notamment la liste des emplois de direction, ainsi que sur le programme d'activité de l'agence, elles ne sont exécutoires qu'après avoir été approuvées par les ministres de tutelle. Lorsqu'elles portent sur l'état annuel des prévisions de recettes et de dépenses, le compte financier, les conditions générales d'attribution de subventions et d'avances remboursables, les emprunts, les conditions générales de recrutement, d'emploi et de rémunération des agents, elles ne sont exécutoires qu'après avoir été approuvées par les ministres de tutelle et par le ministre chargé du budget.

Lorsqu'elles portent sur les prises, extensions ou cessions de participations financières, elles ne sont exécutoires qu'après avoir été approuvées par les ministres mentionnés à l'alinéa précédent et, en outre, par le ministre chargé des finances.

À défaut d'opposition de l'un des ministres investis du pouvoir d'approbation dans le délai d'un mois à compter de la réception des délibérations visées aux alinéas 2 et 3 ci-dessus, celles-ci sont réputées approuvées.

Art. 11. – Dans le cadre des orientations arrêtées par le conseil d'administration, le président définit la politique générale et assure les relations de l'agence avec les ministères de tutelle.

Il veille au respect des équilibres sectoriels et régionaux de l'agence et à leur évolution en fonction des besoins.

Il assure les relations de l'établissement avec les partenaires socio-économiques ainsi qu'avec les organismes nationaux ou étrangers et les organisations internationales intervenant dans ses domaines d'activité.

Il fixe l'ordre du jour, prépare les délibérations du conseil d'administration et s'assure de leur exécution.

Il préside la Commission nationale des aides.

Il nomme aux emplois de direction sur proposition du directeur général.

Il peut déléguer sa signature au directeur général.

Il peut assister aux séances du conseil scientifique prévu à l'article 14.

Il présente chaque année au conseil d'administration le rapport d'activité de l'agence.

Art. 12. – Le directeur général est nommé après avis du président du conseil d'administration, par décret pris sur proposition des ministres de tutelle.

Le directeur général assure la direction administrative et financière de l'agence.

Il représente l'agence dans tous les actes de la vie civile et dans ses rapports avec les tiers.

Il représente l'agence en justice.

Il nomme et gère le personnel de l'agence sous réserve des dispositions de l'article 11 ci-dessus.

Il est ordonnateur principal des dépenses et des recettes de l'agence.

Il assiste le président dans la préparation des délibérations du conseil d'administration et en assure l'exécution. Il est notamment chargé de la préparation du budget.

Il peut déléguer sa signature à des agents de l'agence dans les limites qu'il détermine.

Il peut assister aux séances du conseil scientifique prévu à l'article 14.

Art. 13. – Un directeur scientifique est nommé par le président sur proposition du directeur général après avis conforme du ministre chargé de la recherche. Il veille à la définition et à la coordination des actions de l'agence en matière scientifique dans le cadre de la politique générale fixée par le président. Il assiste aux réunions du conseil scientifique et en assure le secrétariat.

Il présente au conseil d'administration le rapport sur l'état des connaissances scientifiques et techniques mentionné à l'article 14.

Art. 14. – Le conseil scientifique est composé de quinze membres au plus, nommés pour cinq ans par arrêté conjoint des ministres chargés de la recherche, de l'environnement et de l'énergie.

Son président est nommé en son sein par arrêté conjoint de ces ministres.

Le conseil scientifique est consulté sur les programmes d'études et de recherches entrepris par l'agence ou dans lesquels celle-ci intervient. Il formule toutes propositions concernant le développement de la recherche.

Ses avis sont communiqués au conseil d'administration et aux ministres chargés de l'énergie, de l'environnement et de la recherche.

Chaque année, un rapport, préparé par le directeur scientifique, sur l'état des connaissances scientifiques et techniques lui est soumis en même temps que le rapport d'activité prévu à l'article 11 ci-dessus.

Art. 15. – Des comités spécialisés peuvent être créés par délibération du conseil d'administration.

Ces comités sont consultés sur les orientations et les programmes de l'agence dans le domaine qui leur est assigné.

Art. 16. – Les concours financiers de l'agence sont attribués soit par le directeur général, soit par les délégués régionaux de l'agence, dans les conditions fixées en application du 2 du dernier alinéa de l'article 9.

La Commission nationale des aides comprend, outre le président du conseil d'administration, président de la commission, le directeur général de l'agence, vice-président de la commission, un représentant de chaque ministre de tutelle, un représentant de chacun des ministres chargés du budget, des finances, de l'industrie, de l'agriculture, des transports, de la construction et de la santé ainsi que sept personnalités désignées par le conseil d'administration. Le président de séance a voix prépondérante en cas de partage égal.

Le contrôleur d'État et l'agent comptable assistent aux réunions de la Commission nationale des aides avec voix consultative ainsi que toute personne invitée par son président.

La Commission nationale des aides examine les projets de concours financiers de l'agence dans le cadre défini par le conseil d'administration. Ses avis sont pris à la majorité des membres présents. En cas d'avis défavorable, l'attribution ne peut être décidée qu'après accord du conseil d'administration.

Titre III
Action régionale de l'Agence

Art. 17. – Pour la mise en œuvre de ses missions, l'agence dispose dans chaque région d'une délégation régionale.

Art. 18. – Le délégué régional est nommé par le président sur proposition du directeur général. Sous l'autorité du directeur général, il exerce dans sa région les compétences qui lui ont été attribuées dans le cadre des dispositions arrêtées par le conseil d'administration. Il est ordonnateur secondaire des recettes et des dépenses.

Il est habilité à attribuer les concours financiers de l'agence dans les conditions fixées par le 2 du dernier alinéa de l'article 9.

Art. 19. – La commission régionale des aides est présidée par le délégué régional. Elle comprend, en outre :

Le secrétaire général aux affaires régionales ;

Le trésorier-payeur général de région ;

Le directeur régional de l'industrie, de la recherche et de l'environnement ;

Le directeur régional de l'environnement ;

Le directeur régional de l'agriculture et de la forêt ;

Le directeur régional de l'équipement ;

Le délégué régional à la recherche et à la technologie ;

Le directeur régional des affaires sanitaires et sociales, ou leurs représentants ;

Ainsi que quatre personnalités qualifiées nommées par le préfet de région, sur proposition du délégué régional.

Le délégué régional de l'Agence nationale pour la valorisation de la recherche et les directeurs des agences financières de bassin concernées assistent au comité avec voix consultative.

Le délégué régional peut en outre appeler à siéger avec voix consultative toute personne dont l'avis lui paraît utile.

La commission régionale des aides examine les projets de concours financiers de l'agence dans les cas définis par le conseil d'administration en application du dernier alinéa de l'article 9. Ses avis sont émis à la majorité des membres présents. Le compte rendu des délibérations de la commission est transmis au préfet de région.

Le délégué régional décide de l'attribution du concours financier sauf si le préfet de région demande, dans un délai de quinze jours à compter de la réception du compte rendu des délibérations de la commission régionale des aides, que la décision d'attribution soit prise par le directeur général.

Le préfet de région peut demander l'inscription de tout projet de concours financier à l'ordre du jour de la commission régionale des aides.

Art. 20. – L'agence peut passer avec les collectivités locales des conventions qui définissent les actions entreprises conjointement avec celles-ci. Ces conventions sont signées au nom de l'agence par le directeur général ou le délégué régional dans la limite de leurs compétences après avis de la commission nationale ou de la commission régionale des aides, en fonction du montant global des opérations envisagées, et après avis du préfet de région.

La commission régionale des aides est tenue informée des opérations entrant dans le cadre des conventions passées avec les collectivités locales. Chacune des opérations faisant l'objet de la convention est également soumise à l'avis de la commission des aides compétente.

Art. 21. – Un comité régional d'orientation est institué. Placé sous la présidence du préfet de région, il comprend les préfets de département, le délégué régional de l'agence et les autres membres de la commission régionale des aides.

Le comité régional d'orientation est réuni au moins une fois par an. Il examine l'articulation entre les actions régionales de l'État et celles de l'agence.

Le comité régional d'orientation entend le rapport d'activité du délégué régional, fait le bilan des actions entreprises et émet des recommandations notamment sur les axes prioritaires des actions futures de l'agence dans la région.

Titre IV
Dispositions financières et comptables

Art. 22. – Le fonctionnement financier et comptable de l'agence s'exerce dans les conditions prévues par les dispositions du décret du 29 décembre 1962 susvisé, relatives aux établissements publics à caractère industriel et commercial dotés d'un agent comptable.

Art. 23. – L'agent comptable est nommé par arrêté conjoint des ministres de tutelle et du ministre chargé du budget. Il est mis fin à ses fonctions dans les mêmes conditions.

Il est placé sous l'autorité du directeur général.

Des comptables secondaires sont nommés par le ministre chargé du budget après avis du directeur général.

Art. 24. – Les recettes de l'agence comprennent :

– les versements de l'État et des personnes publiques et privées ;

– le produit des intérêts et du remboursement des prêts consentis par l'agence ;

– les revenus des biens meubles et immeubles de l'agence et le produit de leur aliénation ;

– le produit des emprunts et des participations ;

– le produit des taxes parafiscales ou ressources affectées instituées au bénéfice de l'agence ;

– le produit de redevances pour services rendus et de redevances sur les inventions et procédés nouveaux à la réalisation desquels l'agence aurait contribué ;

– les dons et legs ;

– le produit des publications ;

– d'une manière générale, toutes les recettes autorisées par les lois et règlements en vigueur.

Art. 25. – Des règles de dépenses et de recettes peuvent être créées par arrêté conjoint des ministres chargés de la tutelle et du budget dans les conditions fixées par le décret du 28 mai 1964 susvisé.

Art. 26. – L'agence est soumise au contrôle économique et financier de l'État prévu par le décret du 26 mai 1955 susvisé. Un contrôleur d'État, placé sous l'autorité du ministre chargé du budget et du ministre chargé de l'économie, assure le contrôle de la gestion financière de l'agence.

Sous réserve des dispositions de l'article 10 ci-dessus, l'agence est également régie par le décret du 9 août 1953 susvisé.

Art. 27. – Un arrêté conjoint des ministres de tutelle et du ministre chargé du budget précise, en tant que de besoin, les modalités d'application des articles 22 à 24 ci-dessus.

Titre V
Dispositions diverses et transitoires

Art. 28. – Les obligations de l'Agence française pour la maîtrise de l'énergie, de l'Agence pour la récupération et l'élimination des déchets et de l'Agence pour la qualité de l'air, notamment à l'égard de leurs personnels respectifs, sont reprises par l'Agence de l'environnement et de la maîtrise de l'énergie.

Les biens et droits de l'Agence française pour la maîtrise de l'énergie, de l'Agence pour la récupération et l'élimination des déchets et de l'Agence pour la qualité de l'air sont dévolus à l'Agence de l'environnement et de la maîtrise de l'énergie.

Art. 29. – Le présent décret, à l'exception des articles 28, 32, 33, 34 et 35, entrera en vigueur à la date de sa publication. Toutefois, les comptabilités de l'Agence française pour la maîtrise de l'énergie, de l'Agence nationale pour la récupération et l'élimination des déchets et de l'Agence pour la qualité de l'air seront tenues de façon distincte par l'Agence jusqu'au 31 décembre 1991.

Art. 30. – Les articles 5 et 6 de la loi du 19 décembre 1990 susvisée ainsi que les articles 28, 32, 33, 34 et 35 du présent décret prendront effet à compter de la nomination du directeur général de l'établissement et au plus tard le 1er octobre 1991.

Art. 31. – Jusqu'à ce que des représentants du personnel au conseil d'administration de l'agence soient élus conformément aux dispositions de l'article 4 (5°) ci-dessus, et jusqu'au 31 décembre 1991 au plus tard, les sièges des représentants des salariés seront répartis de la manière suivante :

– trois représentants des salariés désignés parmi les représentants des salariés du conseil d'administration de l'Agence française pour la maîtrise de l'énergie ;

– deux représentants des salariés désignés parmi les représentants des salariés du conseil d'administration de l'Agence nationale pour la récupération et l'élimination des déchets ;

– un représentant des salariés désigné parmi les représentants des salariés du conseil d'administration de l'Agence pour la qualité de l'air.

Au sein de chaque agence, des représentants seront désignés par leurs pairs au sein du collège des représentants des salariés de chaque conseil d'administration dans un délai de quinze jours après la publication du présent décret.

Art. 32. – Dans le décret du 31 août 1989 susvisé, la mention : « Agence nationale pour la récupération et l'élimination des déchets » est remplacée par la mention : « Agence de l'environnement et de la maîtrise de l'énergie ».

Art. 33. – Dans le décret du 11 mai 1990 susvisé, la mention : « Agence pour la qualité de l'air » est remplacée par la mention : « Agence de l'environnement et de la maîtrise de l'énergie ».

Art. 34. – Les décrets n° 76-472 du 25 mai 1976 et n° 77-336 du 28 mars 1977 relatifs au Comité national de la récupération et de l'élimination des déchets sont abrogés.

Art. 35. – Le décret n° 76-473 du 25 mai 1976 modifié relatif à l'Agence nationale pour la récupération et l'élimination des déchets, le décret n° 81-593 du 13 mai 1981 relatif à l'Agence pour la qualité de l'air et le décret n° 82-404 du 13 mai 1982 portant création de l'Agence française pour la maîtrise de l'énergie sont abrogés.

Art. 36. – Le ministre d'État, ministre de l'économie, des finances et du budget, le ministre de l'intérieur, le ministre de l'agriculture et de la forêt, le ministre des affaires sociales et de l'intégration, le ministre de l'équipement, du logement, des transports et de l'espace, le ministre de la recherche et de la technologie, le ministre de l'environnement, le ministre délégué au budget et le ministre délégué à l'industrie et au commerce extérieur sont chargés, chacun en ce qui le concerne, de l'exécution du présent décret, qui sera publié au *Journal officiel* de la République française.

Fait à Paris, le 26 juillet 1991.

ÉDITH CRESSON

Par le Premier ministre :
Le ministre de l'environnement,
BRICE LALONDE

Le ministre d'État, ministre de l'économie, des finances et du budget,
PIERRE BÉRÉGOVOY

Le ministre de l'intérieur,
PHILIPPE MARCHAND

Le ministre de l'agriculture et de la forêt,
LOUIS MERMAZ

Le ministre des affaires sociales et de l'intégration,
JEAN-LOUIS BIANCO

Le ministre de l'équipement, du logement, des transports et de l'espace,
PAUL QUILÈS

Le ministre de la recherche et de la technologie,
HUBERT CURIEN

Le ministre délégué au budget,
MICHEL CHARASSE

Le ministre délégué à l'industrie et au commerce extérieur,
DOMINIQUE STRAUSS-KAHN

Document 4

Ministère de l'Environnement

Décret n° 93-1206 du 2 novembre 1993 modifiant le décret n° 91-732 du 26 juillet 1991 relatif à l'Agence de l'environnement et de la maîtrise de l'énergie

Le Premier ministre,

Sur le rapport du ministre de l'Industrie, des Postes et Télécommunications et du Commerce extérieur, du ministre de l'Enseignement supérieur et de la Recherche et du ministre de l'Environnement,

Vu la loi n° 90-1130 du 19 décembre 1990 modifiée portant création de l'Agence de l'environnement et de la maîtrise de l'énergie ;

Vu le décret n° 91-732 du 26 juillet 1991 relatif à l'Agence de l'environnement et de la maîtrise de l'énergie, modifié par le décret n° 91-997 du 27 septembre 1991 ;

Le Conseil d'État (section des travaux publics) entendu,

Décrète :

Art. 1er. – L'article 6 du décret du 26 juillet 1991 susvisé est remplacé par les dispositions suivantes :

« *Art. 6.* – Le président du conseil d'administration est nommé pour trois ans sur proposition du conseil d'administration parmi les membres de celui-ci, par décret pris sur le rapport du ministre de l'Environnement. »

Art. 2. – L'article 9 du décret du 26 juillet 1991 susvisé est modifié ainsi qu'il suit :

I. – Au *a*), les mots : « et notamment la liste des emplois de direction » sont supprimés.

II. – Le *h*) est remplacé par les dispositions suivantes :

« *h*) L'approbation des projets de construction, d'achat ou de vente d'immeubles, de constitution d'hypothèques ou de droits réels, des projets de baux et locations d'immeubles dont la durée est supérieure à trois ans ; »

Art. 3. – Au deuxième alinéa de l'article 10 du décret du 26 juillet 1991 susvisé, les mots : « et notamment la liste des emplois de direction » sont supprimés.

Art. 4. – L'article 11 du décret du 26 juillet 1991 susvisé est remplacé par les dispositions suivantes :

« *Art. 11.* – Le président du conseil d'administration soumet au conseil les orientations générales de la politique de l'agence : il veille à l'application de ces orientations. »

Art. 5. – L'article 12 du décret du 26 juillet 1991 susvisé est remplacé par les dispositions suivantes :

« *Art. 12.* – Le directeur général est nommé, après avis du président du conseil d'administration, par décret pris sur proposition des ministres de tutelle.

Le directeur général prépare les réunions du conseil d'administration, met en œuvre ses décisions et lui rend compte de leur exécution. Il assure la direction des services de l'agence et a, à ce titre, autorité sur le personnel. Il représente l'agence dans tous les actes de la vie civile et dans ses rapports avec les tiers.

Dans le cadre des règles définies par le conseil d'administration, il a notamment qualité pour :

1° Liquider et ordonnancer les recettes et les dépenses ;

2° Déterminer l'emploi des fonds disponibles et le placement des réserves et procéder aux acquisitions, aliénations et transferts de valeurs ;

3° Décider des prises et cessions à bail de biens immobiliers lorsque la durée n'est pas supérieure à trois ans ;

4° Passer au nom de l'établissement tous actes et contrats et tous marchés de travaux, de fournitures ou de services ;

5° Prendre toutes mesures conservatoires et exercer toutes les actions en justice ;

6° Veiller au respect des équilibres sectoriels et régionaux de l'agence et à leur évolution en fonction des besoins ;

7° Nommer et gérer le personnel de l'établissement.

Il peut déléguer sa signature à des agents de l'agence dans les limites qu'il détermine.

Il peut assister aux séances du conseil scientifique prévu à l'article 14 et des comités mentionnés à l'article 15. »

Art. 6. – L'article 13 du décret du 26 juillet 1991 susvisé est remplacé par les dispositions suivantes :

« *Art. 13.* – Un directeur scientifique est nommé par le directeur général sur proposition du ministre chargé de la recherche. Il veille à la définition et à la coordination des actions de l'agence en matière scientifique. Il assiste aux réunions du conseil scientifique et en assure le secrétariat.

Il présente au conseil d'administration le rapport sur l'état des connaissances scientifiques et techniques mentionné à l'article 14. »

Art. 7. – Au dernier alinéa de l'article 14 du décret du 26 juillet 1991 susvisé, les mots : « le rapport d'activité prévu à l'article 11 ci-dessus » sont remplacés par les mots : « le rapport d'activité prévu au *d* de l'article 9 ci-dessus ».

Art. 8. – L'article 15 du décret du 26 juillet 1991 susvisé est remplacé par les dispositions suivantes :

« *Art. 15.* – I.- Des comités spécialisés peuvent être créés par délibération du conseil d'administration. Ces comités sont consultés sur les orientations et les programmes de l'agence dans le domaine qui leur est assigné.

II. – Une commission des marchés est chargée de formuler un avis préalablement à la passation des contrats, conventions et marchés, autres que ceux mentionnés à l'article 16, dont le montant est supérieur à un seuil fixé par arrêté conjoint des ministres chargés de l'économie, du budget, de l'environnement, de l'énergie et de la recherche. Un arrêté conjoint des mêmes ministres fixe la composition et les modalités de fonctionnement de cette commission. »

Art. 9. – Au deuxième alinéa de l'article 16 du décret du 26 juillet 1991 susvisé, les mots : « La Commission nationale des aides comprend, outre le président du conseil d'administration, président de la commission, le directeur général de l'agence, vice-président de la commission » sont remplacés par les mots : « La Commission nationale des aides comprend le directeur général, président de la commission ».

Art. 10. – À l'article 18, les mots : « le délégué régional est nommé par le président sur proposition du directeur général » sont remplacés par les mots : « le délégué régional est nommé par le directeur général ».

Art. 11. – Le ministre d'État, ministre des Affaires sociales, de la Santé et de la Ville, le ministre d'État, ministre de l'Intérieur et de l'Aménagement du territoire, le ministre de l'Économie, le ministre de l'Industrie, des Postes et Télécommunications et du Commerce extérieur, le ministre de l'Équipement, des Transports et du Tourisme, le ministre du Budget, porte-parole du gouvernement, le ministre de l'Agriculture et de la Pêche, le ministre de l'Enseignement supérieur et de la Recherche, le ministre de l'Environnement, le ministre délégué à la santé et le ministre délégué à l'aménagement du territoire et aux collectivités locales sont chargés, chacun en ce qui le concerne, de l'exécution du présent décret, qui sera publié au *Journal officiel* de la République française.

Fait à Paris, le 2 novembre 1993.

ÉDOUARD BALLADUR

Par le Premier ministre :
Le ministre de l'Environnement,
MICHEL BARNIER

Le ministre d'État,
ministre des Affaires sociales,
de la Santé et de la Ville,
SIMONE VEIL

Le ministre d'État,
ministre de l'Intérieur
et de l'Aménagement du territoire,
CHARLES PASQUA

Le ministre de l'Économie,
EDMOND ALPHANDÉRY

Le ministre de l'Industrie,
des Postes et Télécommunications
et du Commerce extérieur,
GÉRARD LONGUET

Le ministre de l'Équipement,
des Transports et du Tourisme,
BERNARD BOSSON

Le ministre du Budget,
porte-parole du gouvernement,
NICOLAS SARKOZY

Le ministre de l'Agriculture
et de la Pêche,
JEAN PUECH

Le ministre de l'Enseignement supérieur
et de la Recherche,
FRANÇOIS FILLON

Le ministre délégué à la santé,
PHILIPPE DOUSTE-BLAZY

Le ministre délégué à l'aménagement
du territoire et aux collectivités locales,
DANIEL HOEFFEL

Commentaire

Phase 1 : lecture et analyse des documents

Découverte du sujet

Ce sujet ne comporte aucun piège et ne présente pas de difficultés particulières. Il est demandé au candidat, en s'appuyant d'une part sur un article assez long, extrait d'une revue spécialisée, d'autre part sur un texte de loi et sur deux décrets d'application, de rédiger une note sur l'Agence de l'environnement et de la maîtrise de l'énergie (ADEME), en mettant l'accent sur les « traits originaux » du statut et du rôle de cet organisme.

Survol du dossier

Quatre documents de longueur inégale constituent ce dossier.

Le **premier document**, long de 11 pages, est manifestement le plus riche en informations et le plus fourni des trois, dans la mesure où il décrit en détail le statut et le rôle de l'ADEME et rappelle ce que sont les caractéristiques d'un ÉPIC, établissement public à caractère industriel et commercial. Un rapide survol des titres (*« Les caractéristiques classiques des ÉPIC »*, etc.), sous-titres et notes de bas de page de cet article suffit pour constater qu'il est de nature juridique et s'intéresse particulièrement au statut de l'ADEME (ÉPIC), à ses missions et à ses modalités de fonctionnement. Les **trois autres documents**, la loi du 19 décembre 1990 portant création de l'ADEME et les deux décrets d'application, ne doivent pas pour autant être négligés. Il ne faudra pas les perdre de vue, lors de la lecture approfondie, et contrôler que l'analyse qui en est faite dans l'article (premier document) correspond bien aux textes.

On peut d'ores et déjà déceler, à ce stade, que le deuxième décret d'application, celui du 2 novembre 1993, n'apporte que quelques légères modifications par rapport à celui du 26 juillet 1991 qui apparaît comme le plus important à prendre en compte.

Lecture approfondie

Document 1

Cet article, extrait de *La Revue du Trésor*, est particulièrement intéressant dans la mesure où son auteur, qui est juriste comme l'indique le document, souligne le caractère spécifique et original de l'établissement public qu'est l'ADEME, tout en décrivant dans le détail son rôle et son fonctionnement.

Il pose notamment la question de savoir si l'ADEME est ou non un véritable ÉPIC, dans la mesure où elle n'a pas pour vocation *« d'exercer des activités analogues à celles des entreprises privées »*, c'est-à-dire la production et la commercialisation de biens ou de services. C'est pour des raisons de commodité – lui donner un maximum d'autonomie – que l'Agence a été classée par le législateur dans la catégorie des ÉPIC.

L'article énumère les différentes missions spécifiques de l'ADEME ainsi que les actions qu'elle est habilitée à entreprendre, qu'il sera donc possible de reprendre dans la note. Il décrit également, de façon assez détaillée, le fonctionnement de ses organes de direction – conseil d'administration et directeur général – assistés d'un conseil scientifique.

Document 2

La loi du 19 décembre 1990 portant création de l'ADEME est intéressante surtout pour son article 1er, qui précise le champ des différentes missions de l'Agence : prévention et lutte contre la pollution de l'air, élimination et récupération des déchets, réalisation d'économies d'énergie, lutte contre le bruit, etc.

La loi pose aussi quelques règles et principes généraux (composition du conseil d'administration, création d'un conseil scientifique, etc.) et renvoit, pour le reste, au décret d'application.

Document 3

Le décret d'application du 26 juillet 1991 relatif à l'ADEME expose de façon détaillée les missions de l'Agence, son statut, son fonctionnement, son financement, etc. La lecture de ce document peut être, pour partie, pratiquée en « diagonale », sans être obligé de trop entrer dans le détail, grâce aux cinq titres qui annoncent clairement le contenu : *Dispositions générales, Administration de l'Agence, Action régionale de l'Agence, Dispositions financières et comptables* et *Dispositions diverses et transitoires.*

Document 4

Comme nous l'avons déjà noté, ce décret n'a pas autant d'importance que le précédent puisqu'il ne fait que rectifier, dans des domaines très ponctuels, les dispositions fixées dans le décret du 26 juillet 1991 : durée du mandat du président du conseil d'administration, rôle du directeur, etc. Il faut cependant le prendre en compte, ne serait-ce que pour avoir une vision complète et actualisée du statut de l'ADEME, sans s'y attacher outre mesure.

Phase 2 : construction du plan

Le choix du plan ne pose pas de grande difficulté, car l'énoncé du sujet lui-même suggère un plan en deux parties.

1. Statut de l'ADEME

– L'origine de l'ADEME (les trois agences pré-existantes).

– Le statut de l'EPIC et les interrogations qu'il suscite.

– Les organes dirigeants.

– La direction scientifique et le comité scientifique.

– Le régime financier.

2. Rôle et missions de l'ADEME

– Les missions de l'ADEME (article 2 du décret du 26 juillet 1991).

– L'exclusion de la lutte contre la pollution de l'eau.

– Les « actions » et les programmes de l'ADEME.

– Le rôle des délégations régionales.

– Les ressources financières.

Corrigé proposé

Sujet : *Vous devez rédiger une note de synthèse sur l'Agence de l'environnement et de la maîtrise de l'énergie. Vous ferez en particulier ressortir les traits originaux du statut et du rôle de cet établissement public à caractère industriel et commercial.*

L'Agence de l'environnement et de la maîtrise de l'énergie est, parmi les nombreuses agences ou établissements publics créés ces dernières années – une quinzaine depuis la fin des années soixante –, l'une des plus connues du grand public.

Classée de par la loi dans la catégorie des établissements publics de l'État à caractère industriel et commercial, l'ADEME présente, par son statut, et surtout par les différentes missions qui lui sont dévolues, un certain nombre de traits originaux.

1. Le statut de l'ADEME

L'ADEME a été instituée par la loi n° 90-1130 du 19 décembre 1990 portant création de l'Agence de l'environnement et de la maîtrise de l'énergie. Cette loi a fait l'objet d'un décret d'application du 26 juillet 1991, modifié par deux décrets du 27 septembre 1991 et du 2 novembre 1993.

L'ADEME s'est substituée à trois Agences préexistantes – l'Agence française pour la maîtrise de l'énergie, l'Agence nationale pour la récupération et l'élimination des déchets et l'Agence pour la qualité de l'air – et a repris à la fois leurs obligations, leurs biens et leurs droits.

Le statut d'Établissement public à caractère industriel et commercial (ou ÉPIC), octroyé par la loi à l'Agence, a suscité certaines interrogations dans la mesure où un ÉPIC a en principe pour vocation d'exercer *« des activités analogues à celles des entreprises privées, consistant par conséquence en des opérations de production ou de commercialisation de biens ou de services, dans des conditions techniques inspirées de la comptabilité privée »*.

Or, en l'espèce, la loi prévoit simplement que l'ADEME exerce des *« actions »*, notamment d'orientation et d'animation de la recherche ainsi que d'incitation dans le domaine de la protection de l'environnement et de la maîtrise de l'énergie.

Certains auteurs en ont déduit que l'ADEME était un « faux ÉPIC », mais ce débat n'a qu'un intérêt réduit dans la mesure où telle a été la volonté du législateur, qui ne peut par définition être remise en cause.

Pour le reste, l'ADEME, par son organisation et son régime financier et comptable, ne déroge pas de façon significative au modèle classique de l'ÉPIC.

Ainsi le pouvoir de direction est-il partagé entre une autorité délibérante et collégiale, le conseil d'administration, composé de 23 membres, et une autorité exécutive, le directeur général.

Par dérogation à la loi du 26 juillet 1983 relative à la démocratisation du secteur public, la composition du conseil d'administration de l'ADEME n'est pas tripartite (représentants de l'État – personnalités qualifiées – représentants des salariés). Il comprend également des représentants du Parlement et des collectivités locales, ce qui aboutit à restreindre la part réservée à la représentation de l'État. Le mandat des membres du conseil d'administration a une durée de cinq ans et est renouvelable une fois, sauf en ce qui concerne le président, dont le mandat a été ramené à trois ans par le décret du 2 novembre 1993.

Le conseil d'administration dispose en droit de la plénitude des pouvoirs et est en charge des grandes orientations de la politique de l'Agence ; le directeur général, qui est aussi l'administrateur principal de l'établissement, dispose, lui, de l'autorité exécutive. Il prépare les réunions du conseil d'administration et met en œuvre ses décisions.

À noter, et ceci constitue une originalité supplémentaire par rapport au régime général, que l'ADEME a à sa disposition, outre les organismes précités, un conseil scientifique et un directeur scientifique. Le conseil scientifique est composé de quinze membres nommés pour cinq ans par l'autorité de tutelle de l'Agence, à savoir les ministères de l'Environnement, de la Recherche et de l'Industrie ; son rôle est essentiellement consultatif.

Le régime financier et comptable de l'ADEME, quant à lui, ne comporte rien de singulier : l'Agence est dotée d'un agent comptable soumis aux règles de la comptabilité publique et nommé par arrêté conjoint des ministres de tutelle. Un contrôleur d'État est chargé d'assurer le contrôle de la gestion financière.

2. Rôle et missions de l'ADEME

L'article 2 du décret du 26 juillet 1991 prévoit que *« dans le cadre de la politique définie par le gouvernement, l'Agence a pour mission de susciter, animer, coordonner, faciliter et, le cas échéant, réaliser toutes opérations ayant pour objet :*

– *la prévention et la lutte contre la pollution de l'air ;*

– *la limitation de la production des déchets, leur élimination, leur récupération et leur valorisation et la prévention de la pollution des sols ;*

– *la réalisation d'économies d'énergie et de matières premières et le développement des énergies renouvelables, notamment d'origine végétale ;*

– *le développement des technologies propres et économes ;*

– *la lutte contre les nuisances sonores. »*

L'objet général de l'ADEME est donc d'exercer des missions d'incitation, d'animation, de coordination et d'accompagnement dans tous ces domaines d'activités.

On notera que la prévention et la lutte contre la pollution de l'eau échappent à l'ADEME : dans la mesure où ce secteur important relève, traditionnellement, de la compétence des agences de bassin, établissements publics administratifs, le législateur n'a pas jugé utile de supprimer ces derniers et d'étendre davantage les attributions déjà très larges de l'ADEME.

Pour atteindre ses objectifs et pour accomplir ses missions, l'ADEME est habilitée à entreprendre des *« actions »*. Une liste indicative est donnée à l'article 3 du décret du 26 juillet 1991 : actions d'orientation et d'animation de la recherche technologique et de diffusion des techniques, actions d'orientation et d'animation en matière de formation, activités de maître d'ouvrage, etc.

En termes d'aides financières, l'Agence peut non seulement attribuer des subventions ou des prêts, mais aussi prendre des participations financières.

Les actions de l'ADEME se traduisent par des programmes concrets dans lesquels les délégations régionales, au nombre de 26, jouent un rôle essentiel.

Ce sont ces délégations qui, par leur action sur le terrain aux côtés des particuliers et des collectivités locales, contribuent à donner de l'ADEME une image spécifique et moderne, en corrélation avec le vaste mouvement de décentralisation entrepris depuis 1982.

Le fait pour elle d'être placée sous la tutelle conjointe de trois ministres (ministres de la Recherche, de l'Environnement et de l'Énergie), non compris le ministère des Finances, n'est pas un handicap mais plutôt un avantage.

Cette autonomie de l'ADEME est largement confirmée par le fait qu'elle dispose de ressources financières propres (taxes sur les huiles, sur les déchets, redevances...), ce qui la rend au fil des ans de moins en moins tributaire des subventions budgétaires de l'État. Ainsi, en 1994, 39 % de son budget était constitué de subventions (versées par les trois ministères de tutelle) et 61 % de taxes parafiscales.

Au total, l'ADEME dispose en pratique, sinon d'une indépendance certaine, du moins d'une grande autonomie, du fait de l'importance de ses missions et du fait de l'influence qu'elle exerce en se positionnant comme un expert, c'est-à-dire comme une autorité neutre et impartiale.

Note de synthèse 4
L'action extérieure des collectivités territoriales

Catégorie A
Durée : quatre heures

Ce sujet est un peu plus difficile que les précédents, dans la mesure où le dossier comporte davantage de documents, aux sources variées : textes législatifs et réglementaires, rapport d'activité et articles de revue. À vous donc de faire le tri dans cette masse d'informations et d'en extraire judicieusement les éléments utiles à la rédaction de la note.

Énoncé du sujet

À partir des documents ci-dessous, vous rédigerez une note de synthèse sur l'action extérieure des collectivités territoriales dans le cadre de l'Europe.

Document 1

Décret n° 84-432 du 4 juin 1984 portant publication de la convention-cadre européenne sur la coopération transfrontalière des collectivités ou autorités territoriales signée à Madrid le 21 mai 1980.

Document 2

Loi d'orientation n° 92-125 du 6 février 1992 relative à l'organisation territoriale de la République (article 131), publiée au *Journal officiel* du 8 février 1992.

Document 3

Circulaire du 26 mai 1994 relative à la coopération des collectivités territoriales françaises avec des collectivités territoriales étrangères.

Document 4

Avis du Conseil d'État du 25 octobre 1994.

Document 5

Ministère des Affaires étrangères, Secrétariat général. Rapport d'activité 1994-1995 du délégué pour l'action extérieure des collectivités locales.

Document 6

Dominique Perben, « L'essor de la coopération décentralisée », article de *ENA Mensuel*, juin-juillet 1996.

Document 7

Eneko Landabaru, « La mise en œuvre de la coopération interrégionale en Europe », article de *ENA Mensuel*, juin-juillet 1996.

Document 8

Loi n° 95-115 du 4 février 1995 pour l'aménagement et le développement du territoire (article 83).

Document 1

Décret n° 84-432 du 4 juin 1984 portant publication de la convention-cadre européenne sur la coopération transfrontalière des collectivités ou autorités territoriales ouverte à la signature à Madrid le 21 mai 1980

Ministre des Relations extérieures

Le Président de la République,
Sur le rapport du Premier ministre et du ministre des Relations extérieures,

Vu les articles 52 à 55 de la Constitution ;

Vu la loi n° 83-1131 du 23 décembre 1983 autorisant l'approbation d'une convention-cadre européenne sur la coopération transfrontalière des collectivités ou autorités territoriales ;

Vu le décret n° 53-192 du 14 mars 1953 relatif à la ratification et à la publication des engagements internationaux souscrits par la France,

Décrète :

Art. 1er. – La convention-cadre européenne sur la coopération transfrontalière des collectivités ou autorités territoriales, ouverte à la signature à Madrid le 21 mai 1980, sera publiée au *Journal officiel* de la République française.

Art. 2. – Le Premier ministre et le ministre des Relations extérieures sont chargés de l'exécution du présent décret.

Fait à Paris, le 4 juin 1984.

FRANÇOIS MITTERRAND

Le Premier ministre,
PIERRE MAUROY

Le ministre des Relations extérieures,
CLAUDE CHEYSSON

Convention-cadre européenne sur la coopération transfrontalière des collectivités ou autorités territoriales

Préambule

Les États membres du Conseil de l'Europe, signataires de la présente Convention,

Considérant que le but du Conseil de l'Europe est de réaliser une union plus étroite entre ses membres et de promouvoir la coopération entre ceux-ci ;

Considérant qu'aux termes de l'article 1er du Statut du Conseil de l'Europe, ce but sera poursuivi notamment par la conclusion d'accords dans le domaine administratif ;

Considérant que le Conseil de l'Europe tend à assurer la participation des collectivités ou autorités territoriales de l'Europe à la réalisation de son but ;

Considérant l'importance que peut revêtir, pour la poursuite de cet objectif, la coopération des collectivités ou autorités territoriales frontalières dans des matières telles que le développement régional, urbain et rural, la protection de l'environnement, l'amélioration des infrastructures et des services offerts aux citoyens et l'entraide en cas de sinistre ;

Considérant qu'il découle de l'expérience acquise que la coopération des pouvoirs locaux et régionaux de l'Europe est de nature à permettre une meilleure exécution de leur mission, qu'elle est susceptible en particulier de contribuer à la mise en valeur et au développement des régions frontalières ;

Résolus à favoriser autant que possible cette coopération et à contribuer ainsi au progrès économique et social des régions frontalières et à la solidarité qui unit les peuples européens,

Sont convenus de ce qui suit :

Article 1er

Chaque partie contractante s'engage à faciliter et à promouvoir la coopération transfrontalière entre les collectivités ou autorités territoriales relevant de sa juridiction et les collectivités ou autorités territoriales relevant de la compétence d'autres parties contractantes. Elle s'efforcera de promouvoir la conclusion des accords et arrangements qui s'avèrent nécessaires à cette fin dans le respect des dispositions constitutionnelles propres à chaque partie.

Article 2

1. Est considérée comme coopération transfrontalière, au sens de la présente Convention, toute concertation visant à renforcer et à développer les rapports de voisinage entre collectivités ou autorités territoriales relevant de deux ou plusieurs parties contractantes, ainsi que la conclusion des accords et arrangements utiles à cette fin. La coopération transfrontalière s'exercera dans le cadre des compétences des collectivités ou autorités territoriales, telles qu'elles sont définies par le droit interne. L'étendue et la nature de ces compétences ne sont pas affectées par la présente Convention.

2. Aux fins de la présente Convention, l'expression « collectivités ou autorités territoriales » s'entend des collectivités, autorités ou organismes exerçant des fonctions locales et régionales et considérées comme telles dans le droit interne de chaque État. Toutefois, chaque partie contractante peut, au moment de la signature de la présente Convention ou par voie de communication ultérieure au Secrétaire général du Conseil de l'Europe, désigner les collectivités, autorités ou organismes, les objets et les formes auxquels elle entend limiter le champ d'application ou qu'elle entend exclure du champ d'application de la présente Convention.

Article 3

1. Aux fins de la présente Convention, les parties contractantes favoriseront, sous réserve des dispositions de l'article 2, paragraphe 2, les initiatives des collectivités ou autorités territoriales prenant en considération les schémas d'arrangements entre collectivités ou autorités territoriales élaborés dans le cadre du Conseil de l'Europe. Elles pourront, si elles l'estiment nécessaire, prendre en considération les modèles d'accords interétatiques, bilatéraux ou multilatéraux mis au point au Conseil de l'Europe et destinés à faciliter la coopération entre les collectivités et les autorités territoriales.

Les arrangements et les accords à conclure pourront notamment s'inspirer des modèles et schémas d'accords, de statuts et de contrats annexés à la présente Convention numérotés de 1.1 à 1.5 et de 2.1 à 2.6 moyennant les adaptations rendues nécessaires par la situation particulière propre à chaque partie contractante. Ces modèles et schémas d'accords, de statuts et de contrats, étant de nature indicative, n'ont pas de valeur conventionnelle.

2. Dans le cas où les parties contractantes estiment nécessaire de conclure des accords interétatiques, ceux-ci peuvent notamment fixer le cadre, les formes et les limites dans lesquelles ont la possibilité d'agir les collectivités et autorités territoriales concernées par la coopération transfrontalière. Chaque accord peut également déterminer les collectivités ou organismes auxquels il s'applique.

3. Les dispositions qui précèdent n'affectent pas la faculté pour les parties contractantes de recourir d'un commun accord à d'autres formes de coopération transfrontalière. De même, les dispositions de la présente Convention ne sauraient être interprétées comme rendant caducs des accords de coopération déjà existants.

4. Les accords et arrangements seront conclus dans le respect des compétences prévues par le droit interne de chaque partie contractante en matière de relations internationales et d'orientation politique générale, ainsi que dans le respect des règles de contrôle ou de tutelle auxquelles sont soumises les collectivités ou autorités territoriales.

5. À cet effet, chaque partie contractante peut, au moment de la signature de la présente Convention ou par voie de communication ultérieure au Secrétaire général du Conseil de l'Europe, indiquer les autorités qui, selon son droit interne, sont compétentes pour exercer le contrôle ou la tutelle à l'égard des collectivités ou autorités territoriales concernées.

Article 4

Chaque partie contractante s'efforcera de résoudre les difficultés d'ordre juridique, administratif ou technique qui sont de nature à entraver les développements et le bon fonctionnement de la coopération transfrontalière et se concertera autant que de besoin avec la ou les autres parties contractantes intéressées.

Article 5

Dans le cas d'une coopération transfrontalière entreprise conformément aux dispositions de la présente Convention, les parties contractantes envisageront l'opportunité d'accorder aux collectivités ou autorités territoriales qui y participent les mêmes facilités que dans le cas où la coopération s'exercerait sur le plan interne.

Article 6

Toute partie contractante fournira dans toute la mesure du possible les informations qui lui sont demandées par une autre partie contractante en vue de faciliter la mise en œuvre par celle-ci des obligations qui lui incombent en vertu de la présente Convention.

Article 7

Chaque partie contractante veillera à ce que les collectivités ou autorités territoriales concernées soient informées des moyens d'action qui leur sont offerts par la présente Convention.

Article 8

1. Les parties contractantes transmettront au Secrétaire général toute information appropriée relative aux accords et aux arrangements visés à l'article 3.

2. Toute proposition faite par une ou plusieurs parties contractantes en vue de compléter ou de développer la Convention ou les modèles d'accords et d'arrangements sera transmise au Secrétaire général du Conseil de l'Europe. Celui-ci la soumettra au Comité des ministres du Conseil de l'Europe qui décidera des suites à donner.

Article 9

1. La présente Convention est ouverte à la signature des États membres du Conseil de l'Europe. Elle sera ratifiée, acceptée ou approuvée. Les instruments de ratification, d'acceptation ou d'approbation seront déposés auprès du Secrétaire général du Conseil de l'Europe.

2. La Convention entrera en vigueur trois mois après le dépôt du quatrième instrument de ratification, d'acceptation ou d'approbation, à condition que deux au moins des États ayant accompli cette formalité aient une frontière commune.

3. Elle entrera en vigueur à l'égard de tout État signataire qui le ratifiera, l'acceptera ou l'approuvera ultérieurement trois mois après la date du dépôt de son instrument de ratification, d'acceptation ou d'approbation.

Article 10

1. Après l'entrée en vigueur de la présente Convention, le Comité des ministres pourra décider, à l'unanimité des voix exprimées, d'inviter tout État européen non membre à adhérer à la présente Convention. Cette invitation devra recevoir l'accord exprès de chacun des États ayant ratifié la Convention.

2. L'adhésion s'effectuera par le dépôt, près le Secrétaire général du Conseil de l'Europe, d'un instrument d'adhésion qui prendra effet trois mois après la date de son dépôt.

Article 11

1. Toute partie contractante pourra, en ce qui la concerne, dénoncer la présente Convention en adressant une notification au Secrétaire général du Conseil de l'Europe.

2. La dénonciation prendra effet six mois après la date de la réception de la notification par le Secrétaire général.

Article 12

Le Secrétaire général du Conseil de l'Europe notifiera aux États membres du Conseil et à tout État ayant adhéré à la présente Convention :

a) Toute signature ;

b) Le dépôt de tout instrument de ratification, d'acceptation, d'approbation ou d'adhésion ;

c) Toute date d'entrée en vigueur de la présente Convention, conformément à son article 9 ;

d) Toute déclaration reçue en application des dispositions du paragraphe 2 de l'article 2 ou du paragraphe 5 de l'article 3 ;

e) Toute notification reçue en application des dispositions de l'article 11 et la date à laquelle la dénonciation prendra effet.

En foi de quoi les soussignés, dûment autorisés à cet effet, ont signé la présente Convention.

Fait à Madrid, le 21 mai 1980, en français et en anglais, les deux textes faisant également foi, en un seul exemplaire qui sera déposé dans les archives du Conseil de l'Europe. Le Secrétaire général du Conseil de l'Europe en communiquera copie certifiée conforme à chacun des États membres du Conseil de l'Europe et à tout État invité à adhérer à la présente Convention.

Déclaration du Gouvernement de la République française :

« Le Gouvernement de la République française, se référant au paragraphe 2 de l'article 3 de la Convention, déclare qu'il subordonne l'application de celle-ci à la conclusion d'accords interétatiques. »

Document 2

Loi d'orientation n° 92-125 du 6 février 1992 relative à l'organisation territoriale de la République

(*Journal officiel* du 8 février 1992)

Titre IV
De la coopération décentralisée
Article 131

I. Les collectivités territoriales et leurs groupements peuvent conclure des conventions avec des collectivités territoriales et leurs groupements, dans les limites de leurs compétences et dans le respect des engagements internationaux de la France.

Ces conventions entrent en vigueur dès leur transmission au représentant de l'État dans les conditions fixées aux I et II de l'article 2 de la loi n° 82-213 du 2 mars 1982 précitée. Les dispositions de l'article 3 de la même loi sont applicables à ces conventions.

II. Le deuxième alinéa du II de l'article 4 de la loi n° 72-619 du 5 juillet 1972 précitée est abrogé[1].

1. Texte abrogé : « Le conseil régional peut décider, avec l'autorisation du gouvernement, à des fins de concertation et dans le cadre de la coopération transfrontalière, des contacts réguliers avec des collectivités étrangères ayant une frontière commune avec la région. »

Document 3

CIRCULAIRE DU 26 MAI 1994

relative à la coopération des collectivités territoriales françaises avec des collectivités territoriales étrangères

Le ministre d'État, ministre de l'intérieur et de l'aménagement du territoire, le ministre des affaires étrangères à Mesdames et Messieurs les préfets; Mesdames et Messieurs les chefs de postes diplomatiques et consulaires.

Les collectivités territoriales entrent en relation avec des collectivités territoriales de pays étrangers pour diverses raisons. Il peut s'agir d'établir des relations d'amitié ou de jumelage ou de promouvoir l'activité économique ou culturelle de la région ou de gérer en commun des équipements ou des services publics d'intérêts commun. Mais cela peut également consister à apporter une aide technique ou à intervenir dans un but humanitaire auprès de collectivités territoriales dans certains pays.

Depuis l'entrée en vigueur des lois de décentralisation, la légalité de ces actions posait problème faute d'un cadre juridique précis. Le titre IV de la loi d'orientation n° 92-125 du 6 février 1992, relative à l'administration territoriale de la République, consacré à la coopération décentralisée vient combler cette lacune.

Vous trouverez dans la présente circulaire une présentation des principales dispositions du titre IV et des instructions relatives au contrôle de légalité exercé par les préfets sur les conventions de coopération décentralisée. Il nous a paru utile de diffuser cette instruction aux chefs de postes diplomatiques et consulaires qui sont invités, dans le cadre de leurs attributions à concourir, si besoin est, à la mise en œuvre de ces dispositions.

I. — Cadre général de la loi

A. — Le titre « De la coopération décentralisée ».

La coopération décentralisée peut être définie comme la relation entre des collectivités territoriales françaises et des collectivités territoriales étrangères. Cette coopération concerne aussi bien des initiatives communes à l'extérieur de la France que sur le territoire national dès lors que des collectivités territoriales étrangères y participent.

Le titre IV englobe toutes les catégories d'intervention des collectivités territoriales. Il peut s'agir aussi bien de l'établissement de relations d'amitié ou de jumelage avec des collectivités territoriales étrangères, d'actions de promotion à l'étranger, d'aide au développement de collectivités dans certains pays, d'assistance technique, d'action humanitaire, de gestion commune de biens de services mais aussi de coopération transfrontalière entre des collectivités voisines situées de part et d'autre de la frontière et de coopération interrégionale, etc.

Si le terme *« coopération »* fait expressément référence à des initiatives menées en collaboration avec des collectivités territoriales étrangères, celui de *« décentralisée »* définit le niveau et le mode de cette coopération c'est-à-dire celui des collectivités territoriales de pays différents pour des initiatives d'intérêt public local ou pour gérer des services publics en commun.

B. — Le dispositif.

1. *Quatre dispositions.*

La loi institue pour les collectivités territoriales françaises (1) une possibilité de contracter avec des collectivités territoriales étrangères (1). Elle permet à des collectivités territoriales étrangères ou à leurs groupements de participer au capital de sociétés d'économie mixte locales ou de groupements d'intérêt public (art. 132 et 133). Il est par ailleurs institué une commission nationale de la coopération décentralisée (art. 134).

2. *Un principe.*

Ces dispositions constituent une modalité particulière de l'exercice des compétences des collectivités territoriales et non une compétence nouvelle. Les collectivités locales ne peuvent donc pas mener des actions avec les collectivités territoriales étrangères en dehors des compétences qui leur sont reconnues par la loi. Les groupements ne peuvent exercer une action avec des collectivités territoriales étrangères ou leurs groupements que dans le strict cadre des compétences qui leur ont été transférées. Inversement si une collectivité territoriale, qui a transféré une compétence à un groupement souhaite mener une action de coopération décentralisée ressortissant de cette compétence, cette action devra être conduite par le canal du groupement.

II. — Les collectivités territoriales concernées par le titre IV

Par convention il faut entendre tout contrat ou acte signé entre des collectivités territoriales, françaises et étrangères, comportant des déclarations, des intentions, des obligations ou des droits opposables à l'une ou l'autre partie. Sont visées par la loi aussi bien les conventions ayant un caractère déclaratif que celles pouvant avoir des conséquences matérielles, financières ou réglementaires pour ces collectivités.

Que la collectivité territoriale soit engagée financièrement, matériellement ou non, la convention est la voie privilégiée de la coopération décentralisée pour tous les types d'intervention. Dès lors que des services, des biens ou des financements sont engagés par une collectivité territoriale ou qu'elle est amenée à en recevoir d'une collectivité territoriale étrangère, il convient que les stipulations de la convention permettent de s'assurer d'une part que l'objet poursuivi est conforme à ce qui est attendu par la collectivité territoriale étrangère (2) et, d'autre part, que des engagements réciproques peuvent être définis, qu'un contrôle peut être établi et que les éventuels litiges pourront être réglés.

---

(1) Et leurs groupements.

(2) Notamment dans le cas d'initiatives de développement, d'assistance ou humanitaires.

A. — Les collectivités territoriales françaises.

Ce nouveau dispositif (art. 131-II) abroge le deuxième alinéa du II de l'article 4 de la loi n° 72-619 du 5 juillet 1972 (1), relatif à la coopération entre régions ayant une frontière commune qui soumettait cette coopération à une autorisation préalable du Gouvernement.

1. *Les collectivités territoriales et leurs groupements.*

La possibilité de passer des conventions est ouverte aux communes, aux départements, aux régions et à leurs groupements, qu'ils s'agissent des groupements intercommunaux, des ententes départementales ou régionales ou des syndicats mixtes.

2. *Mais pas les établissements publics locaux.*

En revanche, la loi ne vise pas expressément les établissements publics locaux autres que les groupements des collectivités territoriales. Ceux-ci ne sont donc pas compris dans son champ d'application dans les conditions actuelles. Sauf dispositions particulières prévues par leur statut, l'article 131 de la loi du 6 février 1992 ne leur est pas applicable. Cette exclusion a pour conséquence qu'en toutes circonstances c'est la collectivité territoriale qui assure la responsabilité de sa coopération décentralisée même si, pour mener à bien certaines actions, elle peut déléguer par convention sa maîtrise d'œuvre à un établissement public ou à une association privée.

B. — Les partenaires étrangers.

1. *Des collectivités territoriales.*

Dans le titre IV de la loi du 6 février 1992, il faut entendre par « collectivité territoriale étrangère » les collectivités, autorités ou organismes exerçant des fonctions territoriales et régionales et considérées comme telles dans le droit interne de chaque État (2).

Dans certains cas l'organisation territoriale des États étrangers ne comprend pas de collectivités territoriales autonomes. Il peut alors être utile de vérifier que l'autorité territoriale dispose bien de la faculté de passer des conventions d'intérêt local et dans quelle mesure elle engage l'administration locale de cet État. Les préfets pourront utilement se rapprocher du ministère des affaires étrangères (3) si des informations de ce type leurs sont demandées.

La loi ne crée pas d'obligation pour que la collectivité étrangère soit de même niveau que la collectivité française. Sauf disposition particulière dans le droit interne de l'État dont ressort la collectivité étrangère, les collectivités territoriales françaises ou leurs groupements ont donc une capacité à contracter avec des collectivités territoriales étrangères ou leurs

(1) Article 65 de la loi n° 82-213 du 2 mars 1982.

(2) Cette définition, donnée par le Conseil de l'Europe, paraît s'adapter à l'interprétation du titre IV de la loi du 6 février 1992.

(3) Les demandes d'information devront être adressées au délégué pour l'action extérieure des collectivités locales.

groupements, quel que soit leur niveau dans l'organisation de l'État étranger (1). Il convient toutefois qu'elle vérifient la capacité juridique de leurs partenaires avant de s'engager (voir chapitre 2.3.2).

Ni la loi ni la jurisprudence n'ont encore défini le statut des collectivités territoriales étrangères dans leurs rapports avec les collectivités territoriales françaises ou leurs groupements. On notera toutefois que dans l'article 132, le législateur a placé ces collectivités étrangères au même rang que les personnes privées dans la composition des organismes de coopération.

2. *Mais ni des États, ni des organisations internationales.*

Si la loi confère aux collectivités territoriales et leurs groupements la capacité de passer des conventions avec des collectivités territoriales de pays étrangers et leurs groupements pour mener des actions conjointes, ces collectivités n'en deviennent pas pour autant sujets de droit international. Cette qualité appartient aux États et aux organisations internationales et à eux seuls. Il en découle que les collectivités territoriales et leurs groupements ne sauraient conclure ou être partie à un traité ou à un accord international quelle que soit l'appellation retenue pour cet instrument. Il en résulte encore qu'elles ne sauraient conclure de convention avec un État ou une organisation internationale. Il en découle enfin que les conventions conclues entre les collectivités territoriales françaises ou leurs groupements et les collectivités territoriales étrangères ou leurs groupements doivent porter sur le domaine de compétence de ces collectivités, institué par la loi et qu'elles ne sauraient intervenir dans des matières qui sont de la compétence des États.

3. *Ni des organismes privés.*

Par ailleurs, les conventions que pourraient conclure les collectivités territoriales françaises et leurs groupements avec des organismes privés (associations, entreprises) de pays étrangers ne relevant pas de la coopération décentralisée ne sont pas prévues par la loi. Il vous appartient d'examiner au cas par cas les délibérations qui les concernent et, le cas échéant, de les déférer au tribunal administratif.

III. — **Règles applicables aux conventions**

A. — Principes généraux.

En matière de coopération décentralisée, les collectivités territoriales exercent leurs compétences dans le respect des règles et principes de valeur constitutionnelle. Elles doivent prendre garde notamment de ne pas porter atteinte :

— *au principe d'indivisibilité de la République et de souveraineté nationale* (2) ;

(1) Sous réserve de ne pas porter atteinte à l'ordre des pouvoirs au sein de la République ; voir chapitre 2.3.1 et 2.3.3).

(2) Le Conseil constitutionnel en a affirmé le nécessaire respect dans sa décision 76-71 DC du 30 décembre 1976 (Rec. 15).

— *aux intérêts nationaux et à la cohérence de la politique étrangère* dont la responsabilité incombe au Président de la République et au Gouvernement ;

— *au principe de spécialité.* Chaque collectivité doit prendre garde de ne pas interférer sur les compétences des autres collectivités territoriales du fait d'une convention de coopération décentralisée. Le Conseil d'État a précisé que « la collaboration entre collectivités territoriales françaises et collectivités territoriales étrangères ne doit pas porter atteinte à l'ordre des pouvoirs au sein de la République » (1). Cette condition est d'autant plus impérative que les compétences des collectivités étrangères peuvent être plus étendues que celles de leurs homologues françaises ;

— *à l'égalité* des citoyens devant les charges publiques et l'égalité des usagers devant le service public ;

— *à la liberté du commerce et de l'industrie.*

B. — Respect des engagements internationaux.

L'article 131-1 rappelle le nécessaire respect par les collectivités territoriales et leurs groupements des engagements internationaux de la France.

A cet égard, il est notamment rappelé qu'aux termes de l'article 55 de la Constitution « les traités ou accords régulièrement ratifiés ou approuvés ont une autorité supérieure à celle des lois, sous réserve, pour chaque accord ou traité, de son application par l'autre partie ».

En tout état de cause, il convient que les collectivités territoriales désireuses d'engager une action de coopération avec des collectivités territoriales étrangères ou leurs groupements s'assurent en tant que de besoin qu'elles ne risquent pas de contrevenir à ces engagements. A cette fin, elles pourront saisir le ministère de l'intérieur (2) qui lui-même prendra, le cas échéant, l'attache du ministère des affaires étrangères.

Parmi ces engagements internationaux, il convient de citer plus particulièrement la convention-cadre européenne sur la coopération transfrontalière des collectivités ou autorités territoriales, ouverte à la signature le 21 mai 1980 à Madrid sous l'égide du Conseil de l'Europe et ratifiée par la France le 15 mai 1984.

Le champ d'application de cette convention est la coopération transfrontalière définie par l'article 2 de la convention comme *« toute concertation visant à renforcer les rapports de voisinage entre les collectivités ou autorités territoriales ».* Elle a pour but de promouvoir et faciliter la coopération des collectivités ou autorités territoriales d'une part appartenant à des États parties à cette convention ayant des frontières communes et d'autre part situées de part et d'autre de la frontière.

Elle couvre donc les actions de coopération engagées par les collectivités territoriales françaises frontalières avec des collectivités territoriales appartenant à des pays voisins. Son champ d'application ne se recoupe donc pas complètement avec celui de la loi du 6 février 1992 qui traite de l'ensemble de la coopération décentralisée.

(1) Le Conseil d'État dans son avis du 16 mai 1980.

(2) Direction générale des collectivités locales, sous-direction des compétences et des institutions locales.

Plusieurs États parties à cette convention (l'Italie et l'Espagne) ont assorti leur ratification d'une déclaration subordonnant l'application de la convention à la conclusion d'accords interétatiques (1). Par note auprès du secrétariat du Conseil de l'Europe, le 26 janvier 1994, la France a retiré la réserve qu'elle avait faite lors de la signature du protocole. L'exigence d'un accord interétatique — en matière de coopération transfrontalière — n'est donc plus une formalité préalable indispensable pour les collectivités territoriales françaises.

1. *Aucun accord interétatique n'est exigé pour les collectivités territoriales françaises.*

Aucun accord interétatique préalable n'est exigé par la France préalablement à la conclusion de convention entre des collectivités territoriales françaises et des collectivités territoriales de pays étrangers dès lors que les matières traitées ne concernent pas l'État.

Toutefois, les collectivités territoriales françaises doivent s'assurer que les collectivités territoriales étrangères, avec lesquelles elles désirent contracter, ne sont pas soumises à une telle exigence que ce soit du fait de la convention de Madrid (dans le cas des coopérations transfrontalières) ou du fait du droit interne des États étrangers concernés.

Dans certains cas, les engagements pris par la collectivité territoriale française nécessitent d'être complétés par des dispositions relevant de l'État (en matière fiscale par exemple ou d'éligibilité à certaines dotations). Il est possible alors qu'un accord interétatique vienne compléter les dispositions prises par les collectivités territoriales entre elles. Il est à noter que de tels accords permettent de fixer un cadre juridique clair pour la mise en œuvre de ces actions de coopération et qu'ils sont susceptibles dès lors de constituer un outil précieux pour les collectivités locales désireuses de s'engager dans ces actions.

2. *En matière de coopération transfrontalière dans le cadre de la convention de Madrid l'accord interétatique est nécessaire lorsque les pays étrangers l'ont stipulé.*

Conformément à l'article 55 de la Constitution, la convention de Madrid, telle que ratifiée par la France, a une valeur supérieure à la loi. Dès lors, un accord interétatique s'impose préalablement à toute coopération transfrontalière des collectivités territoriales françaises avec des collectivités territoriales étrangères pour les actions de coopération transfrontalière engagées avec des collectivités ou autorités territoriales relevant d'États ayant formulé une telle exigence.

Ces accords interétatiques sont susceptibles de revêtir deux formes :

— soit ils définissent le cadre général et les conditions de mise en œuvre des actions de coopération transfrontalière engagées par l'ensemble des collectivités ou autorités territoriales concernés par ces accords (droit applicable à la convention, mode de règlement des conflits, etc.). Un accord de ce type a été signé entre la France et l'Italie le 26 novembre 1992 et est en voie de ratification ;

(1) Un accord signé avec l'Italie est en voie de ratification sur ce domaine.

— soit leur objet peut être limité à la mise en œuvre d'une action de coopération spécifique entre deux collectivités déterminées. Une telle solution ne peut être envisagée que dans des circontances très particulières.

Ces accords dûment approuvés le cas échéant auront en tout état de cause une valeur supérieure à la loi.

C. — Respect des compétences des collectivités territoriales.

L'objet de la convention de coopération doit être conforme aux compétences de la collectivité territoriale française (1) qui la conclut.

Le Conseil d'État a précisé, dans une décision du 23 octobre 1989 (2) que les compétences communales trouvaient leurs limites dans la notion d'intérêt local au sens de l'article 121-26 du code des communes (3).

Il est également rappelé que les autorités administratives ne peuvent contracter en matière de police (4), ni s'engager conventionnellement sur les modalités d'organisation du service public administratif ou sur la délimitation du domaine public naturel. Enfin, les conventions d'arbitrage, c'est-à-dire des procédures non juridictionnelles de règlement des litiges, sont également proscrites.

D. — Contentieux des conventions :

La loi ne prévoit pas de disposition particulière en matière de contentieux des conventions de coopération décentralisées. Un accord interétatique ou un traité peut toutefois prévoir explicitement (5) ce point. En l'absence de disposition législative et de jurisprudence sur ce point il conviendra de soumettre au juge administratif les litiges nés sur le territoire national et mettant en cause une collectivité territoriale française ou un groupement.

A défaut de disposition particulière, si la convention est régie par le droit étranger et que le litige survient dans le pays auquel appartient la collectivité territoriale étrangère, il appartiendra à la collectivité française ou à son groupement de s'assurer qu'elle dispose de voies de recours en cas de contentieux.

---

(1) (Ou du groupement).

(2) (Commune de Pierrefite-sur-Seine...) défaut d'intérêt communal non par absence de lien matériel entre la commune et l'organisme destinataire de la subvention mais par la nature politique du conflit (Nicaragua) auquel les communes sont ainsi amenées à prendre parti.

(3) « Le conseil municipal règle par ses délibérations les affaires de la commune. »

(4) Voir notamment C.E. 10 décembre 1962 Association de pêche et de pisciculture d'Orléans.

(5) C'est le cas de l'accord franco italien en voie de ratification au Parlement.

IV. — Contrôle de légalité (art. 131, 2e alinéa)

A. — Toutes les conventions sont soumises au contrôle de légalité.

1. *Le contrôle de légalité s'exerce dans les conditions de droit commun.*

Le contrôle de légalité est prévu au 2e alinéa de l'article 131 de la loi. Ces dispositions applicables aux communes sont bien entendu également applicables à leurs groupements et, transposées dans le dispositif adéquat, elles s'appliquent aux départements et régions ou à leurs groupements.

Toutes les conventions de coopération décentralisées sont soumises à l'obligation de transmission et de publicité. On peut considérer que la loi a ainsi ajouté une catégorie de convention dans les actes des collectivités territoriales soumis aux dispositions de l'article 2 de la loi du 2 mars 1982 relative aux droits et libertés des communes, des départements et des régions.

C'est la convention elle-même qui est soumise au contrôle de légalité. Celui-ci s'exerce dans les conditions du droit commun qui vous ont été exposées dans les circulaires du 22 juillet 1982 et du 29 juillet 1993 diffusées par le bureau C.I.L./1 de la D.G.C.L.

2. — *Contrôle de légalité interne.*

Vous veillerez notamment à ce que le contenu de la convention ne contienne que des dispositions relevant de la compétence de la collectivité territoriale signataire et qu'elle ne comporte pas de dispositions qui pourraient lier d'autre collectivités territoriales non signataires ou l'État (par exemple en indiquant des montants de subvention, des modalités de participation ou des exonérations de taxes ou de charges qui ne relèvent pas du pouvoir de décision de la collectivité territoriale, ceci même si elle peut y prétendre).

Le signataire français doit être préalablement autorisé à conclure la convention par une délibération de l'assemblée délibérante de la collectivité territoriale (ou du groupement) concernée (1).

Lors de la transmission pour contrôle de légalité de cette délibération, la convention non encore signée devra figurer parmi les documents annexes nécessaires, afin de vous permettre d'apprécier la légalité de l'autorisation de conclure. Les préfets ont ainsi dès ce stade la possibilité de présenter à titre officieux des observations éventuelles sur le projet de convention.

B. — Transmission et publication (2).

L'exemplaire signé, transmis et publié doit être rédigé en français.

---

(1) En application des articles L. 122-19 du code des communes pour les communes, article 25 de la loi du 2 mars 1982 pour les départements, article 11, alinéa C de la loi du 5 juillet 1972 pour les régions, article L. 163-13-1 pour les syndicats de communes, article L. 164-8 pour les districts, article L. 165-34 pour les communautés urbaines, article L. 167-5 pour les communautés de communes et article L. 168-6 pour les communautés de villes.

(2) Article 2 de la loi n° 82-213 du 2 mars 1982.

1. *Transmission.*

La transmission est l'une des formalités rendant exécutoire la convention. La convention de coopération décentralisée doit vous être transmise par courrier. Elle doit être signée par l'ensemble des parties contractantes. Lorsqu'une convention est conclue par plusieurs collectivités territoriales françaises situées dans le même département, le caractère exécutoire de l'acte est subordonné à sa transmission à l'autorité préfectorale. Lorsqu'elle est conclue par des collectivités territoriales françaises situées dans des départements ou des régions différents, le caractère exécutoire de l'acte ne sera acquis qu'après la transmission au dernier préfet concerné, chaque collectivité transmettant l'acte à la préfecture (ou préfecture de région) dont elle dépend et le publiant. En ce qui concerne les groupements des collectivités territoriales françaises, la transmission doit être faite au préfet du département où est situé le siège social. Les avenants aux conventions sont également soumis aux principes de transmission et de contrôle de légalité.

2. *Publication.*

La publication est l'autre formalité donnant son caractère exécutoire à la convention. La convention de coopération acquiert son caractère exécutoire après publication dans les conditions de droit commun c'est-à-dire par affichage et publication au recueil des actes administratifs. Votre attention est appelée sur le fait que la publication de la délibération autorisant la passation de la convention n'est pas suffisante pour conférer à celle-ci un caractère exécutoire. La loi a entendu soumettre la convention elle-même aux règles de transmission et de publicité. Il convient donc de la publier également.

L'article 131 de la loi soumet toutes les conventions, y compris celles portant sur le domaine privé des collectivités territoriales ou de leurs groupements à cette obligation de publication dans les conditions du droit commun.

C. — Recours devant le juge administratif.

Dans le cadre du contrôle de légalité, les conventions pourront être déférées au juge administratif dans les conditions de droit commun prévues à l'article 3 de la loi du 2 mars 1982, dans les deux mois à compter de la transmission. Le sursis à exécution peut également être demandé.

V. — **Organismes de coopération décentralisée**

Afin de permettre aux collectivités territoriales de disposer d'organismes de droit public français capables de gérer des actions de coopération décentralisée, la loi organise dans ses articles 132 et 133 la possibilité pour des collectivités territoriales étrangères de participer à des sociétés d'économie mixte locales françaises et à des groupements d'intérêt public.

A. — Les sociétés d'économie mixte locales auxquelles participent des collectivités territoriales étrangères.

1. *Une société d'économie mixte locale dans le droit commun.*

Si l'article 132 de la loi du 6 février 1992 a ouvert aux collectivités territoriales françaises la faculté de coopérer avec des collectivités étrangères, par l'intermédiaire d'une société d'économie mixte locale, il n'a cependant pas entendu déroger aux règles de droit commun de constitution des sociétés d'économie mixte locales prévues par la loi n° 83-597 du 7 juillet 1983 (1).

2. *L'exigence d'un accord interétatique.*

L'ouverture du capital des sociétés d'économie mixte locales françaises aux collectivités territoriales étrangères est subordonnée à la conclusion d'un accord préalable entre les États concernés (2) qui fixe le cadre juridique dans lequel s'exercera la coopération décentralisée. Il s'agit là d'une condition substantielle.

La loi prévoit en outre que cet accord comporte des règles de réciprocité c'est-à-dire que les pays signataires de ces accords doivent être en mesure d'offrir aux collectivités territoriales françaises sur leur territoire la possibilité de participer à des structures comparables aux sociétés d'économie mixte locales françaises.

De plus, la participation d'une collectivité territoriale française au capital d'une société étrangère qui ne serait pas comparable à une société d'économie mixte locale française pourrait être contraire à l'article 5-III de la loi du 2 mars 1982 modifiée, qui interdit, sauf autorisation accordée par décret en Conseil d'État, toute participation d'une collectivité territoriale au capital d'une société commerciale ou d'un organisme à but lucratif.

Sur les questions qui pourraient se poser sur ce point, il vous appartient de saisir le ministère de l'intérieur, D.G.C.L., qui prendra l'attache du ministère des affaires étrangères.

3. *Un objet social précis.*

L'article 132 a rajouté un alinéa à l'article 1er de la loi du 7 juillet 1983 afin d'autoriser les collectivités territoriales étrangères à participer au capital de sociétés d'économie mixte locales dont l'objet exclusif est d'exploiter des services publics d'intérêt commun.

Bien que la loi n'ait pas fixé de limite géographique en ce qui concerne les collectivités territoriales étrangères susceptibles de participer au capital des sociétés d'économie mixte locales, l'exploitation de services publics d'intérêt commun, dans la pratique, renvoie, sauf exception, à des actions de coopération transfrontalière. La notion de service public d'intérêt commun, dans l'esprit du législateur, désigne en effet essentiellement des services de proximité (par exemple l'adduction d'eau potable ou les transports collectifs). Cette notion d'exploitation exclut donc la réalisation par

(1) Voir la circulaire d'application du 16 juillet 1985.

(2) Y compris avec les pays membres de l'Union européenne.

les sociétés d'économie mixte locales visées à l'article 132 de la loi du 6 février 1992, d'opérations d'aménagement visées par le code de l'urbanisme.

Les règles relatives aux procédures de publicité (1) préalables à toute délégation de service public, sont applicables aux services publics confiés aux sociétés d'économie mixte locales visées à l'article 132 de la loi du 6 février 1992.

4. *Une participation minoritaire des collectivités territoriales étrangères.*

L'article 132 précise que les collectivités territoriales étrangères qui participent au capital de sociétés d'économie mixte locales ne sont pas au nombre des collectivités ou groupements qui doivent détenir plus de la majorité du capital et des voix dans les organes délibérants.

Il existe à cette date une incertitude sur le statut juridique exact des collectivités territoriales étrangères dans le droit français. On peut toutefois estimer que la participation des collectivités étrangères au capital de sociétés d'économie mixte locales de coopération décentralisée ne peut être rangée dans la catégorie des capitaux privés. Une telle participation ne peut donc satisfaire l'exigence de la présence d'au moins une personne privée, française ou non, dans le capital des sociétés d'économie mixte locales comme le prévoit la loi du 7 juillet 1983.

5. *Le contrôle des sociétés d'économie mixte locales visées à l'article 132 de la loi du 6 février 1992.*

Ce contrôle s'exerce dans les conditions de droit commun, prévues par la circulaire du 16 juillet 1985, relative à l'information sur les conditions de constitution, de fonctionnement et de contrôle des sociétés d'économie mixte locales, et à la lumière des indications fournies dans le guide récemment publié sur les sociétés d'économie mixte locales.

B. — Les groupements d'intérêt public.

L'article 133 prévoit la constitution de groupements d'intérêt public de coopération interrégionale et transfrontalière. Ces groupements sont des personnes morales dotées de l'autonomie financière. Ils peuvent être constitués sans capital et comportent obligatoirement une personne morale de droit public (française). Ils sont à but non lucratif et sont soumis au conrôle de la puissance publique par l'intermédiaire d'un commissaire de gouvernement, d'un contrôleur d'État pour certains. Leur création nécessite une procédure d'approbation de la convention constitutive par le ministre de l'intérieur et le ministre du budget.

Une prochaine circulaire traitera de ces groupements d'intérêt public plus précisément. Ceux-ci sont définis dans un espace et pour des missions déterminées. La loi dispose qu'ils concernent les collectivités territoriales des pays membres de l'Union européenne afin de mettre en œuvre des projets et des programmes de coopération interrégionale et transfrontalière intéressant les collectivités territoriales. Les G.I.P. ne peuvent pas, contrairement aux sociétés d'économie mixte locales, intéresser d'autres pays que ceux de l'Union européenne.

(1) Définies par les articles 38 et suivants de la loi n° 93-122 du 29 janvier 1993.

Ces groupements ont fait l'objet du décret d'application n° 93-571 du 27 mars 1993 publié au *Journal officiel* du 28 mars 1993. La circulaire d'application précisera la procédure d'approbation et le modèle de convention constitutive.

VI. — La commission nationale de la coopération décentralisée

L'article 134 institue une commission chargée d'établir et tenir à jour un état de la coopération décentralisée et de formuler toute proposition tendant à renforcer celle-ci. Un décret en Conseil d'État sera prochainement publié.

Cette commission sera composée de représentants d'élus des collectivités territoriales et de représentants des ministres intéressés par la coopération décentralisée. Elle sera placée sous la présidence du Premier ministre et son secrétariat sera assuré par le délégué pour l'action extérieure des collectivités locales.

*
* *

Telles sont les informations et instructions concernant la coopération des collectivités territoriales françaises avec les collectivités territoriales étrangères. Vous voudrez bien les porter à la connaissance des responsables de ces collectivités et nous informer des difficultés qu'elles pourraient engendrer sous le timbre du ministère de l'intérieur, direction générale des collectivités locales et du ministère des affaires étrangères, délégué pour l'action extérieure des collectivités locales.

Pour le ministre de l'intérieur
et de l'aménagement du territoire
et par délégation :
Le directeur général
des collectivités locales,
MICHEL THENAULT

Pour le ministre des affaires étrangères
et par délégation :
Le secrétaire général
du ministère des affaires étrangères,
BERTRAND DUFOURQ

Document 4

Conseil d'État

Section de l'Intérieur

N° 356.381
M. François Bernard, Rapporteur

Extrait du registre des délibérations
Séance du mardi 25 octobre 1994

Avis

Le Conseil d'État, section de l'intérieur, saisi par le ministre d'État, ministre de l'Intérieur et par le ministre des Affaires étrangères des questions de savoir :

1. Quel est le régime juridique applicable aux conventions passées entre les collectivités territoriales et des collectivités territoriales étrangères, par application de l'article 131 de la loi n° 92-125 du 6 février 1992 relative à l'administration territoriale de la République et en particulier quels sont les recours ouverts aux préfets contre les contrats régis par le droit du partenaire étranger;

2. Si la participation de collectivités territoriales étrangères à des sociétés d'économie mixte locales, prévue par l'article 132 de la loi précitée du 6 février 1992, permet d'exclure la participation au capital et dans les instances dirigeantes desdites sociétés, des personnes privées, exigée par le premier alinéa de l'article 1er de la loi n° 83-597 du 7 juillet 1983 relative aux sociétés d'économie mixte locales;

3. Si les collectivités territoriales ou leurs groupements peuvent participer à des organismes de coopération régis par le droit d'un pays étranger, en cas de réponse affirmative, quels seraient les avantages et les inconvénients de l'institution d'organismes spécifiques pour la coopération transfrontalière, créés par accords particuliers ou dans le cadre communautaire, enfin quels seraient les contrôles ouverts aux autorités publiques françaises sur ces institutions.

Vu la Constitution;

Vu la convention-cadre européenne sur la coopération transfrontalière des collectivités ou autorités territoriales, en date du 21 mai 1980;

Vu l'ordonnance n° 45-1708 du 31 juillet 1945 sur le Conseil d'État ensemble le décret n° 63-766 du 30 juillet 1963, pris pour son application, modifiée;

Vu la loi n° 72-619 du 5 juillet 1972 portant création et organisation des régions, modifiée;

Vu la loi n° 82-213 du 2 mars 1982 relative aux droits et libertés des communes, des départements et des régions, modifiée;

Vu la loi n° 83-597 du 7 juillet 1983 relative aux sociétés d'économie mixte locales, modifiée;

Vu la loi d'orientation n° 92-125 du 6 février 1992 relative à l'administration territoriale de la République, et notamment ses articles 131 et 132;

Est d'avis de répondre dans le sens des observations suivantes :

1. Le régime juridique applicable aux conventions conclues, par application du I de l'article 131 de la loi du 6 février 1992 susvisée, entre des collectivités territoriales et leurs groupements, d'une part, et des collectivités territoriales étrangères et leurs groupements, d'autre part, est défini, cas par cas, par les conventions elles-mêmes. Ces conventions, qui ne constituent pas des engagements internationaux au sens du titre VI de la Constitution, ne sauraient déroger aux règles de légalité interne. Il appartient au délégué du gouvernement, compétent en vertu du 3e alinéa de l'article 72 de la Constitution, de veiller, en utilisant les pouvoirs que lui confèrent les lois du 5 juillet 1972 et du 2 mars 1982 susvisées, au respect de ces règles, et notamment de celles qui organisent le contrôle sur les collectivités territoriales, tant dans les conventions elles-mêmes que dans les mesures prises pour leur application; il lui revient en particulier de vérifier que les collectivités territoriales et leurs groupements respectent les limites de leurs compétences et les engagements internationaux de la France expressément mentionnés par l'article 131 précité.

2. Aux termes de l'article 1er de la loi du 7 juillet 1983 susvisée : «Les communes, les départements, les régions et leurs groupements peuvent (...) créer des sociétés d'économie mixte locales qui les associent à une ou plusieurs personnes privées», et aux termes du dernier alinéa ajouté à cet article par l'article 132 de la loi du 6 février 1992 précitée : «Les collectivités territoriales étrangères qui participent au capital des sociétés d'économie mixte locales ne sont pas au nombre des collectivités ou groupements visés au 2° qui doivent détenir plus de la moitié du capital des sociétés et des voix dans leurs organes délibérants»; enfin, le 2° dudit article mentionne «les communes, les départements, les régions ou leurs groupements».

Il résulte de la combinaison de ces dispositions que les collectivités territoriales étrangères qui participent à la constitution de sociétés d'économie mixte locales ne peuvent être assimilées, pour l'application de la loi du 7 juillet 1983 précitée, aux collectivités territoriales françaises; elles ne sauraient davantage, en raison de leur nature, de leur statut et de leurs missions, être regardées comme des personnes privées au sens du premier alinéa de l'article 1er de cette loi; il suit de là que les sociétés d'économie mixte locales qui associent des collectivités territoriales françaises et étrangères doivent en outre inclure dans la constitution de leur capital et dans la composition de leurs organes délibérants une ou plusieurs personnes privées.

3. La légalité, l'opportunité et les modalités de la participation des collectivités territoriales françaises et de leurs groupements à des organismes de coopération régis par le droit d'un pays étranger, que ce pays appartienne ou non à l'Union européenne, soulèvent des questions imposant de recourir à une étude qu'il appartient au Premier ministre, s'il le juge utile, de demander à la section du rapport et des études du Conseil d'État, compétente en vertu de l'article 14-1 du décret du 30 juillet 1963 susvisé.

signé : D. Mandelkern, président
François Bernard, rapporteur,
G. Galey, secrétaire.

Document 5

Ministère des Affaires étrangères
Secrétariat général
Septembre 1995

Le perfectionnement des instruments internes et externes de la coopération décentralisée à la française

Rapport d'activité 1994-1995 du délégué pour l'action extérieure des collectivités locales

HUBERT PERROT, préfet

Avant-propos

La loi du 2 mars 1982 abordait à propos de la décentralisation de nombreux aspects, mais pas celui de l'extension de la capacité des collectivités territoriales à tisser des relations internationales avec des collectivités étrangères, sauf au sujet des régions transfrontalières (article 65).

Comme on ne pouvait dans l'immédiat apporter un complément pour corriger cette lacune, on s'orienta vers une période expérimentale et d'observation, marquée par la création d'un délégué à l'action extérieure des Collectivités locales, le premier nommé par décret du Premier ministre en 1983, le second désigné par décret du président de la République en Conseil des ministres, et la prise de trois circulaires des Premiers ministres MM. Mauroy, Fabius, et Chirac pour poser des jalons à un phénomène nouveau qui se développait spontanément. Puis le 6 février 1992, en possédant donc de bonnes bases d'analyse, on traita dans un titre de texte de loi de la coopération décentralisée. Au premier Délégué, diplomate considéré comme «père fondateur» quant à la conception, succéda en 1990, après 3 ans d'interruption alors que la coopération décentralisée se développait fort, un second, préfet, s'attachant, lui, à la progression des aspects institutionnels et opérationnels du phénomène pour le traitement duquel la France joue un rôle pilote, considéré comme tel à l'étranger d'ailleurs.

À l'instar d'un ouvrage intitulé *« Un Parlement pour quoi faire ? »*, ne peut-on pas commencer cet avant-propos par cette question que tout le monde se pose à propos de la coopération décentralisée, devenue à tort ou à raison la nouvelle appellation de l'action extérieure, «La coopération décentralisée pour quoi faire ?».

L'article 131 du titre IV de la loi d'orientation n° 92-125 du 6 février 1992 relative à l'administration territoriale de la République, en disposant que «les collectivités territoriales et leurs groupements peuvent conclure des conventions avec des collectivités territoriales étrangères et leurs groupements dans les limites de leurs compétences et dans le respect des engagements internationaux de la France», donne explicitement la définition juridique de la notion de coopération décentralisée ainsi que le cadre dans lequel les entités territoriales sont désormais autorisées à exercer une «compétence internationale», jusque-là réservée à l'État, mais qu'on préfère qualifier «d'extérieure».

En effet, la coopération décentralisée peut être définie[1] comme la manifestation de la volonté des collectivités locales de différents États d'établir des relations entre elles, allant du simple jumelage jusqu'à la coopération proprement dite, en agrégeant éventuellement à leur action d'autres partenaires économiques et sociaux comme il est souhaitable, pour créer des rapports plus proches et plus individualisés que ceux créés par les coopérations d'État à État.

Chronologiquement, la coopération décentralisée est apparue avec le «jumelage», né dès l'après-guerre, lorsque les collectivités locales, notamment les petites communes, manifestaient leur volonté d'entretenir des relations d'amitié en particulier avec les communes allemandes et pendant la guerre froide avec les pays d'Europe de l'Est, et a emprunté successivement ces formes perfectionnant le jumelage en allant au-delà :

- Le «jumelage-coopération» des années 1960, lorsque les collectivités s'engageaient dans des actions plus concrètes, ou lorsque les jumelages se développaient avec l'Afrique.
- La «coopération décentralisée transfrontalière» du début des années 1970, lorsque les entités régionales s'affirmaient comme parties prenantes de la construction d'un espace socio-économique européen en développant des relations avec des institutions européennes (Conseil de l'Europe, Communauté européenne) et décidaient de nouer entre-temps des liens entre elles pour des raisons de proximité géographique, de ressemblances culturelles, d'intérêts économiques communs, de solidarité dans les problèmes.
- Les opérations de coopération décentralisée plus lointaines, «de développement».

Du jumelage traditionnel, on est ainsi passé à la coopération décentralisée contemporaine «élargie» grâce – faut-il le souligner – aux lois de décentralisation de 1982 renforçant les libertés et les compétences des collectivités territoriales et à la loi du 6 février 1992 évoquée, qui constituent un incontestable tournant dans l'histoire de la coopération décentralisée. Il y faut ajouter l'article 83 de la loi du 4 février 1995 pour la coopération transfrontalière.

La coopération décentralisée contemporaine «élargie» telle qu'on l'entend de nos jours appelle de la part du Délégué, un peu «homme-institution» en la matière, les deux constats suivants.

Il s'agit tout d'abord de son volume important, qu'on peut estimer à ce stade à au moins 6000 opérations recensées à partir de la France. Ces actions se manifestent vers les directions géographique suivantes : Nord/Nord (60 %), Nord/Sud (20 %) et Ouest/Est (20 %) et portent sur des thèmes allant de la culture, du tourisme, de l'environnement, au commerce, à l'administration, à la logistique, etc. Les domaines d'intervention se sont ainsi élargis également.

L'axe Nord/Nord comprend deux groupes, l'un englobant les pays de l'Union européenne[2], l'autre concernant les autres pays développés (Canada, États-Unis, Japon, Suisse, Norvège, etc.), soit l'ensemble des pays de l'OCDE.

1. En termes de droit public.
2. Où le poids de la coopération transfrontalière est important. Celle-ci est souvent co-financée par les fonds structurels européens (programmes INTERREG).

L'axe Nord/Sud comporte également deux groupes, l'un concernant les pays dits «du champ» (Afrique Sub-saharienne dont francophone), l'autre les pays dits «hors-champ» (reste de l'Afrique, Chine, Asie du Sud-Est, Maghreb et continent Sud-Américain). Il s'agit de coopération «de développement».

Vers l'Est, il s'agit de coopération avec des pays « en transition », c'est-à-dire des pays en phase de modernisation économique et démocratique (CEI, Roumanie, Pologne, etc.), «hors-champ» également. Le hors-champ est du ressort des Affaires étrangères pour les co-financements d'État, le champ étant de celui de la Coopération.

La coopération décentralisée favorise la solidarité à l'échelle mondiale, qu'elle s'opère en termes d'échanges égaux ou inégaux.

Ensuite, il convient d'observer que la coopération décentralisée contemporaine, bien que légalisée désormais par le législateur à travers tout un corpus de textes, ne relève pas encore du droit international public, mais plutôt des droits internes des États «rapprochés» par l'intermédiaire des traités ou des accords interétatiques négociés entre les parties visant à autoriser les collectivités territoriales des différents pays à contracter entre elles des opérations de coopération décentralisée en vue de la faciliter.

Enfin, il est à signaler que pour la lisibilité du présent rapport les termes «traité», «convention» et «accord» comportent pour chacun d'entre eux un sens particulier.

Ainsi, le texte franco-espagnol est qualifié de « traité » du fait que les deux parties souhaitent lui donner plus de solennité, alors que les textes franco-italien et franco-allemand sont dénommés «accords», et qu'enfin le terme de «convention» est plutôt réservé aux relations des collectivités locales entre elles.

Ce rapport, le 4e, après plus de 5 ans de fonction du second Délégué, est, comme les précédents, aussi normatif que descriptif car la série de ces rapports était autant d'activité que descriptive d'une matière évolutive dont il importait d'analyser et de fixer les nouveaux contours thématiques et leur progression, ce qu'aucun ouvrage ne parvenait à réaliser en temps utile car le plus souvent périmé dès après l'impression.

C'est pourquoi il s'intitule *«le perfectionnement des instruments internes et externes de la coopération décentralisée à la française»*, succédant aux titres ci-après :

1. «L'État de la coopération décentralisée de la France vers l'ensemble du monde et les propositions auxquelles conduit l'observation de son évolution depuis 1987» (novembre 1991).

2. «Les nouvelles étapes de la coopération décentralisée» (novembre 1992).

3. «Le développement des relations de coopération entre les collectivités territoriales françaises et étrangères, et les progrès de leur insertion dans la politique extérieure de la France et de leur coordination institutionnelle» (novembre 1994).

Cette «quadrilogie» constitue ainsi une sorte d'ouvrage de base en quatre volumes, les rapports suivants devant être vraisemblablement plus factuels et donc moins normatifs.

Le bilan de l'action du délégué

Les fonctions de coordination et d'incitation du Délégué pour l'action extérieure des collectivités locales s'affermissent et se confirment à travers son bilan 1994-1995 :

✓ Sur le plan des mesures d'ordre interne prises en matière de coopération décentralisée dont, spécialement, la nomination de la Commission nationale de la coopération décentralisée et plus généralement d'application de la loi du 6 février 1992.

✓ Sur le plan des mesures d'ordre externe où des progrès spectaculaires sont à noter dans le cadre d'une «Diplomatie de proximité» qui a permis de mettre en œuvre avec nos voisins, et au-delà avec la grande Europe, des accords bi- ou multilatéraux dont le champ d'application s'est étendu géographiquement et quant au contenu, s'agissant de la maîtrise d'ouvrage transfrontalière en particulier.

Les conceptions françaises en matière de coopération décentralisée ont ainsi «rayonné» dans la petite et dans la grande Europe, la France, bien que censée être le pays le plus centralisé, étant le plus avancé dans l'encouragement et l'organisation d'un phénomène nouveau. Cette réputation va d'ailleurs jusqu'en Russie où on sollicite l'exportation du savoir-faire français, et ceci sans parler de pays plus lointains (dispositions des accords à propos des Commissions mixtes encourageant la coopération décentralisée).

L'insertion de la coopération décentralisée dans la politique étrangère de la France a ainsi fait de nouveaux progrès, de même que sa coordination au plan interne, et ceci sans altérer le caractère volontaire et aussi spontané que possible de l'action extérieure des collectivités locales.

Le Délégué, qui a joué dans cette évolution un rôle d'animateur, au carrefour auquel il se trouvait, de synergies diverses qu'il mobilise, n'y est bien sûr pas étranger, et d'autres pays aimeraient disposer de cette fonction malgré la modestie des moyens logistiques du Délégué. Car le fait qu'il appartienne à un corps de terrain et qu'il soit rattaché aux Affaires étrangères tout en exerçant des activités interministérielles est un gage d'efficacité, permettant de rapprocher les aspects internes et externes de la mission en en multipliant les effets opérationnels. La coopération décentralisée, à tort ou à raison devenue synonyme de l'action extérieure des collectivités locales depuis l'intitulé du Titre IV de la loi du 6 février 1992, est ainsi et aussi devenue un thème de rapprochement et de connaissance mutuelle de deux corps de l'État ayant la même conception du service public, les corps diplomatique et consulaire et le corps préfectoral, sur un lieu de rencontre où se trouvent également bien sûr les élus locaux.

La collaboration confiante qui s'est établie depuis cinq ans entre les ministères de l'Intérieur et des Affaires étrangères notamment a été un élément particulièrement fécond.

Le Délégué participe d'ailleurs à des réunions d'ambassadeurs nouvellement nommés qu'on organise avec les préfets de région et les grands élus dans les régions avec ce sujet comme fil directeur de rapprochement.

Le présent rapport s'attachera à décrire le corpus institutionnel d'ordre interne mis en place en 1994-95 (I), puis le corpus en matière externe, c'est-à-dire les accords internationaux (II). Un recueil de textes, dont les textes nouveaux d'ordre interne et d'ordre externe, sera fourni en annexe.

I – Les mesures d'ordre interne en matière d'action extérieure des collectivités locales ou coopération décentralisée

Aborder l'aspect « interne » de l'action extérieure des collectivités locales pendant la période 1994-1995, c'est signaler tout d'abord l'introduction d'un certain nombre de mesures normatives nouvelles d'ordre législatif et réglementaire ainsi que l'avis du Conseil d'État visant à compléter le dispositif existant (*a*), procéder ensuite au rappel des règles en vigueur (*b*) et enfin présenter les projets à mettre en œuvre pour les années à venir (*c*).

a) Les mesures nouvelles :

✓ le décret en Conseil d'État n° 94-937 du 24 octobre 1994 instituant la Commission nationale de la coopération décentralisée, en application de la loi de 1992 ;

✓ l'arrêté du Premier ministre du 19 avril 1995 portant nomination à la Commission nationale de la coopération décentralisée, en cours de complément ;

✓ l'article 83 de la loi n° 95-115 du 4 février 1995 d'orientation pour l'aménagement et le développement du territoire (maîtrise d'ouvrage pour la coopération tranfrontalière) ;

✓ l'avis du Conseil d'État du 25 octobre 1994 concernant la nature juridique des conventions de coopération décentralisée et des représentants des collectivités locales étrangères dans les sociétés d'économie mixte.

➲ Parmi ces mesures, on peut regrouper tout d'abord le décret en Conseil d'État n° 94-937 du 24 octobre 1994 et l'arrêté du 19 avril 1995 qui constituent le prolongement du dispositif législatif autorisant formellement depuis 1992 les collectivités locales, notamment par le titre IV de la loi d'orientation n° 92-125 du 6 février 1992 relative à l'administration territoriale de la République, à exercer une compétence internationale, sous réserve, bien entendu, du respect des prérogatives de l'État et du bloc de compétences tel que défini par la loi de décentralisation pour chaque niveau de collectivités locales, et sans omettre l'intérêt local, sujet à des appréciations variables.

L'adoption de ces deux textes réglementaires en application de la loi du 6 février 1992 va permettre la mise en place effective de la Commission nationale de la coopération décentralisée, instance de consultation et de partenariat entre l'État et les collectivités territoriales destinée à favoriser la mise en œuvre de la coopération entre les collectivités territoriales françaises et étrangères telle qu'elle est formellement autorisée par le législateur.

Conformément à ces deux textes, la Commission nationale de la coopération décentralisée dont le Délégué est le Secrétaire, qui est présidée par le Premier ministre et, en son absence, par un ministre qu'il désignera à cet effet, comprend trente-six membres, nommés par arrêté du Premier ministre pour trois ans.

Trente-deux de ces trente-six membres sont répartis de la façon suivante :

✓ seize représentants des élus territoriaux, désignés sur propositions respectives de leurs associations représentatives d'élus locaux (communes, départements et régions) ;

✓ seize représentants des ministères les plus impliqués en matière de coopération décentralisée dont huit obligatoirement, également désignés sur proposition de leur administration.

Des suppléants sont désignés dans les mêmes conditions.

En plus de ces trente-deux membres, quatre personnalités qualifiées nommées respectivement par les ministres des Affaires étrangères et de l'Intérieur, siègent également à cette commission.

La Commission, dont la mission générale consiste à tenir à jour un état permanent de la coopération décentralisée et à formuler toute suggestion pour l'amélioration de ses modalités, siège deux fois par an ; des groupes de travail thématiques seront, en outre, créés au sein de la Commission.

(Par exemple : coopération transfrontalière, coopération décentralisée internationale et européenne, coopération et francophonie, effets économiques et financiers de la coopération décentralisée, coopération culturelle et scientifique).

➲ Outre les deux mesures évoquées, il convient de signaler l'adoption de la loi n° 95-115 du 4 février 1995 d'orientation pour l'aménagement et le développement du territoire, notamment son article 83 qui autorise désormais les collectivités locales françaises à participer « minoritairement » à une personne morale de droit étranger constituant un maître d'ouvrage en vue d'exploiter et de gérer en commun des services d'intérêt transfrontalier. Cette possibilité est subordonnée en tout état de cause à l'autorisation par décret en Conseil d'État. Il s'agit en effet d'une innovation importante dans le système juridique français, qui va être utilisée pour le métro de l'agglomération genevoise. Enfin, la loi rappelle que les États ne peuvent être, en aucun cas, parties prenantes pour la coopération décentralisée, à l'exception des Territoires d'outremer.

➲ Enfin, il importe de signaler l'avis rendu par le Conseil d'État le 25 octobre 1994 concernant la nature juridique des conventions de coopération décentralisée. À l'initiative des ministères des Affaires étrangères et de l'Intérieur, le Conseil d'État, saisi de cette affaire, précise en effet que les conventions de coopération décentralisée passées par les collectivités territoriales ne pourront être considérées en aucun cas comme des accords internationaux et doivent être soumises, à ce titre, au respect des règles de droit interne. Il indique également que les collectivités locales étrangères adhérant aux sociétés d'économie mixte locales ne peuvent être considérées ni comme des personnes morales de droit public, ni comme des personnes morales de droit privé, cet élément étant en effet primordial pour le calcul des majorités pour la participation au capital. Cet avis a été communiqué aux préfets.

b) Les circulaires :

En plus de ce nouveau corpus de textes de niveau législatif ou réglementaire et de l'avis du Conseil d'État, les circulaires interministérielles Intérieur – Affaires étrangères du 26 mai 1994 concernant respectivement les modalités d'application des dispositions du titre IV de la loi d'orientation n° 92-125 du 6 février 1992 relative à l'administration territoriale de la République et les groupements d'intérêt public, et enfin la circulaire DGRCST du ministère des Affaires étrangères du 18 février 1992 relative à la procédure déconcentrée du cofinancement « hors champ », précisent les modalités d'exercice de l'activité extérieure des collectivités locales.

① La circulaire interministérielle Intérieur – Affaires étrangères du 26 mai 1994 à l'intention des préfets et des chefs de poste diplomatique et consulaire fait le point sur les dispositions du titre IV de la loi du 6 février 1992, le régime applicable aux conventions de coopération entre collectivités, les modalités du contrôle de légalité ainsi que sur les organismes de coopération décentralisée (sociétés d'économie mixte locales uniquement).

② La circulaire interministérielle Intérieur – Budget du 16 juin 1994 adressée aux préfets et trésoriers-payeurs généraux concernant les groupements d'intérêt public dans lesquels sont parties prenantes des collectivités territoriales des pays adhérant à l'Union européenne. Elle commente notamment les dispositions de l'article 133 de la loi du 6 février 1992 ainsi que le décret du 27 mars 1993 se rapportant au groupement d'intérêt public. Elle précise, par ailleurs, le champ d'application, la composition, le statut, le fonctionnement, les dispositions fiscales ainsi que la procédure de création de ces structures et organismes.

Il est à remarquer que ces deux formules n'ont pas recueilli jusqu'à présent un grand succès en raison de leur complexité et du fait que pour les sociétés d'économie mixte, une majorité française était requise.

③ La circulaire de la Direction générale des Relations culturelles, scientifiques et techniques du ministère des Affaires étrangères du 18 février 1992.

Ce texte permet la mise en place d'une procédure visant à déconcentrer les crédits de cofinancements nationaux de la coopération décentralisée par le ministère des Affaires étrangères vers les préfectures en faveur des pays dits du « hors-champ », c'est-à-dire les pays de l'Est et certains pays du Sud. Cette procédure originale, qui concerne 80 % des crédits, fait l'objet d'une concertation permanente entre les services de l'administration centrale, notamment la DGRCST (Direction générale des Relations culturelles, scientifiques et techniques), et locale, notamment les SGAR (Secrétariats généraux de l'action régionale dans les préfectures de région), dans le cadre de comités de programmes. Cette nouvelle façon de faire, dont l'expérimentation a été couronnée de succès en 1993-1994, sera évidemment reconduite pour les années à venir. On propose de l'étendre aux crédits « champ » du ministère de la Coopération lors de la discussion du budget de 1996. Le Délégué participe aux comités de programme.

Le Délégué est très attentif à ce que la déconcentration aille de pair avec la décentralisation sur ce terrain privilégié que constitue la coopération décentralisée. Son titre pourrait d'ailleurs devenir « Délégué à l'action extérieure des collectivités locales et de l'administration territoriale de l'État ». Il propose à cet égard que la signature d'accords internationaux de portée limitée et de voisinage soit déléguée aux préfets.

L'armature juridique ainsi édifiée pour la mise en œuvre de la coopération décentralisée telle que l'a voulue le législateur est certes nécessaire mais insuffisante. En effet, des mesures d'accompagnement, notamment logistiques, constituent le complément nécessaire. Dans cette perspective, le Délégué a décidé de mettre en place une base de données permettant de suivre l'évolution en permanence de l'action extérieure des collectivités locales dans le cadre d'un inventaire d'ensemble à perfectionner (cf. infra).

c) les nouveaux projets en cours :

① La base de données informatiques des opérations de coopération décentralisée.

Il s'agit d'un programme informatique permettant de recenser les opérations de coopération décentralisée détenues jusqu'à présent par le Délégué et celles relevant de la Sous-direction de la Coopération décentralisée et des ONG et son bureau commun (ministères de la Coopération et des Affaires étrangères). Ce rassemblement des données permettrait ainsi d'obtenir une photographie d'ensemble et par conséquent plus cohérente de la situation de la coopération décentralisée française à travers le monde entier.

Ce nouvel instrument de travail permettra ainsi au Délégué de fournir sans délai des informations à la Commission sur l'état de la coopération décentralisée. Il servira par ailleurs de baromètre au gouvernement qui pourra ainsi obtenir une indication précise sur les relations contractuelles des collectivités locales françaises vis-à-vis de leurs homologues étrangères et les problèmes qu'il y aurait à résoudre, et il permettra aux collectivités elles-mêmes d'obtenir une meilleure information mutuelle.

Enfin, la mise en place de cette base de données permettrait d'établir pour le prochain rapport d'activités du Délégué un état plus complet des opérations de coopération décentralisée qui restent pour le moment très dispersées. C'est pourquoi cette année il ne sera pas fourni en annexe.

② Le recueil des textes :
Envisagé depuis un moment par le Délégué, le recueil de textes qui se trouve en annexe de ce rapport constitue une nouveauté. Il est en effet destiné, non seulement à l'information des collectivités locales, des chefs de poste diplomatique et consulaire et des préfets, concernés au premier chef, mais également aux organismes non gouvernementaux, le plus souvent parties prenantes dans l'organisation de la coopération décentralisée et aux personnes s'intéressant à des titres divers au sujet.

L'année 1994-95 a été riche d'événements institutionnels de par l'introduction du dispositif législatif et réglementaire d'ordre « interne » qui a permis aux collectivités locales de progresser dans leur activité de coopération décentralisée.

Cependant, il est à noter que cette avancée ne s'est pas limitée à ces mesures d'ordre institutionnel interne, mais s'est également étendue à un ensemble de mesures d'ordre « externe », et notamment aux accords bilatéraux de coopération décentralisée transfrontalière ou de voisinage, signés ou paraphés avec nos partenaires européens (Italie, Espagne et Allemagne) ou en cours de signature ou de ratification, ou encore au projet multilatéral de « protocole additionnel rénové » à la Convention de Madrid. Il s'agit là de ce que l'on a appelé une « nouvelle diplomatie de proximité » animée et coordonnée par le Délégué.

II – Les mesures d'ordre externe (accords internationaux)

En effet, forte de son expérience pratique et juridique interne, la France a pu se doter des moyens de promouvoir une coopération décentralisée internationale élargie, d'une grande flexibilité apte à s'adapter aux spécificités des pays partenaires.

Mais il est à observer toutefois qu'à ce jour, c'est dans le domaine transfrontalier élargi que la coopération décentralisée se révèle la plus ambitieuse, voire la plus dynamique, au plan des relations entre collectivités territoriales françaises et étrangères s'exprimant par une convention entre elles, document juridique essentiel.

a) Une première avancée significative aboutissait à la signature, le 26 novembre 1993 à Rome, de « l'Accord franco-italien de coopération transfrontalière entre collectivités territoriales » qui intègre trois paramètres souhaités par nos partenaires, même si son ambition est modeste, à savoir :

① Une proximité frontalière limitée à 25 km, entendue par la limite des collectivités concernées.

② L'énumération des domaines de coopération visés.

Le développement urbain et régional, les transports et les communications, l'énergie, la protection de l'environnement (le traitement des déchets : la construction de réseaux de collecte des eaux usées et de stations d'épuration), l'enseignement et la recherche scientifique et technologique appliquée, la formation, l'orientation et la reconversion professionnelles, l'hygiène et la santé, la culture et le sport, l'assistance mutuelle en cas de catastrophe et de sinistre, le développement économique et social, l'amélioration des structures agraires, le tourisme.

③ L'affirmation du droit interne au niveau des procédures de chacun des États et de la définition de ce même droit applicable aux accords entre collectivités territoriales de part et d'autre de la frontière.

La France a accompli les procédures requises par notre Constitution pour l'entrée en vigueur de cet accord.

L'Italie n'a pas encore terminé les siennes, qui devraient être achevées d'ici la fin 1995[3].

b) Une deuxième étape s'ouvrait avec la signature le 10 mars 1995 à Bayonne du « Traité entre la France et l'Espagne relatif à la coopération transfrontalière entre collectivités territoriales ». Pour conférer plus de solennité à cet accord, a été retenue la formule de « Traité ». En effet, les deux pays entendaient resserrer une coopération transfrontalière élargie entre leurs collectivités territoriales en fonction des caractéristiques et des attentes qui leur sont propres.

✓ Ainsi la zone géographique concernée couvre un espace de plus ou moins 250 km à l'intérieur de chaque pays, de Teruel (Aragon, latitude de Madrid) à la Lozère (Languedoc-Roussillon), pôles extrêmes.

✓ La liberté des collectivités territoriales et de leurs groupements de passer des conventions de coopération transfrontalière dans le respect du droit interne de chaque État et de leurs compétences communes est clairement affirmée.

✓ Le libre choix du droit applicable à la convention de coopération et la responsabilité contractuelle des collectivités à l'égard des tiers et des usagers se trouvent définis.

✓ La participation des collectivités espagnoles aux organismes de coopération française : « groupement d'intérêt public » (GIP) et « société d'économie mixte » (SEM) et celle des collectivités françaises aux organismes de coopération espagnols : « Consorcio », de même que la création conjointe de tels organismes, sont prévues.

✓ Les évolutions internes se trouvent préservées puisque ce Traité est applicable aux organismes à venir.

La procédure de ratification de ce Traité est en cours au Parlement français qui devrait s'en saisir prochainement, de même que le Parlement espagnol.

Entre-temps pourrait être envisagée la constitution de la « Commission franco-espagnole de coopération transfrontalière », nouvelle commission intergouvernementale de voisinage, objet de l'échange de lettres du 21 octobre 1994 à Foix, publié au *Journal officiel* du 10 mars 1995, qui offre la possibilité d'une concertation élargie sur les questions et difficultés auxquelles il convient d'un commun accord d'apporter la réponse appropriée au niveau tant des collectivités territoriales que des représentants de l'État. Bien que des difficultés se soient manifestées quant à la composition de cette commission, il semble qu'elles puissent être surmontées.

L'inauguration le 7 juillet 1995, en prémices de la mise en vigueur de ce traité grâce à un échange de lettres adéquat, du pont sur le Riu Major entre la Catalogne et les Pyrénées-Orientales, constitue un symbole porteur. Des fournitures d'eau du Rhône à Barcelone par la compagnie du Bas-Rhône-Languedoc sont également à l'étude.

c) Une troisième ouverture s'est matérialisée avec l'accord franco-allemand sur « la coopération transfrontalière entre les collectivités territoriales et organismes publics locaux » paraphé à Paris le 3 mai 1995.

Les collectivités concernées sont :

✓ Côté français : les régions Alsace et Lorraine, les départements, les communes, leurs groupements sis sur le territoire de ces deux régions.

✓ Côté allemand : les Länder de la Sarre, de la Rhénanie-Palatinat et du Bade-Würtemberg, et les collectivités territoriales et leurs groupements sis sur le territoire de ces Länder.

L'innovation principale de cet accord réside dans le fait que les deux pays ont défini une norme juridique commune aux fins de créer une catégorie nouvelle d'organisme spécifique susceptible de mettre en œuvre concrètement les projets des collectivités locales : « le groupement local de coopération transfrontalière », les compétences concernant les services publics d'intérêt commun (dont la culture) et les équipements support.

Cet organisme, en droit allemand tout comme en droit français, servira à gérer les services publics ou à réaliser les équipements, d'intérêt commun.

Cet accord, paraphé le 3 mai 1995 à Paris, n'a pas encore été signé.

3. Du côté italien, l'instrument de ratification a été signé par le président de la République le 13.9.1995. L'accord est donc entré en vigueur.

La Suisse et le Luxembourg, à leur demande, ont été invités à se joindre à cet accord pour lequel les deux pays ont manifesté le plus vif intérêt au vu des premiers documents et explications sur l'économie du texte fournis par la France et l'Allemagne.

L'impulsion politique sous-tendant la négociation des accords avec l'Espagne et l'Allemagne a été capitale. Un accord est aussi envisagé avec la Belgique.

d) Le Conseil de l'Europe, poursuivant pour sa part sa démarche dans le sens d'un renforcement de la coopération transfrontalière, proposait dans les années 1990 l'élaboration d'un protocole additionnel à la Convention-cadre du Conseil de l'Europe signée à Madrid le 21 mai 1980, entrée en vigueur pour la France le 14 mai 1984. En effet, lors de la préparation du protocole additionnel à la Convention de Madrid, qui traite des instruments juridiques dont disposent les collectivités territoriales pour mener à bien la coopération transfrontalière, deux conceptions juridiques divergentes se sont dégagées au sein du Comité restreint d'experts, mis en place par le Comité directeur des autorités locales et régionales du Conseil de l'Europe. Ce n'est qu'à l'issue du comité des experts du 12 avril 1995 qu'a pu être arrêté un texte soumis à l'approbation du comité directeur des 7-9 juin 1995, qui doit être ouvert à la signature du Comité des ministres du Conseil de l'Europe le 9 novembre 1995. Ce protocole « rénové », tout en rappelant et précisant les principes de la Convention-cadre, réaffirme le droit des collectivités ou autorités territoriales de conclure des conventions de coopération transfrontalière en conformité avec leurs procédures internes, leurs législations, et dans le respect des engagements internationaux de l'État souverain dont elles relèvent.

Ce droit de conclure des accords de coopération transfrontalière débouche sur la possibilité de créer des organismes susceptibles d'exécuter les missions pour lesquelles ils ont été mis en place.

À cet égard, le texte du protocole présente deux approches :

✓ celle franco-allemande visée à l'article 4 qui renvoie la gestion de l'organisme transfrontalier et de ses actes à la législation de l'État dans lequel est situé son siège ;

✓ celle des pays du Bénélux, visée à l'article 5, qui définit la nature de droit public de l'organisme de coopération transfrontalière et précise que ses actes revêtent dans l'ordre interne de chacun des États concernés la même valeur juridique et les mêmes effets que s'ils avaient été pris dans cet ordre juridique par les collectivités ou autorités qui ont conclu l'accord.

La possibilité pour chacun des États parties d'adopter les deux approches ou l'une des deux confère à cet instrument une grande adaptabilité aux situations évolutives dans le temps de chaque partenaire.

Elle permet, à partir d'une vision globale d'un organisme de coopération, d'affiner la démarche et c'est ainsi qu'en ce qui la concerne, la France a pu dès 1993 avec l'Italie et surtout 1995 avec l'Espagne et l'Allemagne, préparer et conclure des accords étatiques bilatéraux jouant un rôle précurseur en la matière, soit pour surmonter des « réserves » mises à la mise en vigueur de la convention de Madrid (réserves levées début 1994 par la France), ou régler une approche différente des droits internes.

Le préfet H. Perrot, Délégué pour l'action extérieure des collectivités locales, préside le Comité des experts pour la coopération transfrontalière et interrégionale du Conseil de l'Europe depuis deux ans, élu, puis renouvelé, à l'unanimité des 24 pays membres, et dans lequel la Russie est observateur.

e) Au plan des Commissions intergouvernementales pour les questions de voisinage (qui sont cinq) dont le Délégué préside les délégations françaises, il a été proposé le renforcement du rôle de ces commissions par une périodicité plus régulière de leurs réunions et l'introduction de la dimension décentralisée ; il convient de citer les faits suivants :

✓ La Commission franco-italienne s'est réunie à Rome le 25 novembre 1994 et a donné lieu à la réunion du groupe de travail « Sécurité » le 22 avril 1995, le groupe de travail « Transports et communications » s'est tenu le 28 septembre, le groupe de travail « Environnement » devant se tenir à brève échéance, ces groupes constituant un perfectionnement des modalités de travail. Les présidents de Délégation se sont réunis également à Paris le 22 mai 1995 dans le cadre d'un secrétariat permanent décidé le 25 novembre 1994.

✓ La Commission mixte consultative franco-suisse qui s'est tenue à Lyon le 24 mars 1995. L'un des points essentiels de la réunion a été l'examen du projet de liaison transfrontalière de transport collectif d'agglomération en site propre, dit métro-léger de Genève. La réalisation de cette structure exigera la réalisation d'un montage technico-judico-financier qui pourra notamment faire appel aux dispositions évoquées à l'article 83 de la loi du 4 février 1995 après conclusion d'un accord bilatéral, dans la mesure où intervient un franchissement de la frontière entre la France et la Confédération helvétique et la réaffectation de la ligne de chemin de fer Annemasse-Genève-Eaux vives. Cet accord est en préparation.

✓ La Commission intergouvernementale franco-germano-suisse pour les relations de voisinage, dont les présidents de délégation se sont réunis à Berne le 20 avril 1995, a pris acte par l'intermédiaire des présidents de délégation de l'accord franco-allemand sur la coopération transfrontalière en phase d'achèvement (il a été paraphé à Paris le 3 mai 1995, voir supra), et a examiné les questions relatives à « l'environnement » et aux « transports ferroviaires ».

III – Divers

Outre ces deux axes principaux, et dans leur cadre, le Délégué a poursuivi ses actions d'information et de pédagogie au niveau des grands élus (diffusion du rapport notamment), des préfectures, des postes diplomatiques et consulaires, des ONG, des universitaires et des étudiants de l'enseignement supérieur : enseignement de 3e cycle, unique en son genre, dispensé pendant trois ans à Paris I-Panthéon-Sorbonne (comportant placement de plusieurs étudiants), conseils donnés pour thèses, ouvrages et mémoires.

L'actualisation de l'information s'opère aussi à travers divers colloques, en France et à l'étranger, d'inégale valeur. Mais il importe de continuer car, bien que le thème de la coopération décentralisée et de sa mise en œuvre soit mieux perçu, de nombreuses lacunes persistent à son sujet, même chez de hauts fonctionnaires. La Commission nationale pourrait à cet égard devenir un haut lieu de l'information.

La cellule du Délégué, quant à elle, pose encore un problème d'organisation vis-à-vis de la nouvelle Commission nationale, les autres problèmes ayant été réglés malgré de nombreuses vicissitudes ces dernières années.

Cette cellule est composée de trois personnes, dont le Délégué : un secrétaire-adjoint des Affaires étrangères, un attaché d'administration centrale.

S'agissant du personnel de secrétariat, le Délégué dispose maintenant de deux personnes, une à temps complet et une à temps partiel.

La gestion de la Commission nationale, à installer, va créer un nouveau besoin, celui d'un contractuel ou d'un cadre B pour l'assumer, financé en principe (cf. décret de création) sur le budget des services du Premier ministre, et d'un petit secrétariat propre. Ces deux agents pourraient n'être qu'un seul, à la fois de conception et d'exécution.

Conclusion

Comme il apparaît dans ce rapport, le quatrième du genre et qui constitue une étape supplémentaire dans l'évolution de la maîtrise du thème, le Délégué, de par sa situation «mixte» (origine préfectorale et emploi aux Affaires étrangères) et interministérielle, au carrefour de plusieurs ministères et d'organisations intergouvernementales, a pu remplir un rôle très positif en partie grâce à ce statut, qui facilite grandement la connaissance des problèmes et la coordination interservices et entre ministères.

De ce fait, il constitue une institution sans équivalent dont nos voisins – et au-delà – paraissent parfois éprouver le besoin et utilisent de temps à autre, dans le cadre d'actions de synthèse à promouvoir dans leur propre pays pour l'action extérieure des collectivités locales, autre forme d'utilisation de l'horizontalité de son rôle.

À noter enfin que la coopération décentralisée constitue un thème de politique intérieure assez consensuel, ce qui facilite son traitement.

Document 6

L'essor de la coopération décentralisée

De la politique des jumelages à l'action extérieure des collectivités locales en passant par la coopération transfrontalière, la coopération décentralisée, vecteur de francophilie, se développe en Europe mais également dans le monde sans «interférer» dans les domaines de compétence de l'État.

Avant de s'institutionnaliser, la coopération décentralisée est née comme un phénomène spontané. Des collectivités locales relevant de différents pays se sont unies pour servir des objectifs et des intérêts communs.

Déjà, dans la période de l'après-guerre, le besoin avait été ressenti de créer entre collectivités locales des rapports plus directs que ceux générés par les coopérations étatiques. Ce fut la politique des jumelages qui, dépassant, lorsqu'il le fallait, les différences politiques, a permis de nouer et entretient aujourd'hui de solides liens d'amitié entre les peuples. Elle est la source d'échanges particulièrement profitables aux communes. Ce fut, un peu plus tard, la coopération transfrontalière, qui répond à un objectif de solidarité économique et culturel évident, compte tenu de la proximité géographique entre les collectivités concernées.

La coopération décentralisée ne constitue pas, à proprement parler, une compétence nouvelle, mais plutôt un mode d'exercice des compétences locales. Elle laisse intacte la compétence de l'État pour conclure des traités avec d'autres États ou avec des organisations internationales. Elle permet d'atteindre l'équilibre et la cohérence, en prolongeant la décentralisation à l'extérieur de nos frontières, tout en assurant le respect des prérogatives étatiques et la protection des deniers publics.

Des débuts timides

Prévue timidement par la loi du 2 mars 1982, sous la seule forme d'une coopération transfrontalière dont la mise en œuvre était réservée au conseil régional, la coopération décentralisée a été soumise, en France, pendant une dizaine d'années à une période de probation, marquée notamment par la création d'un délégué à l'action extérieure des collectivités locales.

Le législateur l'a consacrée par la loi du 6 février 1992 relative à l'administration territoriale de la République, qui substitue, d'ailleurs, le terme de coopération décentralisée à celui d'action extérieure des collectivités locales. Puis, il en a précisé les modalités avec la loi du 4 février 1995 d'orientation pour l'aménagement et le développement du territoire.

Le 1er avril 1996, le Premier ministre a procédé à l'installation de la Commission nationale de la coopération décentralisée. Cette instance de réflexion et de partenariat, créée par la loi de 1992 et le décret du 24 octobre 1994, réunit des représentants de l'État et des collectivités locales. Elle constitue le couronnement de l'édifice institutionnel interne de la coopération décentralisée.

Depuis la loi de 1992, la coopération décentralisée est ouverte à toutes les collectivités locales françaises, quelle que soit leur localisation, ainsi qu'à leurs groupements.

Des coopérations variées, européennes et internationales

Les coopérations prévues sont très diverses puisque peuvent être conclues toutes les formes de conventions se rapportant à l'exercice des compétences locales. Elles permettent souvent le cofinancement des opérations extérieures des collectivités locales, soit par les États eux-mêmes, soit par les organisations internationales. L'Union européenne – et ses programmes sur fonds structurels – joue à cet égard un rôle déterminant, de même que le Conseil de l'Europe (notamment en ce qui concerne les liens avec les pays de l'Est).

La forme la plus récente de coopération est la possibilité ouverte aux collectivités locales étrangères, notamment celles relevant des pays de l'Union européenne, de se joindre à des sociétés d'économie mixte ou à des groupements d'intérêt public ou le droit pour les collectivités françaises de participer à des organismes étrangers. Par ces divers aspects, la coopération européenne décentralisée constitue un enjeu économique, social et humain majeur. Nul ne doute qu'elle favorisera l'éclosion et le développement de nombreux projets locaux et donnera de nouvelles perspectives aux initiatives déjà conduites par beaucoup de collectivités.

D'ores et déjà, entre six et sept mille opérations faisant intervenir des institutions locales françaises ont été recensées sur des thèmes aussi divers que la culture, l'environnement, le tourisme, le commerce, l'administration, la science et la technologie, ou encore la solidarité, sous forme d'aide à la modernisation ou au développement.

Ce dernier type de coopération, qui concerne essentiellement les pays du Sud, est devenu traditionnel tant avec les pays africains de la zone « champ » qu'avec des pays d'Amérique latine ou d'Asie. L'Union européenne et les organismes dépendant de l'ONU ont, récemment encore, associé leurs financements à des échanges entre la France et ces pays, notamment pour des projets relatifs au développement urbain. Par-delà le caractère, en apparence inégal, de ces accords sur le plan strictement financier, l'apport mutuel qui s'en dégage sur le plan culturel et humain est incontestable.

L'ouverture du droit français

Cette percée de la coopération décentralisée a été favorisée par l'ouverture du droit français, mais également par l'intervention de plusieurs accords multilatéraux et bilatéraux qui en ont renforcé les bases.

C'est d'abord la convention-cadre du 21 mai 1980, dite de Madrid, entrée en vigueur en France en 1984. Elle vise le développement de la coopération transfrontalière, dans le cadre des compétences conférées par chaque droit interne, aux collectivités locales. En 1995, la France a retiré la déclaration par laquelle elle subordonnait l'application de ce texte, les formes et les limites de la coopération à la conclusion d'accords interétatiques. Le protocole additionnel à la Convention de Madrid, ouvert à la signature des pays du Conseil de l'Europe le 9 novembre 1995, est, d'ores et déjà, signé par l'Allemagne, le Luxembourg, la Suède et la France. Il facilite la création d'un maître d'ouvrage unique pour la coopération transfrontalière et devrait éviter aux pays qui l'adopteront de recourir à des accords bilatéraux entre États.

Plusieurs autres accords récents méritent d'être mentionnés, notamment l'accord franco-italien, signé à Rome le 26 novembre 1993, le traité franco-espagnol signé à Bayonne le 10 mars 1995, ou l'accord de coopération transfrontalière conclu à Karlsruhe le 23 janvier 1996 entre les collectivités locales françaises, allemandes, luxembourgeoises et suisses.

J'ai eu le privilège d'apposer ma signature sur l'accord de Karlsruhe au nom du gouvernement de la République française. Il constitue une étape décisive, tant dans l'approfondissement des relations entre les pays concernés que par la dimension nouvelle qu'il apporte à la coopération transfrontalière, sur trois plans au moins :

– son premier apport marquant résulte de son ampleur territoriale sans précédent. Il se fonde sur la notion d'intérêt local commun et de voisinage. Pour la France, sont concernées toutes les collectivités locales des régions d'Alsace et de Lorraine ;

– l'accord de Karlsruhe a, par ailleurs, le mérite d'être souple et adaptable aux besoins. Ainsi ne définit-il pas la coopération transfrontalière décentralisée par une liste de domaines prédéterminés. Mais il ouvre aux collectivités la possibilité de conclure librement des conventions de coopération, afin de coordonner leurs décisions, de réaliser et gérer des équipements ou des services publics locaux communs. Il suffit, pour cela, qu'elles aient un dénominateur commun de compétences, en vertu du droit interne à chaque État signataire ;

– enfin, cet accord offre des modalités d'intervention à la fois pragmatiques et innovantes. Les collectivités pourront, soit recourir à des groupes de coordination sans personnalité autonome, soit créer ou participer à des organismes dotés de la personnalité juridique. Une nouvelle structure est introduite, pour assurer la maîtrise d'ouvrage d'opérations communes : le groupement local de coopération transfrontalière, établissement public soumis au droit interne de l'État où il aura son siège.

D'autres projets de coopération transfrontalière existent d'ores et déjà dans plusieurs régions françaises, Franche-Comté, Rhône-Alpes, Nord-Pas-de-Calais...

La France attend de tous ces accords une intensification des liens d'amitié et des échanges économiques et culturels entre les peuples. Il en sera ainsi grâce aux solidarités locales, et même à la convivialité, que doivent pouvoir développer, de part et d'autre de nos frontières, nos collectivités locales dans l'intérêt de tous les citoyens concernés.

Incontestablement, le développement de la coopération décentralisée s'est accéléré ces dernières années et on peut se réjouir que nos institutions aient accompagné cet essor. La gestion des compétences locales s'en trouve facilitée, en même temps que progresse le rapprochement des législations internes, propice à l'intégration européenne et, plus généralement, à la qualité de nos relations extérieures.

Fort du rôle pilote qu'il joue depuis longtemps en la matière, notre pays continuera de promouvoir ce mouvement qui prolonge la décentralisation tout en confortant la francophonie et la politique internationale de la France.

Dominique Perben, ministre de la Fonction publique, de la Réforme de l'État et de la Décentralisation, in *ENA Mensuel*, supplément juin-juillet 1996.

Document 7

La mise en œuvre de la coopération interrégionale en Europe

Il ne suffit pas de vouloir coopérer. Il faut promouvoir un développement harmonieux et une réelle cohésion communautaire. C'est à ces objectifs que s'attachent les institutions européennes et notamment la Commission.

La coopération interrégionale que favorise l'Union européenne est tout d'abord à restituer dans le cadre de la cohésion communautaire prévue par le Traité sur l'Union européenne dans son article 130 A. Elle est partie prenante de cet objectif politique de la construction européenne qui prévoit que pour « promouvoir un développement harmonieux de l'ensemble de la Communauté, celle-ci développe et poursuit son action tendant au renforcement de sa cohésion économique et sociale. En particulier, la Communauté vise à réduire l'écart entre les niveaux de développement des diverses régions et le retard des régions les moins favorisées, y compris les zones rurales ».

Le Conseil européen d'Edimbourg de décembre 1992, en adoptant ce qu'on a appelé le «paquet Delors II», a mis au service du principe de cohésion communautaire quelque 165 milliards d'Écus sur la période de programmation 1994-1999, dans la suite des programmes mettant en œuvre des stratégies de développement régional, convenues entre les États membres et la Commission européenne dans les cadres communautaires d'appui et dans les documents uniques de programmation. La Commission développe plus spécifiquement un certain nombre d'actions de coopération territoriale.

Cette coopération territoriale, financée par l'Union européenne, je l'avoue, n'est pas toujours facile à saisir pour une personne non avertie. La multiplicité des termes employés dans le domaine est souvent source de confusion.

Dans un souci de clarification, je distinguerai trois types de coopération :

– la coopération transfrontalière, c'est-à-dire entre les régions frontalières des États membres de l'Union;

– la coopération transnationale entre régions de l'Union européenne, s'organisant sur la base d'un accord entre États membres;

– et enfin la coopération interrégionale, entre des régions ou des villes non limitrophes qui organisent directement entre elles des réseaux sur des thèmes de coopération présentant un caractère innovant.

La coopération transfrontalière

Aux frontières intérieures de l'Union, l'initiative communautaire Interreg soutient depuis 1990 l'élaboration et la mise en œuvre conjointes de programmes transfrontaliers pour aider ces zones à surmonter les effets de la création du marché unique et à atténuer les effets de leur isolement en établissant des réseaux de coopération. La coopération transfrontalière, c'est également pour les collectivités territoriales apprendre à travailler ensemble, au-delà de frontières qui pendant longtemps ont constitué un facteur d'isolement. Unique en son genre par sa dimension politique, l'initiative Interreg est la seule initiative communautaire dont un montant a été attribué pour chaque frontière, dans le cadre d'un seul programme opérationnel. Vu l'importance politique de la coopération transfrontalière soulignée par le Conseil européen d'Edimbourg, la Commission a décidé en juin 1994 de prolonger et de renforcer Interreg pour la période 1994-1999. Toutes les zones définies suivant une nomenclature européenne et situées le long des frontières internes et externes de l'Union sont éligibles à l'initiative Interreg II. Outre les zones situées le long des frontières terrestres, quelques frontières maritimes supplémentaires sont devenues éligibles.

L'initiative Interreg connaît également un volet externe avec les pays de l'Europe centrale et orientale, ayant nécessité une articulation entre les instruments des politiques régionales et ceux des relations extérieures de l'Union (programme Phare). À ce jour, le montant de la contribution totale des fonds structurels au volet de la coopération transfrontalière d'Interreg a été porté à 2500 millions d'Écus dont les trois quarts ont été attribués aux régions frontalières de l'Union en retard de développement.

La grande diversité des régions de la Communauté en ce qui concerne le niveau de vie, l'activité économique et la densité de population, se reflète dans les programmes financés par Interreg I.

Tant pour les frontières intérieures qu'extérieures, deux grands types de coopération se distinguaient. Dans les régions les plus défavorisées, les communications et les infrastructures ont absorbé les trois quarts des crédits. Dans les autres régions, plus proches du centre de la Communauté, les programmes étaient davantage axés sur la création entre groupes économiques et sociaux et sur l'échange de savoir-faire. L'importance et la qualité de la coopération transfrontalière ont été plus marquées dans les régions qui disposaient de traditions et de structures de coopération transfrontalière. Certains États ont défini le cadre juridique de la coopération transfrontalière par un Traité d'État, tels l'Allemagne et les Pays-Bas.

D'autres, en revanche, n'avaient pas dans leur organisation administrative un outil susceptible de faciliter cette coopération. Néanmoins, une évolution se fait jour dans plusieurs États membres, notamment en France où la loi dite «Joxe» de 1992 a pris en compte la problématique de la coopération transfrontalière permettant, par exemple, la création d'un cadre juridique de coopération transfrontalière entre la France et l'Espagne.

Mais quelles que soient les différences d'organisation et de tradition administratives, centralisées ou décentralisées dans les États membres, on peut affirmer que la coopération entre collectivités territoriales ne se décrète pas, s'il n'existe pas à la base une réelle volonté politique de travailler en commun ainsi qu'une mobilisation des acteurs socioéconomiques des zones concernées.

La coopération transnationale – volet aménagement du territoire

Depuis l'année dernière et suite à une série d'études lancées par la Commission à partir de 1990, l'initiative Interreg II a été dotée d'un volet supplémentaire d'un montant de 415 millions d'Écus concernant l'aménagement du territoire européen. Ce nouveau volet se distingue nettement de la coopération transfrontalière, car il s'agit ici d'une coopération transnationale et non plus simplement transfrontalière sur de grands espaces, impliquant le territoire européen plus en profondeur que ne le font les seules zones transfrontalières, et sur des questions concernant l'aménagement du territoire.

L'essentiel est de donner aux États membres et aux régions une impulsion nouvelle en vue de coopérer sur des grands espaces transnationaux tels que la Baltique, la Méditerranée ou les Côtes Atlantiques.

En outre, deux autres dispositions de ce nouveau volet de l'initiative Interreg prévoient le développement d'actions sur la prévention des inondations et la lutte contre la sécheresse, sur la base d'une coopération transnationale.

La coopération interrégionale

L'initiative Interreg II n'inclut pas la coopération interrégionale entre régions non limitrophes de l'Union européenne. Celle-ci est réalisée à travers l'article 10 du règlement du fonds européen de développement régional (Feder), qui permet aux collectivités régionales et locales de l'Union européenne de coopérer entre elles, sur la base de thèmes innovants identifiés par la commission.

Ce type de coopération répond à trois préoccupations :

– d'une part, permettre aux régions les moins favorisées de l'Union de bénéficier d'un transfert de savoir-faire des régions les plus développées et ce, dans un but de développement économique ;

– d'autre part, de favoriser le développement de l'esprit européen et l'accès des régions et des villes de l'Union à la dimension européenne, notamment par le biais d'une gestion directe des projets de coopération par les collectivités ;

– enfin, d'aider à l'amélioration des politiques communautaires dans leur ensemble, en particulier quand elles ont un impact sur le développement local et régional.

Depuis 1989, la Commission a cofinancé la création de trente-six réseaux de coopération interrégionale sur des thèmes comme la modernisation des administrations publiques ou sur des secteurs comme l'environnement, les transports ou le tourisme, pour un montant de quarante-huit millions d'Écus.

Comme dans le cas de la coopération transfrontalière, la coopération interrégionale comprend également, depuis 1991, un volet de coopération décentralisée externe avec les pays d'Europe centrale et orientale, permettant aux collectivités de ces pays de bénéficier d'un savoir-faire en matière de développement économique des régions et des villes de l'Union européenne et favorisant de ce fait leur internationalisation.

En outre, la Commission a décidé en 1994 d'élargir cette coopération décentralisée externe aux régions et collectivités de la mer Baltique et de la Méditerranée.

Pour la coopération interrégionale aussi bien interne qu'externe, le budget prévu pour la période 1994-1999 est de 180 millions d'Écus.

Dans la suite de l'initiative Interreg – aménagement du territoire, coopération transnationale – la Commission a décidé également de cofinancer des projets pilotes d'aménagement du territoire pour un montant total de vingt millions d'Écus.

À travers ces projets pilotes, la Commission souhaite principalement fournir aux autorités compétentes et aux collectivités territoriales un instrument d'aide à la décision dans le domaine de la planification et les encourager à tenir compte des interdépendances, de plus en plus grandes, en matière d'aménagement du territoire au niveau européen.

Le contexte actuel de la coopération interrégionale a évolué par rapport à la première période de programmation 1989-1993.

La demande de coopération des régions, des collectivités locales ainsi que des acteurs économiques et sociaux s'est considérablement accrue pour répondre au besoin d'échange d'expériences, d'internationalisation économique et de coopération entre régions et collectivités locales éligibles aux politiques structurelles et celles qui ne le sont pas. La cohésion économique et sociale se traduit donc également par des actions de coopération entre les collectivités territoriales de l'Union.

L'avenir de la coopération entre collectivités et sa qualité passent par le renforcement du partenariat entre les autorités publiques régionales et locales et les acteurs économiques et sociaux en prise réelle avec le développement économique.

Cette démarche constitue, en effet, l'un des principes de base de la politique régionale et l'un des moteurs du développement économique régional.

Partenariat vertical où, dans le principe de la subsidiarité, il s'agira de rechercher une plus grande sensibilisation des États membres afin de parvenir à une meilleure prise en compte des actions de coopération territoriale au sein des politiques nationales et communautaires. Partenariat horizontal où, notamment aux niveaux régional et local, il conviendra de réaliser une meilleure association des acteurs socio-économiques pour répondre aux défis auxquels l'Europe doit faire face à l'aube du troisième millénaire.

Eneko Landaburu, Directeur général de la politique régionale et de la cohésion, Commission européenne, in *ENA Mensuel*, supplément juin-juillet 1996.

Document 8

Loi n° 95-115 du 4 février 1995 pour l'aménagement et le développement du territoire

Art. 83. – Il est inséré, après l'article 133 de la loi n° 92-125 du 6 février 1992 précitée, deux articles 133-1 et 133-2 ainsi rédigés :

« **Art. 133-1.** – Dans le cadre de la coopération transfrontalière, les collectivités territoriales et leurs groupements peuvent, dans les limites de leurs compétences et dans le respect des engagements internationaux de la France, adhérer à un organisme public de droit étranger ou participer au capital d'une personne morale de droit étranger auquel adhère ou participe au moins une collectivité territoriale ou un groupement de collectivités territoriales d'un État européen frontalier. L'objet exclusif de cet organisme ou de cette personne morale doit être d'exploiter un service public ou de réaliser un équipement local intéressant toutes les personnes publiques participantes. Cette adhésion ou cette participation est autorisée par décret en Conseil d'État.

« Cette adhésion ou cette participation fait l'objet d'une convention avec l'ensemble des collectivités territoriales étrangères ou de leurs groupements adhérant à l'organisme public en cause ou participant au capital de la personne morale en cause. Cette convention détermine la durée, les conditions, les modalités financières et de contrôle de cette adhésion ou de cette participation. Le total de la participation au capital ou aux charges d'une même personne morale de droit étranger des collectivités territoriales françaises et de leurs groupements ne peut être supérieur à 50 % de ce capital ou de ces charges.

« La convention prévue à l'alinéa précèdent entre en vigueur dès sa transmission au représentant de l'État dans le département dans les conditions fixées aux I et II de l'article 2 de la loi n° 82-213 du 2 mars 1982 précitée. Les dispositions de l'article 3 de la même loi sont applicables à ces conventions.

« Les comptes, certifiés par un commissaire aux comptes, ainsi que le rapport d'activité des personnes morales de droit étranger aux capitaux desquels participent les collectivités territoriales et leurs groupements, sont chaque année annexés au budget de ces personnes publiques. Il en est de même des comptes et du rapport d'activité des organismes publics de droit étranger auxquels adhèrent les collectivités territoriales et leurs groupements. Cette annexe précise le montant de la participation de chacune de ces personnes publiques. »

Commentaire

Phase 1 : lecture et analyse des documents

Découverte du sujet

Examinez attentivement le sujet. Il porte sur *« l'action extérieure des collectivités territoriales »*. Il n'est pas précisé quelles sont ces collectivités territoriales mais vous pouvez d'emblée supposer qu'il s'agit, au moins pour la France, des communes, des départements et des régions.

Le terme *« action extérieure »* n'est guère précis mais on peut imaginer, sans difficulté, qu'il s'agit des actions de coopération menées avec des administrations et organismes étrangers.

Le sujet n'indique pas s'il faut se limiter aux collectivités territoriales françaises mais précise, en revanche, que cette action extérieure des collectivités territoriales doit être examinée *« dans le cadre de l'Europe »*.

Cette précision est importante et doit vous mettre en éveil : il faudra écarter, si vous les rencontrez lors de la lecture des documents, les actions de coopération engagées avec des pays plus lointains, hors du champ de l'Europe.

Le terme *« Europe »* est lui-même peu précis : on ne vous dit pas s'il s'agit de l'Union européenne ou des États membres du Conseil de l'Europe... Cela laisse de larges possibilités de développement.

Gardez ces premières réflexions dans un coin de votre esprit et, à présent, penchez-vous sur les documents.

Survol du dossier

Huit documents sont mis à votre disposition pour traiter ce sujet. Parmi eux, le texte d'une convention internationale (document 1), deux extraits de loi (documents 2 et 8) et une circulaire ministérielle (document 3). Celle-ci, volumineuse, paraît contenir des informations générales directement en rapport avec le sujet : elle est d'ailleurs intitulée *« Circulaire relative à la coopération des collectivités territoriales françaises avec des collectivités territoriales étrangères »*. D'emblée, ce document riche en informations, peut être considéré comme important : ce sera peut-être votre document-pivot.

On remarque également un avis du Conseil d'État (document 4) sur le régime juridique applicable aux conventions passées entre les collectivités territoriales françaises et des collectivités territoriales étrangères.

Les trois documents restants ne sont pas de nature juridique mais laissent supposer qu'ils donnent des informations plus « factuelles », plus concrètes sur l'action extérieure des collectivités territoriales : il s'agit tout d'abord d'extraits d'un rapport d'activités du délégué pour l'action extérieure des collectivités locales (document 5).

Il s'agit ensuite de deux articles publiés dans *ENA mensuel*, portant respectivement sur « L'essor de la coopération décentralisée » (document 6) et sur « La mise en œuvre de la coopération interrégionale en Europe » (document 7).

Lecture approfondie

Procédons à présent à l'examen de chacun des documents.

Document 1

Cette convention a été signée à Madrid le 21 mai 1980, dans le cadre du Conseil de l'Europe, et ratifiée par la France.

Il s'agit d'une convention liant les États membres du Conseil de l'Europe et qui, comme son nom l'indique, fixe un cadre général pour favoriser la coopération entre collectivités territoriales.

Elle ne mérite pas de retenir trop longtemps notre attention, sinon pour noter que la coopération décentralisée peut faire l'objet d'accords internationaux.

Document 2

Il s'agit d'un document très court mais très important. Il incarne, en quelques lignes, à l'article 131 de la loi du 6 février 1992 relative à l'organisation territoriale de la République, la possibilité pour les collectivités territoriales françaises de conclure des conventions avec des collectivités territoriales étrangères *« dans les limites de leurs compétences et dans le respect des engagements internationaux de la France »*. On se doute que l'on retrouvera des commentaires sur cette disposition dans d'autres documents.

Document 3

On a déjà pressenti, lors du survol des documents, que cette circulaire contenait des informations nombreuses et directement en rapport avec notre sujet. Essayons de retenir, crayon en main, les passages les plus intéressants qui nous aideront à trouver les éléments essentiels de la note.

– La circulaire est destinée à commenter le titre IV de la loi du 6 février 1992, consacré à la coopération décentralisée.

– La coopération décentralisée, ou action extérieure des collectivités locales, peut être définie comme la relation entre des collectivités territoriales françaises et des collectivités territoriales étrangères.

– Cette coopération englobe toutes les catégories d'interventions des collectivités territoriales : relations d'administration ou de jumelage, actions de promotion à l'étranger, aide au développement des collectivités dans certains pays, assistance technique, action humanitaire, gestion commune de biens ou de services, etc.

– La loi de 1992 institue pour les collectivités territoriales françaises une possibilité de contracter avec des collectivités territoriales étrangères (c'est l'article 131 du document 2). Elle permet aussi à des collectivités territoriales étrangères de participer au capital de sociétés d'économie mixte locales ou de groupements d'intérêt public.

– En revanche, la circulaire rappelle que les collectivités territoriales ne sont pas des sujets de droit international et ne peuvent donc en aucune façon conclure des conventions avec un État ou une organisation internationale.

– Les collectivités territoriales françaises doivent agir dans le respect des engagements internationaux de la France. Parmi eux figure la convention de Madrid du 21 mai 1980 (voir document 1) qui couvre les actions de coopération engagées avec des collectivités territoriales étrangères et frontalières.

– Aucun accord interétatique n'est exigé par la France préalablement à la conclusion de conventions entre les collectivités territoriales françaises et étrangères, dès lors que les matières traitées ne concernent pas l'État.

– Les accords peuvent être conclus dans pratiquement tous les domaines à l'exclusion des questions touchant la police, ou les modalités d'organisation du service public administratif.

– Toutes ces conventions sont soumises au contrôle de légalité, dans les conditions du droit commun.

– Enfin, la circulaire précise qu'afin de permettre aux collectivités territoriales de disposer d'organismes de droit public français capables de gérer des actions de coopération décentralisée, la loi de 1992 a organisé la possibilité pour les collectivités territoriales étrangères de participer à des sociétés d'économie mixte locales françaises et à des groupements d'intérêt public.

Nous avons donc, grâce à cette circulaire, un panorama presque complet du cadre juridique général dans lequel peut s'exercer l'action extérieure des collectivités territoriales. **Ce document constitue incontestablement l'ossature principale du dossier, le document-pivot**.

Document 4

Par rapport au document précédent, cet avis du Conseil d'État n'apporte que la confirmation d'une information déjà connue : le Conseil d'État souligne que les conventions de coopération décentralisée passées par les collectivités territoriales ne peuvent être en aucun cas considérées comme des accords internationaux et doivent être soumises, à ce titre, au respect des règles de droit interne.

Document 5

Ce rapport a été rédigé par un préfet, Délégué par le gouvernement pour l'action extérieure des collectivités locales.

Il se présente sous la forme d'un bilan schématique, assorti d'une liste de mesures prises pendant la période considérée pour favoriser la coopération décentralisée.

Tout n'est pas à retenir, loin de là. On peut néanmoins retenir les passages donnant des exemples précis d'accords internationaux passés par des collectivités territoriales :

– accord franco-italien du 26 novembre 1993 de coopération transfrontalière entre collectivités territoriales ;

– traité de Bayonne du 10 mars 1995 entre la France et l'Espagne relatif à la coopération transfrontalière entre collectivités territoriales ;

– accord franco-allemand du 3 mai 1995 sur la coopération transfrontalière entre les collectivités territoriales. Ce dernier accord définit une norme juridique commune aux fins de créer une catégorie nouvelle d'organismes spécifiques susceptibles de mettre en œuvre concrètement les projets : le groupement local de coopération transfrontalière.

Dans un autre registre, on relève également que pour la France seulement, plus de 6000 opérations ont été recensées. Elles se manifestent à 60 % dans un axe Nord/Nord comprenant pour une bonne part des actions en Europe même.

Document 6

Cet article a le mérite, contrairement aux précédents, de mettre le sujet en perspective : il fait l'historique de la coopération décentralisée et recense les progrès accomplis depuis les années cinquante.

Il montre bien la révolution opérée avec la loi de 1992, qui a ouvert cette coopération à toutes les collectivités locales.

Il illustre ensuite le rôle joué par l'Union européenne et le Conseil de l'Europe et met en valeur les accords multilatéraux et bilatéraux qui ont renforcé les bases de la coopération décentralisée : convention de Madrid, accord franco-italien, traité franco-espagnol, etc. En ce sens, ce document complète parfaitement les informations données par le précédent.

Document 7

Cet article présente l'intérêt de passer en revue la coopération interrégionale développée au sein de l'Union européenne, à peine esquissée dans les documents 5 et 6.

Il en fixe le cadre : l'article 130 A du traité sur l'Union européenne qui vise à favoriser la *« cohésion communautaire »* (afin d'éviter de trop grandes disparités entre les régions d'Europe). L'auteur distingue en ce domaine trois types de coopération, pour lesquels 165 milliards d'Écus ont été alloués pour la période de programmation 1994-99 :

– la coopération transfrontalière,

– la coopération transnationale,

– la coopération interrégionale.

Document 8

Cette loi est déjà mentionnée dans le rapport du délégué pour l'action extérieure des collectivités locales. L'article 83 autorise les collectivités locales françaises à participer « minoritairement » à une personne morale de droit étranger en vue d'exploiter et de gérer en commun des services d'intérêt frontalier.

Phase 2 : construction du plan et rédaction de l'introduction

Après cette lecture approfondie des documents, nous arrivons au moment le plus délicat de l'élaboration de la note : l'ordonnancement des principales idées et des informations recueillies pour aboutir à la construction du plan, le plus détaillé possible.

En fait d'idées et d'informations, que voyons-nous ?

En premier lieu, des **informations strictement juridiques** qui nous donnent le cadre général de l'action extérieure des collectivités territoriales : loi du 6 février 1992, circulaire de 1994, loi du 4 février 1995, conventions internationales, etc.

Ces textes détaillent les compétences des collectivités territoriales et les limites de leurs interventions et permettent de mieux saisir ce qui fait l'originalité et la spécificité de la coopération décentralisée.

En second lieu, des **informations plus concrètes** illustrant les différents domaines d'intervention de la coopération décentralisée et les résultats obtenus, y compris dans le champ de l'Union européenne.

On voit là l'ébauche d'un **plan en deux parties** que nous pouvons intituler respectivement :

1. Le cadre juridique de la coopération décentralisée

2. Les différents aspects de la coopération décentralisée en Europe

L'introduction, qu'il est toujours souhaitable de rédiger au brouillon, pourrait se présenter ainsi :

Après des débuts timides au lendemain de la guerre, la coopération décentralisée ou action extérieure des collectivités locales s'est considérablement développée au cours des dernières années.

En France, le législateur l'a consacrée par la loi du 6 février 1992 relative à l'organisation territoriale de la République (article 131).

Elle est ouverte à toutes les collectivités locales françaises et peut prendre des formes très diverses…

Le contenu des deux parties, ensuite, peut être schématiquement le suivant.

Première partie : Le cadre juridique de la coopération décentralisée :

– les bouleversements apportés par la loi du 6 février 1992 ;

– le domaine quasi illimité d'intervention des collectivités territoriales en matière de coopération décentralisée ;

– l'avis du Conseil d'État du 25 octobre 1984 ;

– le contrôle par le préfet et l'absence d'accord interétatique préalable ;

– l'ouverture apportée par les accords internationaux : convention de Madrid, accord franco-italien, traité franco-espagnol, etc. ;

– l'action spécifique de l'Union européenne (article 130 A du traité de l'Union européenne).

Deuxième partie : Les différents aspects de la mise en œuvre de la coopération décentralisée en Europe :

– les différentes catégories d'actions ;

– la part prise par la coopération à l'intérieur des pays européens ;

– les différents types de situation couverts par la coopération territoriale financée par l'Union européenne ;

– les formules mises en place pour mieux structurer la coopération décentralisée : autorisation pour les collectivités étrangères de participer à des sociétés d'économie mixte, loi du 4 février 1995, groupements d'intérêt public…

À partir de ce schéma détaillé, le corrigé suivant peut être proposé.

Corrigé proposé

Sujet : *Rédigez une note de synthèse sur l'action extérieure des collectivités territoriales dans le cadre de l'Europe.*

Après des débuts timides au lendemain de la guerre, la coopération décentralisée ou action extérieure des collectivités locales s'est considérablement développée au cours des dernières années. En France, le législateur l'a consacrée par la loi du 6 février 1992 relative à l'organisation territoriale de la République (article 131).

Elle est ouverte à toutes les collectivités locales françaises et peut prendre des formes très diverses.

Limitée au cadre européen, cette note présentera successivement le cadre juridique général de cette coopération décentralisée et différents aspects de sa mise en œuvre.

1. Le cadre juridique de la coopération décentralisée

Ce n'est que par la loi du 6 février 1992, dite loi d'orientation n° 92-125 relative à l'administration territoriale de la République, que le législateur a reconnu aux collectivités territoriales le droit de faire de la coopération décentralisée.

Depuis cette loi, la coopération décentralisée est ouverte à toutes les collectivités locales françaises, quelle que soit leur localisation. Sont ainsi visés les communes, les départements, les régions et leurs groupements, mais non les établissements publics locaux (autres que les groupements de collectivités territoriales).

Les collectivités sont autorisées à passer des conventions avec des collectivités locales étrangères – à savoir les « collectivités, autorités ou organismes exerçant des fonctions territoriales et considérées comme telles dans le droit interne de chaque État » – mais cette possibilité n'est ouverte que pour l'exercice de leurs compétences et dans le respect des obligations internationales de la France.

À cet égard, elles peuvent passer des accords dans pratiquement tous les domaines (hormis celui de la police ou de l'organisation du service public).

Dans un avis rendu le 25 octobre 1994 par le Conseil d'État, celui-ci a précisé que les conventions de coopération décentralisée passées par les collectivités territoriales ne peuvent en aucun cas être considérées comme des accords internationaux et doivent être soumises, à ce titre, au respect des règles de droit interne. Il appartient au préfet, délégué du gouvernement, de faire respecter ces principes dans le cadre de l'exercice normal de son contrôle de légalité des actes administratifs.

Pour le reste, aucun accord interétatique n'est exigé par la France préalablement à la conclusion de conventions entre des collectivités territoriales françaises et des collectivités territoriales de pays étrangers, dès lors que les matières traitées ne concernent pas l'État.

En France, la Commission nationale de la coopération décentralisée, instituée par décret du 24 octobre 1994 et mise en place en avril 1996, doit favoriser la mise en œuvre de cette coopération ; instance de consultation et de partenariat, elle regroupe des représentants des collectivités territoriales et des représentants des principaux ministères concernés et siège deux fois par an.

La Commission est placée sous la présidence du Premier ministre et son secrétariat est assuré par le délégué pour l'action extérieure des collectivités locales. Ce délégué, qui peut être un diplomate ou un préfet, assure des fonctions de coordination et d'incitation auprès des différentes administrations concernées et dresse un rapport annuel d'activités.

Outre la loi de 1992, plusieurs accords multilatéraux et bilatéraux ont renforcé les bases de la coopération décentralisée et favorisé son essor.

Ainsi la convention de Madrid du 21 mai 1980, ratifiée par la France en 1984, vise, dans le cadre du Conseil de l'Europe, à faciliter la coopération entre les collectivités territoriales ayant une frontière commune.

Dans ce cadre plusieurs accords récents ont été passés, notamment l'accord franco-italien signé à Rome le 26 novembre 1993, le traité franco-espagnol signé à Bayonne le 10 mars 1995 ou l'accord de coopération transfrontalière conclu à Karlsruhe le 23 janvier 1996 entre les collectivités locales françaises, allemandes, luxembourgeoises et suisses.

Au sein de l'Union européenne enfin, la coopération entre collectivités territoriales (ou interrégionale) s'est développée pour favoriser la cohésion communautaire prévue par le traité sur l'Union européenne dans son article 130 A. Cette coopération a donné lieu à des financements communautaires importants sous le nom d'Interreg. 165 milliards d'Écus ont ainsi été alloués sur la période de programmation 1994-1999.

2. Les différents aspects de la mise en œuvre de la coopération décentralisée en Europe

La coopération décentralisée s'est considérablement développée en l'espace de quinze ans.

À côté des opérations classiques de jumelage, apparues dès le lendemain de la guerre, se sont multipliées des actions de coopération décentralisée transfrontalière et des opérations plus lointaines touchant pratiquement tous les domaines : actions culturelles, actions de promotion, aide au développement, assistance technique, action humanitaire, gestion commune des biens ou des services, tourisme, etc.

Concernant la France, plus de 6000 opérations ont été recensées en 1994-1995. Elles se manifestent à 60 % dans un axe Nord/Nord qui touche l'ensemble des pays de l'OCDE et représente surtout des actions entreprises en Europe même.

La coopération territoriale financée par l'Union européenne recouvre, quant à elle, plusieurs types de situations :

– la coopération transfrontalière, qui est la plus évidente dans sa nécessité et qui recouvre des domaines variés : communications, infrastructures, échanges de savoir-faire, etc. ; le montant de la contribution des fonds structurels concernant la coopération transfrontalière d'Interreg est de 2500 millions d'Écus, dont les trois quarts ont été attribués aux régions frontalières de l'Union en retard de développement ;

– la coopération transnationale entre régions de l'Union européenne ; celle-ci, contrairement à la précédente, implique de vastes espaces géographiques (Baltique, Méditerranée, façade atlantique) sur des questions concernant surtout l'aménagement du territoire ; ce volet a été doté de 415 millions d'Écus ;

– la coopération interrégionale proprement dite favorise le rapprochement de régions ou de villes non limitrophes sur des thèmes comme la modernisation des administrations publiques, ou sur des secteurs comme l'environnement, les transports ou le tourisme ; le budget prévu pour la période 1994-1999 est de 180 millions d'Écus.

Pour structurer les domaines d'intervention couverts par la coopération, de nombreuses formules ont été mises en place en France.

C'est ainsi que la loi de 1992 autorise la participation minoritaire de collectivités étrangères à des sociétés d'économie mixte sous deux conditions : l'accord préalable des États et un objet limité à l'exploitation des services publics d'intérêt commun.

Inversement, la loi du 4 février 1995 d'orientation pour l'aménagement du territoire a permis la participation « minoritaire » des collectivités locales françaises au capital d'une personne morale de droit étranger ou leur adhésion à un organisme public de droit étranger.

L'objet exclusif de cette structure doit être l'exploitation d'un service public ou la réalisation d'un équipement local intéressant toutes les personnes publiques participantes.

L'article 133 de la loi de 1992 prévoit la constitution de groupements d'intérêt public de coopération interrégionale et transfrontalière, limitée aux seules collectivités territoriales des pays membres de l'Union européenne.

Les accords entre États peuvent eux-mêmes prévoir de nouvelles structures, telles que le groupement local de coopération transfrontalière créé par l'accord franco-allemand de Karlsruhe du 3 mai 1995.

En conclusion, il n'est pas exagéré de soutenir, même si le recul est encore faible, que les textes fondateurs de la coopération décentralisée, avec en particulier la loi du 6 février 1992, ont parfaitement rempli leurs objectifs.

De la politique de jumelage à l'action extérieure des collectivités locales en passant par la coopération transfrontalière, la coopération décentralisée se développe en Europe sans interférer « le moins du monde dans les domaines traditionnels de compétence de l'État ».

Elle a permis de créer des rapports avec les pays voisins plus proches et plus individualisés que ceux créés par la coopération d'État à État.

Annexes

Les concours : où vous renseigner?

Où se préparer?

Les concours administratifs

Où vous renseigner?

Les services du personnel des ministères et organismes publics
Ces services vous informeront sur les différents concours ouverts dans leur ministère, les conditions d'accès, le type d'épreuves et les programmes à étudier, et recevront vos dossiers d'inscription.
Vous pouvez également consulter le site internet du ministère de la Fonction publique :
www.fonction-publique.gouv.fr

Premier ministre
Secrétariat général du Gouvernement
Direction des services administratifs et financiers
18, rue Vaneau, 75700 Paris
Tél. 01 42 75 80 00
www.premier-ministre.gouv.fr

Ministère des Affaires étrangères
Direction des ressources humaines
23, rue La Pérouse, 75775 Paris Cedex 16
Tél. 01 43 17 73 55 Fax 01 43 17 75 41
www.diplomatie.gouv.fr

Ministère de l'Agriculture et de la Pêche
Direction générale de l'administration
Bureau des concours
78, rue de Varenne, 75349 Paris 07 SP
Tél. 01 49 55 44 85 Fax 01 49 55 50 49
www.agriculture.gouv.fr

Ministère de la Culture et de la Communication
Direction de l'administration générale
Service du personnel et des affaires sociales
4, rue de la Banque, 75002 Paris
Tél. 01 40 15 80 00 Fax 01 40 15 85 64
www.culture.gouv.fr

Ministère de la Défense
Pour le personnel civil
Direction de la fonction militaire et du personnel civil
Sous-direction Gestion du personnel civil
231, boulevard Saint-Germain, 75007 Paris
Tél. 01 45 52 43 21 Fax 01 45 52 49 55

Pour les carrières militaires
Délégation à l'information et à la communication de la défense (DICOD)
Ecole militaire, 1, place Joffre, 75007 Paris
Tél. 01 44 42 36 50 Fax 01 47 05 55 85
AP : 00445 Armées
www.defense.gouv.fr

Ministère de l'Economie, des Finances et de l'Industrie
Direction du personnel et de l'administration
Sous-direction du personnel
139, rue de Bercy, 75572 Paris Cedex 12
Tél. 01 53 18 20 01 Fax 01 53 18 87 05
www.minefi.gouv.fr

Ministère de l'Éducation nationale
Pour les personnels enseignants
Direction des personnels enseignants
Sous-direction recrutement
32-34, rue de Chateaudun 75009 Paris
Tél. 01 55 55 45 00 Fax 01 40 16 02 88

Pour les personnels non enseignants
Direction des personnels administratifs, techniques et d'encadrement
Bureau concours
142, rue du Bac, 75007 Paris
Tél. 01 55 55 24 95 Fax 01 55 55 22 90
www.education.gouv.fr

Ministère de l'Emploi et de la Solidarité
Direction de l'Administration générale et de la Modernisation des services
Sous-direction Ressources humaines
39-43, quai André-Citröen, 75739 Paris Cedex 15
Tél. 01 44 38 36 40 Fax 01 44 38 37 37
www.travail.gouv.fr

Ministère de l'Equipement, des Transports et du Logement
Direction du personnel et des services
Tour Pascal B, 92055 La Défense Cedex
Tél. 01 40 81 21 22 Fax 01 40 81 65 01
www.equipement.gouv.fr

Ministère de la Fonction publique et de la Réforme de l'État
Direction générale de l'administration et de la fonction publique
32, rue de Babylone, 75700 Paris 07 SP
Tél. 01 42 75 80 00 Fax 01 42 75 88 62
www.fonction-publique.gouv.fr

Ministère de l'Intérieur

– Direction générale de l'administration
Direction des personnels, de la formation et de l'action sociale
7, rue Nélaton, 75015 Paris
Tél. 01 40 57 57 57 Fax 01 40 57 54 27

– Direction générale de la police nationale
Direction de l'administration de la police nationale
Même adresse
Tél. 01 40 57 57 57 Fax 01 40 59 07 28
www.interieur.gouv.fr

Ministère de la Jeunesse et des Sports
Direction du personnel et de l'administration
78, rue Olivier-de-Serres, 75739 Paris Cedex 15
Tél. 01 40 45 95 76 Fax 01 40 45 98 45
www.jeunesse-sports.gouv.fr

Ministère de la Justice
Direction de l'administration générale et de l'équipement
Sous-direction des ressources humaines
13, place Vendôme, 75042 Paris Cedex 01
Tél. 01 44 77 60 60
www.justice.gouv.fr

Ville de Paris
Mairie de Paris, Direction des ressources humaines
Bureau du recrutement
2, rue Lobau, 75004 Paris
Tél. 08 2000 75 75
www.paris-france.org

Assemblée nationale
Services administratifs
Division du recrutement
126, rue de l'Université, 75355 Paris Cedex 07 SP
Tél. 01 40 63 60 00 Fax 01 45 55 75 23
www.assemblee-nationale.fr

Sénat
Service du personnel
15, rue de Vaugirard, 75291 Paris Cedex 06
Tél. 01 42 34 25 62
www.senat.fr

Centre national de la fonction publique territoriale
10-12, rue d'Anjou, 75381 Paris Cedex 08
Tél. 01 55 27 44 00 Fax 01 55 27 44 01
www.cnfpt.fr

D'autres services proposés sur Internet

L'ONISEP
www.onisep.fr
Voir la rubrique « Concours de la fonction publique », annoncée dès la page d'accueil du site.
Les avis de concours présentés sur le site de l'ONISEP regroupent les concours externes de l'ensemble de la fonction publique. Chaque annonce présente les éléments essentiels pour pouvoir s'inscrire, mais il est nécessaire de s'informer plus complètement sur le programme des épreuves auprès de l'établissement organisateur du concours.

Les brochures d'information

Le *Journal officiel*
Le *JO* publie régulièrement les avis de concours nationaux ainsi qu'un calendrier prévisionnel des recrutements (fonction publique de l'État, Ville de Paris, concours des Armées).
Ce calendrier indique par administration et par catégorie (A, B ou C) le type de concours, la date prévue des épreuves, la date limite de retrait et de dépôt des dossiers d'inscription, les adresses et numéros de téléphone des administrations à contacter pour confirmation des dates, détails sur les programmes des épreuves, etc.
Direction des Journaux officiels
26, rue Desaix, 75727 Paris Cedex 15
Tél. 01 40 58 75 00
Télétel 3616 JOEL et 3617 JOELECO
www.journal-officiel.gouv.fr

Où se préparer ?

Les principales préparations aux concours

De nombreux établissements, publics et privés, proposent des préparations aux concours externes et internes de la fonction publique. Les concours externes sont ouverts à tout candidat remplissant les conditions exigées pour l'accès au corps concerné (nationalité française, âge, diplôme, etc.). Les concours internes sont réservés aux agents de la fonction publique ayant plusieurs années d'ancienneté qui souhaitent changer de corps.

La liste d'adresses qui suit, compte tenu du nombre d'organismes concernés, ne peut être exhaustive.

Les universités

De nombreuses universités ont des centres de préparation aux concours administratifs.

Les IPAG

Les Instituts de préparation à l'administration générale, rattachés aux universités, remplissent différentes fonctions dont la préparation aux concours externes ouverts aux candidats justifiant d'un DEUG ou d'une licence, et la préparation aux concours internes. L'admission se fait sur dossier et sur tests.

IPAG de l'université d'Amiens
Université de Picardie
Pôle universitaire cathédrale
10, place Lafleur
80027 Amiens Cedex 1
Tél. 03 22 82 71 31 Fax 03 22 82 71 57
www.u-picardie.fr

IPAG de l'université des Antilles et de la Guyane
Campus universitaire de Schœlcher
BP 7209
97275 Schœlcher Cedex, Martinique
Tél. 05 96 72 73 80 Fax 05 96 72 73 73

IPAG de l'université de Besançon
Université de Franche-Comté
30, avenue de l'Observatoire
25030 Besançon Cedex
Tél. 03 81 66 61 45 Fax 03 81 66 65 77
www.univ-fcomte.fr

IPAG de l'université de Brest
Université de Bretagne occidentale
UFR lettres et sciences sociales
20, rue Duquesne
BP 814 29285 Brest Cedex
Tél. 02 98 01 63 34 Fax 02 98 01 70 60
www.univ-brest.fr

IPAG de l'université de Caen
Esplanade de la Paix
BP 5186 14032 Caen Cedex
Tél. 02 31 56 59 81 Fax 02 31 56 53 40
www.unicaen.fr

IPAG de l'université de Cergy-Pontoise
Site des Chênes II
33, boulevard du Port
95011 Cergy-Pontoise
Tél. 01 34 25 61 66
www.u-cergy.fr

La Documentation française

La Documentation française, service du Premier ministre, s'est vu confier différentes missions : maison d'édition d'une part, centre de documentation d'autre part, notamment dans le domaine international, elle est également chargée de mettre en œuvre le « portail » de l'administration française, avec son site internet « service-public.fr ». Parmi les produits et les services mis à la disposition du public, nombreux sont ceux qui peuvent être très utiles aux candidats aux concours administratifs.

Des publications

La Documentation française publie, outre la collection FAC (Formation Administration Concours) de nombreuses revues et collections d'ouvrages, dont plusieurs intéressent directement les candidats aux concours, en leur permettant notamment d'acquérir ou d'approfondir leur culture générale.

Les cahiers français
Dossiers de synthèse sur l'actualité économique, sociale et sur les grandes questions internationales.
bimestriel (le numéro : 9 €, abonnement : 45 €)

Les notices
Recueils d'articles originaux offrant un point complet sur des thèmes de nature institutionnelle, juridique ou sociale.
(le recueil : 15 ou 17 €)

Regards sur l'actualité
L'actualité de la vie publique en France.
mensuel (le numéro : 6 €, abonnement : 46,50 €)

Problèmes politiques et sociaux
Le point sur les questions de société.
bimensuel (le numéro : 7 €, abonnement : 82 €)

Les études de la DF
Des ouvrages de référence pour comprendre la société contemporaine (économie, institutions, société, vie internationale).
(le titre : de 12,50 € à 19 €)

Problèmes économiques
Recueils d'articles de presse sur l'essentiel de la théorie et de la pratique économiques.
hebdomadaire (le numéro : 3 €, abonnement : 68 €)

Une bibliothèque

230000 ouvrages, 1100 titres « vivants » de périodiques dans les domaines de l'actualité économique, politique et sociale et 750 publications annuelles. Nombreuses publications officielles françaises et internationales.
Ouverte les lundi, mardi, mercredi et vendredi de 10 h à 18 h, le jeudi de 10 h à 13 h.
29, quai Voltaire, Paris 7e

Un centre de documentation internationale

5000 dossiers thématiques (constitués d'articles de presse française et étrangère, de revues, de publications officielles, etc.) sur l'ensemble des pays du monde, régulièrement mis à jour.
Ouvert sur rendez-vous du lundi au vendredi de 10 h à 18 h, le jeudi de 10 h à 13 h.
Tél. 01 40 15 72 18
29, Quai Voltaire, Paris 7e

Des sites Internet

www.ladocumentationfrancaise.fr
Le site de La Documentation française : son catalogue général en ligne, l'accès à des « dossiers d'actualité » et à des « dossiers documentaires » sur les politiques publiques en France, ainsi qu'à la Bibliothèque des rapports publics (l'intégralité des rapports publics en ligne, que ceux-ci aient été publiés ou non).

www.service-public.fr
Le portail d'accès à l'information administrative et à l'administration française.

Pour en savoir plus...
Catalogue sur simple demande
Tél. 01.40.15.72.66

IPAG de l'université de Clermont-Ferrand
Université de Clermont I
36, boulevard Cote-Blatin
63000 Clermont-Ferrand Cedex
Tél. 04 73 35 22 88 Fax 04 73 34 82 00
www.u-clermont1.fr

IPAG de l'université de Dijon
Université de Bourgogne
4, boulevard Gabriel
21000 Dijon
Tél. 03 80 39 53 59
www.u-bourgogne.fr

IPAG de l'université de Lille II
Faculté des sciences juridiques, politiques et sociales
1, place Déliot BP 629
59024 Lille Cedex
Tél. 03 20 90 74 39 Fax 03 20 90 76 38
www.s3tiers.univ-lille2.fr

IPAG de l'université de Limoges
39D, rue Camille-Guérin
BP 1727
87025 Limoges Cedex
Tél. 05 55 43 56 48 Fax 05 55 43 56 49
www.unilim.fr

IPAG de l'université de Montpellier
UFR droit
39, rue de l'Université
34060 Montpellier Cedex 1
Tél. 04 67 61 51 33
www.u-montpellier.fr

IPAG de l'université de Nancy II
4, rue de la Ravinelle, CO n° 26
54035 Nancy Cedex
Tél. 03 83 19 27 70 Fax 03 83 19 27 67
www.univ-nancy2.fr

IPAG de l'université de Nantes
Chemin de la Censive-du-Tertre
BP 81307
44313 Nantes Cedex 3
Tél. 02 40 14 15 15
www.univ-nantes.fr

IPAG de l'université de Paris II
118-122 rue de Vaugirard
75006 Paris
Tél. 01 53 63 86 30
www.u-paris2.fr

IPAG de l'université de Paris X-Nanterre
200, avenue de la République
92001 Nanterre Cedex
Tél. 01 40 97 71 61
www.u-paris10.fr

IPAG de l'université de Paris-Sud
Faculté de droit Jean Monnet
54, boulevard Desgranges
92331 Sceaux Cedex
Tél. 01 40 91 17 59
www.jmu-psud.fr

IPAG de l'université de Paris XII-Val-de-Marne
Faculté administration et échanges
61, avenue du Général-de-Gaulle
94010 Créteil Cedex
Tél. 01 45 17 18 88 Fax 01 45 17 18 76
www.univ-paris12.fr

IPAG de l'université de Poitiers
93, avenue du Recteur Pineau
86022 Poitiers Cedex
Tél. 05 49 45 44 24
www.univ-poitiers.fr

IPAG de l'université de Reims
Faculté de droit et de science politique
Campus Croix-Rouge
57 bis, rue Pierre-Taittinger
51096 Reims Cedex
Tél. 03 26 91 37 35
www.univ-reims.fr

IPAG de l'université de Rennes I
106, boulevard de la Duchesse-Anne
35700 Rennes
Tél. 02 99 27 61 31 Fax 02 99 27 61 30
www.ipag.univ-rennes1.fr

IPAG de l'université de Rouen
UFR de droit et sciences économiques
Rue Lavoisier
76831 Mont-Saint-Aignan Cedex
Tél. 02 35 14 60 13 Fax 02 35 14 70 87
www.univ-rouen.fr

IPAG de l'université de Strasbourg III
Université Robert Schuman
47, avenue de la Forêt Noire
67082 Strasbourg Cedex
Tél. 03 88 41 77 48 Fax 03 88 41 77 47
www-ipag.u-strasbg.fr

IPAG de l'université de Valenciennes
Université de Valenciennes et du Hainaut-Cambrésis
Rue des Cent-Têtes
59313 Valenciennes Cedex 9
Tél. 03 27 51 76 08
www.univ-valenciennes.fr

Les CPAG

Les Centres de préparation à l'administration générale fonctionnent au sein de certains Instituts d'études politiques. Ils ont pour mission de préparer aux concours de recrutement externes et internes de catégorie A des trois fonctions publiques (État, collectivités locales et établissements hospitaliers).
Les principaux concours préparés sont tous les concours d'attaché d'administration centrale ou territoriale, les concours d'inspecteur, ceux des Ecoles nationales de la Santé et de la Sécurité sociale.

CPAG de l'Institut d'études politiques d'Aix-en-Povence
25, rue Gaston-de-Saporta
13625 Aix-en-Provence Cedex 1
Tél. 04 42 17 01 60 Fax 04 42 96 36 99
www.iep-aix.fr

CPAG de l'Institut d'études politiques de Bordeaux
Domaine universitaire
11, allée Ausone
33607 Pessac Cedex
Tél. 05 56 37 43 44 Fax 05 56 37 45 37
www.iep.u-bordeaux.fr

CPAG de l'Institut d'études politiques de Grenoble
Domaine universitaire
1030, avenue Centrale
BP 45
38042 Saint-Martin-d'Hères Cedex
Tél. 04 76 82 60 35 Fax 04 76 82 60 70
www.sciences-po.upmf-grenoble.fr

CPAG de l'Institut d'études politiques de Lyon
14, avenue Berthelot
69365 Lyon Cedex 07
Tél. 04 37 28 38 00 Fax 04 37 28 38 01
www.iep.univ-lyon2.fr

CPAG de l'Institut d'études politiques de Toulouse
2 ter, rue des Puits-Creusés
31070 Toulouse Cedex
Tél. 05 61 11 02 81 Fax 05 61 22 94 80
www.univ-tlse1.fr/iep/

Les préparations par correspondance

Le CFPP

Centre de formation professionnelle et de perfectionnement du ministère de l'Economie, des Finances et de l'Industrie
20, allée Georges-Pompidou, 94306 Vincennes Cedex
Tél. 01 58 64 81 02
Fax 01 58 64 83 15

Le Centre national d'enseignement à distance (CNED)

Un établissement public…

Dirigé par un Recteur d'académie, le Centre national d'enseignement à distance est un établissement public dépendant du Ministère de l'Education nationale. Sa mission est de dispenser à tous, en France et à l'étranger, un enseignement à distance, à tous les niveaux de formation initiale et continue, en ayant recours aux moyens multi-média, écrit, audio-oral, audiovisuel, télématique et informatique.

Un réseau opérationnel…

Le CNED se compose d'une Direction générale installée sur le site du Futuroscope à Poitiers et de huit instituts répartis sur tout le territoire (les instituts de Grenoble, Lille, Lyon, Poitiers, Rennes, Rouen, Toulouse et Vanves), de représentations outre-mer et d'une école d'ingénierie de la formation à distance (EIFAD).

350 000 inscrits… 3 500 formations…

C'est le plus important établissement scolaire et universitaire de France par ses effectifs : 350 000 inscrits chaque année, dont 75 % d'adultes qui l'ont choisi pour leur formation générale ou professionnelle. En outre, pour satisfaire les demandes des entreprises et des administrations, le CNED élabore des produits, parcours et dispositifs de formation sur mesure. L'inscription s'accompagne d'un droit annuel variable selon les préparations, droit pouvant être pris en charge par l'entreprise pour les salariés.

Une dimension internationale…

Très engagé dans la coopération éducative avec des universités, des opérateurs d'enseignement à distance et des organismes internationaux, le CNED contribue à la présence française à l'étranger.

Pour en savoir plus sur les formations du CNED :
Tél. 05.49.49.94.94
www.cned.fr

Le CFPP assure chaque année des préparations à la plupart des concours de ce département ministériel ainsi qu'à certains concours interministériels :
- concours d'entrée à l'Ecole nationale d'administration (ENA);
- concours d'admission au cycle préparatoire aux concours d'entrée à l'École nationale d'administration (ou pré-concours);
- concours interne d'accès à l'Ecole nationale de la magistrature (ENM).

Le CNED de Lille

Une spécificité administrative et juridique

Depuis près de trente ans, l'institut de Lille est, au sein du CNED, le centre spécialisé dans la préparation aux concours administratifs et à l'enseignement supérieur juridique. Dans ce domaine, il a établi un partenariat avec des établissements prestigieux tels que le CAVEJ (Centre audiovisuel d'études juridiques)-Université de Paris 1 – pour la capacité, le DEUG et la licence en droit, l'Université de Lille II pour le Diplôme universitaire de la propriété industrielle et des technologies nouvelles, l'IPAG de Poitiers (Institut de préparation à l'administration générale) pour la Licence d'administration publique.

L'institut de Lille, en matière de concours administratifs, offre près de 100 formations spécifiques ou interministérielles, de tous niveaux (A, B, C) et selon 3 formules au choix :
- des préparations complètes ;
- des mises à niveau qui permettent aux inscrits d'accéder aux précédentes en renforçant leurs connaissances dans des disciplines d'enseignement général et en les initiant à certains domaines spécialisés qu'ils n'ont pas eu la possibilité d'aborder au cours de leurs études antérieures ;
- des préparations par épreuve à l'intention des candidats à des concours de niveaux A, B et C ne figurant pas au catalogue. Ce matériel pédagogique est constitué par un ensemble de matières parmi lesquelles les intéressés peuvent opérer un choix en fonction de leur formation initiale.

Une mosaïque d'administrations adhérentes…

- Education nationale : « de l'ouvrier d'entretien et d'accueil, l'adjoint administratif au chef d'établissement »,
- Conseil d'Etat pour les conseillers des corps des tribunaux administratifs et cours administratives d'appel,
- Ministère de l'Economie, des Finances et de l'Industrie pour les inspecteurs des impôts, contrôleurs et agents de recouvrement,
- Ministère de l'Emploi et de la Solidarité pour les inspecteurs et contrôleurs du travail,
- Ministère des Affaires étrangères pour les secrétaires des affaires étrangères du cadre général, de chancellerie et les adjoints,
- Ministère de la Fonction publique, de la Réforme de l'Etat et de la Décentralisation pour les concours d'entrée aux IRA (Instituts régionaux d'administration),
- Ministère de l'Intérieur pour l'administration préfectorale et la police,
- Ministère de la Défense pour ses personnels civils,
- les collectivités territoriales, régions, départements, communes, et notamment la Ville de Paris.

Près de 35 000 inscrits chaque année…

Plus de 400 enseignants vacataires, rédacteurs et correcteurs, choisis pour leur compétence et leur expérience de l'administration, sont en relation suivie avec les inscrits et contribuent à une prise en compte personnalisée de leurs besoins.

Les inscrits du CNED-Institut de Lille se trouvent ainsi en situation favorable pour aborder les épreuves des concours avec de bonnes chances de réussite.

Pour en savoir plus :

CNED - Centre de Lille
34, rue Jean-Bart, 59046 Lille Cedex
Tél.: 05.49.49.94.94
Fax 03.20.57.13.92
www.cned.fr

Autres préparations

Le CNFPT

Le Centre national de la fonction publique territoriale assure avec ses délégations régionales la préparation et l'organisation des concours externes et internes permettant d'accéder aux emplois de la fonction publique territoriale.

Le CNFPT est également éditeur ou co-éditeur d'ouvrages, de brochures et de cours destinés à la préparation aux concours territoriaux.

Pour en savoir plus :

CNFPT
10-12, rue d'Anjou
75008 Paris
Tél. 01.55.27.44.00
Fax 01.55.27.44.01
www.cnfpt.fr